Das Buch

»Wir sind drei. Drei Mädchen in einer Höhle am Fuß eines Hügels. Vor uns führt eine Straße eine Anhöhe hinauf. Eine Straße, von Bomben durchlöchert... Unsere Arbeit besteht darin auszuharren. Wenn oben Bomben gefallen sind, müssen wir schnell hinaufklettern, die Größe der zuzuschüttenden Krater abschätzen, nach Blindgängern suchen und sie gegebenenfalls sprengen. Man nennt uns die ›Gruppe der Straßenaufklärer‹.« Keine ungewöhnliche Erfahrung für Frauen, in deren Land dreißig Jahre Krieg herrschte. Als Opfer wie als Kämpfende waren sie daran beteiligt. Heute ist Frieden in Vietnam. Das Land ist arm, aber es entwickelt sich aus eigener Kraft. Seit 1986 eine Art Perestroika stattfand, sind viele Themen für die Literatur nicht mehr tabu. In diesem Band sind vierzehn Geschichten zusammengestellt, die meisten aus neuer und neuester Zeit. Der Großteil liegt hier zum erstenmal in deutscher Sprache vor.

Die Herausgeberin

Hella Kothmann studierte Germanistik und Kommunikationswissenschaft in München, seit 1979 zahlreiche Reisen nach Südostasien mit Schwerpunkt Thailand und Vietnam. Diverse Veröffentlichungen, u. a. die Herausgeberin der Anthologien ›Frauen in Thailand‹ (1989), ›Das siamesische Lächeln‹ (1994) und Co-Autorin des ›Vietnam-Handbuchs‹ (1992). Ein weiteres Buch über den Süden Vietnams ist in Vorbereitung. Sie lebt in München und arbeitet freiberuflich als wissenschaftliche Mitarbeiterin und Autorin.

W0180460

Frauen in Vietnam
Erzählungen

Herausgegeben von Hella Kothmann

Deutscher
Taschenbuch
Verlag

Ebenfalls im Deutschen Taschenbuch Verlag erschienen:
Frauen in China (10532)
Frauen in Afrika (10777)
Frauen in der Sowjetunion (10790)
Frauen in der Türkei (10856)
Frauen in der arabischen Welt (10934)
Frauen in Japan (11039)
Frauen in Spanien (11094)
Frauen in New York (11190)
Frauen in Italien (11210)
Frauen in Irland (11222)
Frauen in der Schweiz (11329)
Frauen in Südafrika (11347)
Frauen in Griechenland (11396)
Frauen in Großbritannien (11520)
Frauen in den Niederlanden (11548)
Frauen in Australien (11619)
Frauen in Kanada (11713)
Frauen in Polen (11868)

Originalausgabe
September 1994
Deutscher Taschenbuch Verlag GmbH & Co. KG,
München
Alle Rechte vorbehalten
(Siehe auch Quellenhinweise S. 249 ff.)
Umschlagtypographie: Celestino Piatti
Umschlagbild: Michaela Schneider
Gesamtherstellung: C. H. Beck'sche Buchdruckerei,
Nördlingen
Printed in Germany · ISBN 3-423-11923-3

Inhalt

Ich will auf dem rasenden Sturmwind reiten, ich will die stürmischen Meereswogen niedertreten, ich will die gigantischen Walfische im östlichen Ozean bändigen, ich will die kriegerischen Feinde aus unserem Lande verjagen, so wie man mit einem Besen den schmutzigen Staub wegfegt, um mein liebes Volk aus der Unterdrückung zu befreien. Ich will nicht leben wie die anderen Mädchen, die ihr langweiliges Dasein nur mit Hausarbeit fristen.

Trieu Au, 248 n. u. Z.

NGUYEN KHAI
Eine Hanoierin

1

Sie ist eine Tante von uns, Tante Hien, eine Cousine meiner Mutter. 1955 kehrte ich aus dem Widerstandskampf in ein kleiner und leerer gewordenes Hanoi zurück, nur wenige meiner Verwandten lebten noch in der Stadt, die Männer und Söhne waren der Revolution gefolgt. Auch Tante Hien war noch da, ihre Familie war während der ganzen neun Jahre des Widerstandskampfes gegen die Franzosen in Hanoi geblieben. Die Kinder waren noch klein gewesen, auch hatten sie nichts mit der Regierung »da draußen« im Sinn. Sie waren noch da, weil sie ohne Hanoi nicht hätten leben können, weil sie es nicht fertiggebracht hätten, sich anderswo eine Existenz aufzubauen. Außerdem war mein Onkel Lehrer, Unterstufenlehrer, solche Leute werden in jedem System gebraucht. Auch das kommunistische System muß die Kinder zum Lernen anhalten, dazu anhalten, Bildung zu erwerben und das Menschsein zu erlernen. Und Politik, die beginnt erst bei den Älteren, den Bakkalaureaten und den Studenten. Diese Überlegung ist richtig, trotzdem machte ich mir Gedanken. Es gab eigentlich überhaupt keinen Grund, sich Gedanken zu machen. Trotzdem argwöhnte ich, daß diese Familie sich nur schwer mit der neuen Ordnung würde anfreunden können, und die neue Ordnung sich auch nicht auf sie verlassen könne. Weil sie zu komfortabel wohnten, in einem großen, würdevoll direkt an einer breiten Straße thronenden Haus, dessen Fassade auf einen uralten Feigenbaum und den rückwärtigen Saal des Ngoc-Son-Tempels blickt. Für einen Proletarier ist zu komfortables Wohnen eine Art Verbrechen, solange Funktionäre mit ihren Familien zusammengepfercht in

Gemeinschaftsunterkünften, zuweilen sogar bei einem Freund unter der Treppe hausen müssen. Sie waren auch zu fein gekleidet. Der Onkel trug im Winter einen Überzieher und Lederschuhe, die Tante einen Mantel mit Pelzkragen und Samtschuhe mit aufgesetzten Glasperlen. Auch ihre Eßgewohnheiten waren anders als beim Volk. Der Tisch war mit einem weißen Tischtuch bedeckt, in der Mitte stand eine kleine Blumenvase, die Schüsseln standen kopfüber auf den Tellern, die Eßstäbchen waren in Papierservietten eingewickelt, und jeder saß an einem festgelegten Platz. Bei uns zu Hause wurde volkstümlicher gegessen, die ganze Familie saß zwanglos um das Aluminiumtablett, mal wurde das Essen auf Schüsseln und Teller verteilt, mal wurde es gleich im Topf aufgetragen, der große Topf kam in die Mitte des Tabletts, die kleinen Töpfe wurden daneben gestellt, man schöpfte sich einfach mit der Kelle seinen Teil heraus, oder man langte mit den Eßstäbchen hinein. Man aß und schimpfte die Kinder aus, mit vollem Mund, zufrieden, ohne daß man sich irgendeinen Zwang antun mußte. Man aß, um zu leben, um zu arbeiten, was sollten einem die verwickelten Zeremonien der... Klasse der Bourgeoisie. Ohne daß ich wagte, es laut zu sagen, war ich doch mit meiner Frau einer Meinung: »Tante Hien ist schon eine echte Bourgeoise. Zu einer Bourgeoise kann man kein Vertrauen haben. Am besten, wir kümmern uns um unsere eigenen Dinge und lassen ihre Angelegenheiten ihre Sorge sein. Wenn man zu viel mit ihr zu tun hat, bekommt man eines Tages noch Schwierigkeiten.«

2

Stammt jemand aus Hanoi, so hat er unweigerlich etwas von dem redlich erworbenen Reichtum des alten Tu Dau in der Silbergasse gehört. Das Haus steht am Ende der Silbergasse, dort, wo die Fischsoßengasse beginnt. Früher befand sich dort der Flußhafen, in dem die Boote aus Nghe An anlegten. Die Fischsoße, die sie brachten, wurde hier entladen, sofort ins Haus getragen und in große, in die Erde eingegrabene Krüge gegossen, die jedesmal, bevor sie neu gefüllt wurden, mit einem weißen Baumwolltuch sorgfältig ausgewischt werden mußten. Eine ganze Zimmerflucht beherbergte diese Fischsoßenkrüge, und ein ganzes Zimmer beherbergte das Geld, Zinkgeld, das man auf Schnüre zog. Wollte man eine Geldschnur mit sich tragen, mußte man sie sich über die Schulter werfen.

Der alte Tu Dau bestand, als er bereits ein hohes Alter erreicht hatte, die letzte auf Provinzebene ausgerichtete Prüfung zur Erlangung der Würde eines Mandarins, daraufhin ließ er den Gänsekiel sein und griff zur Stahlfeder. Er rezitierte Gedichte und besang in Versen den Mond, nahm Lebensweise und Auftreten eines Mandarins an, und erzog seine Kinder nach den Prinzipien des Mandarinats. Das war die glänzende Seite der Familie. Und die reale, von den Leuten ernstgenommene und mit Respekt betrachtete Seite, das war jenes Zimmer voll Geld, das von den geschickten Händen seiner Frau gefüllt worden war. Sie handelte ausschließlich mit Fischsoße. Was die Freunde an den Gedichten des alten Tu Dau lobten, das war der Duft der Fischsoße aus Nghe An, der Geruch nach Geld aus den Fischsoßenkrügen, so scherzten später die Enkel. Die Frau des alten Tu Dau war die jüngere Schwester meiner Großmutter väterlicherseits und die ältere Schwester von Tante Hiens Mutter. Wahrscheinlich kamen alle drei Schwestern zur gleichen Zeit nach Hanoi, als die Franzosen gerade ins Land gekommen waren und die Stadt noch aus Strohhütten bestand, jedoch nur die Frau des alten Tu Dau gelangte zu größerem Ruf und Ansehen.

Betrachtet man die Photos, die am Anfang des Jahrhunderts von den Alten aufgenommen wurden, überfällt einen unweigerlich Rührung. Sie waren keine Schönhei-

ten, mit runden Gesichtern, niedrigen Stirnen, die Augen
schmal und länglich, noch dazu ein wenig schrägstehend,
und die Wangenknochen hoch und breit. Alle drei kleide-
ten sich nach der damaligen »Mode«: aus dem um den
Kopf geschlungenen Tuch schaute hinten ein Zopf heraus, ein aus vier Teilen genähtes Hemd aus Seide, Hosen
aus Buoi-Satin und Schnabelschuhe. Auf den Photos wirken alle drei sehr ländlich, doch sie brachten eine ganze
Reihe von modernen Frauen hervor. Etwa Ende der dreißiger Jahre färbte sich meine Großmutter die Zähne
noch immer schwarz[1], trug jedoch kein Kopftuch mehr,
die zum Zopf geflochtenen Haare bildeten einen Kranz
um ihren Kopf. Sie trug Halsketten und Armbänder aus
schwerem, grob ziseliertem Gold. Tante Hien hatte sich
zu dieser Zeit bereits das Schwarz von den Zähnen entfernt, sie trug eine Lockenfrisur und kleidete sich stets in
Bluse und Hose von gleicher Farbe, entweder ganz in
Schwarz oder ganz in Weiß. Sie schmückte sich mit Perlen, Platin und Brillanten.

Das war auch die Zeit, in der verschiedene Familien
hoher Staatsbeamter und Mandarine sowie einige Kauf-
leute, die mit Seide, chinesischen Medikamenten oder
Goldschmuck handelten, für ihre heranwachsenden
Töchter literarische Salons einrichteten, zu denen die
gerade neu in Erscheinung getretenen Literaten und
Dichter und Studenten eingeladen wurden. Die literarischen Gäste bildeten den nötigen Rahmen, und die höheren Beamtensöhne würden eines Tages Gouverneure,
Doktoren und Präfekten sein, somit die Haupthelden
aller Träume à la Tu luc van doan.[2] Tante Hiens Familie

---

1 Die Sitte des Zähneschwärzens war in Vietnam seit ältesten Zeiten
   weitverbreitet. Erst westliche Einflüsse und Schönheitsideale haben
   dieser Tradition ein Ende gesetzt.

2 ›Unabhängige Literaturgruppe‹, literarische Bewegung der zwanzi-
   ger und dreißiger Jahre, die sich vom bis dahin vorherrschenden alt-
   chinesischen Einfluß löste und eine Literatur nach europäischem
   Vorbild (speziell der französischen Romantik) anstrebte.

unterhielt ebenfalls einen salon littéraire, der großes Prestige genoß, nicht weil die Eltern reich oder angesehen waren, sondern weil die Tochter außerordentlich schön war, schön und klug, und weil sie es verstand, durch ihre unterhaltsamen Geschichten zu bezaubern.

So kommt es, daß ich unzählige Anekdoten weiß, über Lan Khai, Dai Duc Tuan alias Tchya, Phung Tat Lac, Le Van Truong, Ho Dzenh...[3] Meine Tante hat sie alle erzählt. Le Van Truong gab sogar viele Manuskripte unbekannter Autoren ungelesen an meine Tante weiter und holte dann ihr Urteil ein, weil er einerseits an ihre literarische Urteilsfähigkeit glaubte und andererseits zu beschäftigt war, mit Schreiben, Opium-Rauchen und Reichwerden. Scherzhaft fragte ich meine Tante: »Dann hast du doch sicher auch den Herrn Nam Cao[4] entdeckt, oder?« Sie antwortete sehr ernsthaft: »Le Van Truong hat ihn entdeckt. Als er einmal im Hause des Trac Vy Opium rauchte, griff er sich wahllos einen Packen Manuskripte, um ihn als Kopfkissen zu benutzen. Dann zog er ebenso wahllos ein Manuskript heraus und begann, darin zu lesen. Es trug den Titel ›Der Brennofen‹[5] und war von einem völlig unbekannten Autor.« Wenn sie, wie die Leute heutzutage, versessen darauf gewesen wäre, Geschichten oder Gedichte zu schreiben, wäre aus ihr bestimmt eine zweite Luu Thi Hanh[6] geworden.

3 Vertreter der literarischen Bewegung ›Tu luc van doan‹.

4 Nam Cao (1915–1951) – vietnamesischer Schriftsteller, Hauptvertreter des kritischen Realismus der 40er Jahre. Hauptwerk: ›Chi Pheo‹ (1941, Der Verwilderte).

5 Ursprünglicher Titel der Novelle ›Chi Pheo‹ (siehe Anm. 4). In der Novelle wird die Geschichte eines landlosen Bauern erzählt, der einen grausamen Dorfnotabeln und dann sich selbst umbringt, weil er nicht als ehrlicher Mensch leben darf.

6 Luu Thi Hanh: weibliches Pseudonym des bekannten vietnamesischen Schriftstellers Ho Dzenh (siehe auch Anm. 3).

3

Im ersten Jahr nach der Befreiung in Hanoi leben zu dürfen, im Alter von vierundzwanzig, fünfundzwanzig Jahren, das empfanden wir als unsagbares Glück. Neun Jahre haben wir fern von der Stadt gewohnt, war es uns nicht vergönnt gewesen, ins Kino oder ins Theater zu gehen, oder am hellichten Tag über einen Markt voller Menschen zu schlendern, jetzt waren wir jeden Tag, jede Nacht, auf ewig in Hanoi. Wir waren glücklich, warum waren die alteingesessenen Hanoier nicht ebenso glücklich? Sie suchten nach Wegen, sich an die neue Ordnung anzupassen, an die neue Art zu leben, die neue Art zu arbeiten, ja, sogar die neue Art zu sprechen. Einmal, als ich meine Tante besuchte, kam mein Neffe, gerade vierzehn, fünfzehn Jahre alt, an die Tür und rief: »Mama! Genosse Khai ist gekommen!« Meine Tante verzog das Gesicht und schalt ihn: »Das heißt nicht Genosse, verstanden?« Inzwischen war mein Onkel ebenfalls zur Tür gekommen, ergriff meine Hand und fragte ganz arglos: »Warum bist du letzten Sonntag nicht gekommen, Genosse? Wir haben mit dem Essen auf dich gewartet.« Die Tante seufzte und drehte sich um. Ich sagte: »Die Unabhängigkeit des Landes ist eine große Freude, nicht wahr?« Sie antwortete: »Ein bißchen zu viel Freude, auch ein bißchen zu viele Worte, man muß ans Arbeiten denken, oder?«

Ihrer Meinung nach mischte sich die Regierung in zu viele Angelegenheiten der Leute ein: Jeden Morgen mußte man Frühsport treiben, jeden Abend mit Kultur verbringen, Ehemann und Ehefrau hatten so und so miteinander zu leben, die Liebe zwischen Jungen und Mädchen hatte so und so auszusehen, so und so viel Lohn hatten die Bediensteten zu bekommen. Am Ende hatte die Aktivgruppe des Wohngebietes sogar eine Kampagne gestartet, daß man gar keine Bediensteten mehr haben sollte!

Im Haus hatte es früher zwei gegeben, einen Koch und eine Amme. Die Amme war die Frau des Kochs, jedes

Kind, das sie gebar, wurde zur Großmutter ins Dorf gegeben. Nach der Befreiung hatte meine Tante den Koch in sein Heimatdorf zurückgeschickt, die Amme aber war geblieben, weil Herrin und Dienerin noch aufeinander angewiesen waren. Bei ihrem täglichen Marktgang heftete sich jedesmal ein Funktionär an die Fersen der Amme und fragte sie aus: »Werden Sie von Ihrer Herrschaft schikaniert? Wird der Lohn regelmäßig ausbezahlt? Wie ist deren politische Haltung?« Sie fuhr ihn wütend an: »Wenn sie nicht anständig zu mir wären, dann wäre ich schon längst abgehauen. Da brauche ich nicht Sie, um mich dazu aufzuhetzen!«

Das erzählte sie zu Hause vor der ganzen Familie und bemerkte: »Was ist das für eine Revolution, die sich nur um die Kleinigkeiten kümmert?« Die Amme lebt nicht mehr, vier Jahre nachdem sie in ihr Heimatdorf zurückgekehrt war, starb sie. Im Haus meiner Tante hatte sie seit ihrem neunzehnten Lebensjahr die Kinder betreut, mit fünfundvierzig war sie in ihr Dorf zurückgekehrt, sie gehörte praktisch zur Familie. Ihr Mann heiratete nicht wieder, denn die Kinder waren schon erwachsen, er arbeitet als Leiter eines Genossenschaftsladens in seinem Dorf, zu jedem Todestag meines Onkels und zum Tet-Fest[7] bringt er meiner Tante und ihren Kindern Reis, grüne Bohnen, Nudeln und Schnaps, alles aus eigener Herstellung.

4

In meinem Personalbogen habe ich die Tante nicht aufgeführt. Sie ist nur entfernt mit mir verwandt, weiter entfernt als ein Kanonenschuß, noch dazu ist sie eine Bourgeoise, sie zu erwähnen, bringt nur unnötigen Ärger. Daß

7 Vietnamesisches Neujahrsfest, das sich nach dem Mondkalender richtet. Wichtigstes Fest des Jahres.

man sie als Bourgeoise einordnen muß, davon bin ich überzeugt, weil sie ein ausgesprochen bourgeoises Gesicht hat. Je älter sie wird, desto eindeutiger zeigt sich das.

Ich fragte sie: »Warum mußt du nicht zur Umerziehung? Du tarnst dich geschickt, oder?«

Sie lachte vergnügt: »Ich erfülle nicht genügend Kriterien.«

»Nicht genügend Kriterien?«

»Ich habe ein sehr bourgeoises Gesicht, eine sehr bourgeoise Lebensweise, aber ich beute niemanden aus, wie könnte ich da eine Bourgeoise sein?«

Ich verstummte, denn das war die Wahrheit. In ihrem Geschäft wurde nur ein einziger Artikel verkauft: verschiedene Sorten Kunstblumen, dazu geflochtene Bambuskörbchen, sonst nur noch ein paar Ansichtskarten und Poesiealben. Die Blumen waren sehr schön, wurden sehr teuer verkauft, jedoch nur sehr gering besteuert. Sie wurden von ihr allein hergestellt, die Kinder beschafften die Materialien und halfen nur zu den beiden Neujahren[8] beim Binden.

Viele Freundinnen wunderten sich ebenfalls: »Du siehst aus wie eine Bourgeoise und mußt nicht zur Umerziehung, das ist seltsam!«

Sie antwortete sehr gelassen: »Ihr seid nicht im Bilde, der Staat dagegen ist sehr gut im Bilde.«

Freilich war sie schlauer als ihre Freundinnen, und sie hatte auch mehr Realitätssinn als ihr Mann. Nach der Befreiung besaß sie noch immer zwei Häuser, in einem davon wohnte sie, das andere in der Nudelgasse vermietete sie. Mein Onkel arbeitete als Lehrer, bei ihrer Kinderschar war es schon ein Glück, wenn genug zu essen da war. Sie hatten noch Geld übrig, um ein Haus zu kaufen,

8 In Vietnam wird traditionell das Neujahr nach dem Mondkalender gefeiert. Seit der Kolonialzeit wird aber auch das Neujahr nach dem Gregorianischen Kalender begangen.

weil mein Onkel pädagogische Bücher schrieb, die vom Amt für Volksbildung anerkannt und in Druck gegeben wurden. 1956 verkaufte meine Tante das Haus in der Nudelgasse an einen Freund, der gerade aus dem Widerstandskampf zurückgekehrt war. Ein Jahr später kam ein Funktionär zu ihr und stellte Fragen über ihre Wohnsituation, dabei kam er auch auf das Haus in der Nudelgasse zu sprechen. Sie erklärte ihm trocken: »Gehen Sie doch bitte selbst zu dem Haus, von dem gerade die Rede ist, und fragen Sie nach dem Hausherrn. Wenn es dann noch Fragen gibt, dann kommen Sie bitte wieder hierher.«

Ebenfalls 1956 wollte mein Onkel eine kleine Druckmaschine kaufen, um ins Druckgewerbe einzusteigen, weil der Staat ihm nicht erlaubte, eine Privatschule zu eröffnen. Seine Frau erkundigte sich bei ihm: »Kannst du eine Druckmaschine bedienen?« Er erwiderte: »Nein.« »Kannst du schriftsetzen?« »Nein.« »Dann wirst du einen Schriftsetzer anstellen müssen. Wo ein Schriftsetzer ist, da ist auch ein Arbeitgeber. Willst du unter diesem System ein Arbeitgeber sein?« Mein Onkel war eine ängstliche Natur, er ließ sein Vorhaben sofort fallen.

Meine Tante erklärte mir: »Dieses System will nicht, daß der Einzelne reich wird. Es reicht, wenn er genug zu essen hat, ist es mit dem Essen ein bißchen knapp, um so besser, Hungern ist eine Ehre und keine Schande. Also brauche ich auch nur genug zu essen.«

Mit Kunstblumen konnte man nicht reich werden, aber man hatte übergenug zu essen, dazu hatte man keine Sorgen und brauchte nichts zu fürchten. Ich fragte: »Und der Onkel, die Kinder?«

»Der Onkel ist zwar noch nicht alt, aber er wird wohl notgedrungen die Hände in den Schoß legen müssen. Die Kinder werden alle Staatsangestellte, so werde ich wohl eine Bande von Kostgängern ernähren müssen, auch wenn sie sehr gut imstande wären, für sich selbst zu sorgen.«

5

Tante Hien, aus der Verwandtschaft meiner Mutter, und meine Cousine Dai aus der Verwandtschaft meines Vaters, diese beiden Frauen besitzen einen sehr praktischen Verstand. Beide haben alles in ihrem Leben bewußt geplant und vorausberechnet. Und sie haben immer richtig kalkuliert, weil sie keine falsche Eitelkeit kannten, sich nicht gegenüber anderen hervortun wollten und sich von flüchtigen Moden nicht beeindrucken ließen. Sie gestatteten sich keine falschen romantischen Träume. Hatten sie etwas beschlossen, dann taten sie es, und taten sie etwas, dann verschwendeten sie keinen Gedanken an den Klatsch der Leute. Meine Tante verkündete mit entschiedener Stimme: »In meinem ganzen Leben bin ich von niemandem zu etwas verleitet worden, auch nicht vom System.«

Erst mit fast dreißig Jahren nahm sie sich einen Mann, keinen Mandarin, auch von den Literaten und Gelehrten versprach sie sich nichts. Ihre Mädchenzeit lang hatte sie sich zur Genüge vergnügt, jetzt war es an der Zeit, Ehefrau und Mutter zu werden, sie wählte zu ihrem Lebensgefährten einen Unterstufenlehrer, gutmütig und fleißig, und ganz Hanoi staunte darüber. Doch was gab es da zu staunen, sie hatte alles im voraus kalkuliert. Nachdem ihre jüngste Tochter, das fünfte Kind, zur Welt gekommen war, sagte sie zu ihrem Mann: »Von jetzt an ist Schluß mit dem Kinderkriegen, ich bin vierzig, wenn wir beide sechzig sind, ist die Jüngste zwanzig und in der Lage, auf ihren eigenen Füßen zu stehen, unabhängig von ihren Geschwistern zu leben.« Und also war Schluß damit.

Sie sagte zu mir: »Du behandelst deine Frau zu streng, läßt sie überhaupt nichts selbst entscheiden. Das ist verkehrt. Eine Frau muß im Haus der General sein. Was ist das sonst für eine Familie?«

Als unsere Kinder noch klein waren, korrigierte sie bei

Tisch oft deren Sitzhaltung, achtete darauf, wie sie die Stäbchen hielten, die Suppe löffelten, belehrte sie sogar darüber, wie sie sich zu unterhalten hatten.

Sie ermahnte mich: »Ihr seid Hanoier. Also müßt ihr auf euren Gang, eure Haltung, eure Rede achten, man darf nicht irgendwie und nachlässig dahinleben.«

Einmal wandte ich ein: »Es ist Krieg, und ihr Alten erzieht die Kinder nach den Regeln aus Friedenszeiten, das geht nicht so einfach.«

Sie saß einen Moment betroffen da und sagte dann: »Ich lehre sie nur, sich selbst zu achten und Scham zu kennen, später können sie leben, wie es ihnen beliebt.«

Anfang 1965. In Hanoi wurden Soldaten für den Krieg im Süden mobilisiert, zum ersten Mal, deshalb wählte man sorgfältig aus, man beschränkte sich auf die Achtzehn- bis Fünfundzwanzigjährigen. Unter den Rekrutierten waren Schauspieler, Maler, Musiker und sehr viele Oberschullehrer, die besten Hanoier Söhne. Wie es hieß, sechshundertsechzig Männer. Tante Hiens Ältester hatte gerade die Oberschule abgeschlossen. Er meldete sich freiwillig, um gegen die Amerikaner zu kämpfen. Im April 1965 wurde er nach Thai Nguyen zur Ausbildung geschickt. Im Juli wurden die neu Ausgebildeten in den Süden verlegt. Sie hatten in Hanoi ein paar Stunden Aufenthalt, ohne daß jemand etwas davon erfuhr.

Ich fragte meine Tante: »Bist du damit einverstanden, daß dein Sohn in den Krieg zieht?«

Sie antwortete: »Es schmerzt mich, aber ich bin einverstanden. Denn ich will nicht, daß er um den Preis des Opfers seiner Freunde lebt. Er hat den Mut zu gehen, das heißt, er hat Selbstachtung.«

Während der nächsten drei Jahre erhielt sie kein Lebenszeichen von ihm, dann bat auch ihr jüngerer Sohn darum, in die Armee eintreten zu dürfen und im Süden eingesetzt zu werden, um bei seinem Bruder zu sein, oder, wenn der gefallen sein sollte, seinen Weg fortzusetzen.

Wieder fragte ich meine Tante: »Bist du auch damit einverstanden?«

Sie antwortete bekümmert: »Ich habe ihn nicht ermuntert, aber auch nicht zurückgehalten. Ihn zurückhalten hieße, ihn aufzufordern, sich seinen Weg ins Leben über den Tod seiner Kameraden zu suchen. Das wäre auch eine Art, ihn zu töten.« Dann schnalzte sie mit der Zunge und fügte hinzu: »Ich möchte auch das Schicksal der anderen Mütter teilen, entweder sterben alle oder alle leben; für sich allein froh sein, ist traurig.«

Zum Glück war mein Cousin ein sehr guter Schüler und schloß die Aufnahmeprüfung für die Hochschule mit einer sehr hohen Punktzahl ab, so daß ihn die Schule nicht gehen ließ. Ich beglückwünschte meine Tante und ihren Sohn, worauf sie erwiderte: »Jetzt ist er glücklicher dran als sein Bruder, aber wenn sein Bruder am Ende noch lebt, dann ist es noch nicht sicher, wer von beiden der Glücklichere ist.«

Das war in etwa die Art, in der meine Tante kalkulierte, ob es nun um die Familie oder das ganze Land ging.

6

Dezember 1975. Tante Hien schickte ihre Tochter, um uns zur Feier der Rückkehr ihres Sohnes Dung einzuladen. Sie sagte: »Er kam mit einem Rucksack auf dem Rücken zur Tür herein. Ich frage noch, was er denn wolle.«

Wäre ich ihm irgendwo begegnet, ich hätte ihn auch nicht wiedererkannt, den Genossen Hauptmann. Schrecklich abgemagert, die Haut tiefdunkel, dazu sehr viel Bart, keine Spur mehr von einem Jungen aus Hanoi. Während all der Jahre unter dem neuen System hatte meine Tante Monat für Monat ein Essen gegeben, zu dem sie die »Ehemaligen« von Hanoi einlud, lauter Namen, die in der Hauptstadt einmal einen Klang hatten. Etwa zehn, fünfzehn Leute. Am Nachmittag wurde das

Geschäft geschlossen. Zuerst trafen nacheinander die Frauen ein, sie stürzten sofort in die Küche, um beim Kochen zu helfen. Dann kamen die Männer, in Filzhut und Überzieher, darunter Anzug und Krawatte, alles allerdings verblichen und fadenscheinig. Nachdem das Essen aufgetragen war, blieben die Männer noch immer unter sich, saßen schwatzend zusammen, von den Frauen noch keine Spur. Dann wurde die hintere Tür geöffnet, als erste erschien die Hausherrin, wie eine Schauspielerin auf der Bühne, im Haar eine mit glitzernden Steinen besetzte Spange, ihr folgten in einer Reihe acht, neun Frauen, das Haar weiß oder angegraut, in Samt- oder Filzjacke, geschmückt mit Perlen und Halsketten, grazil daherschreitend. Im Alltag trugen sie kurze Jacken, schwarze Hosen, Sandalen oder Gummilatschen, ein ausgefranstes Wollkopftuch um Hals oder Kopf gebunden, im Alltag waren sie unscheinbare Aschenputtel. Unterhielt man sich mit ihnen, brauchte man nicht weiter auf Umgangsformen zu achten. Alle waren ganz einfache Leute, da konnte man sich unfein benehmen. Und jetzt, plötzlich waren sie alle vornehme Leute, wie sich nun ihnen gegenüber verhalten?

Meine Tante wollte von mir wissen: »Jede Gesellschaft braucht eine Oberschicht, die ihre Werte bestimmt. Was meinst du, wer bildet in unserer Gesellschaft diese Oberschicht?«

Ich lachte auf: »Liebe Tante, das sind wir Soldaten, die Klasse der Soldaten, wer sonst?«

In der Tat war ein soldatischer Ton in jeden Winkel gedrungen, man verkehrte miteinander auf Soldaten-Art, man vergnügte sich auf Soldaten-Art, man sprach auf Soldaten-Art, auch die Literatur hatte diesen soldatischen Ton. Es waren die Soldaten, die gerade gesiegt hatten, und deshalb wurden sie von der ganzen Gesellschaft geachtet. Heute dagegen, fünfzehn Jahre nach der Siegesfeier, heute hat die Soldatenklasse ihre Vorzugsstellung seit langem verloren, dafür ist die Zeit der Betriebsdirektoren, der

Generaldirektoren angebrochen. Berater und alle möglichen echten und falschen Ökonomen bestimmen jetzt alle Werte der Gesellschaft.

Doch lassen Sie mich zurückkehren zu jener Feier, auf der die entthronte Oberschicht von Hanoi zwei Soldaten, die aus der größten Stadt des Landes, Saigon, heimgekehrt waren, ehrenvoll empfing. Ehrlich gesagt, die Hauptperson war Dung, ich war nur Statist, der vom allgemeinen Glanz profitierte. Ich redete auf dieser Feier wohl ein bißchen viel, ich sprach davon, daß Saigon größer und schöner sei als unser Hanoi, daß es mehr Einwohner habe, und daß die Saigoner liebenswürdiger und angenehmer seien als die Hanoier. Alle saßen stumm, keiner fragte etwas, keiner warf etwas ein. Hatte ich etwas Unpassendes gesagt?

Einer von den Alten blickte Dung an und sagte: »Genosse Soldat, hast du etwas Lustiges zu erzählen?«

Dung antwortete: »Die Geschichten, die ich erzählen könnte, sind alle nicht sehr lustig.«

Eine von den Alten sagte darauf: »Erzähle nur. Wer aus der Ferne heimgekehrt ist, darf alles erzählen.«

Dung sagte, er habe im letzten halben Jahr immerzu an die denken müssen, die vor zehn Jahren aus Hanoi aufgebrochen waren. Sechshundertsechzig Leute. Jetzt waren von ihnen vielleicht noch vierzig übrig. Er erzählte von Tuat, einem Freund aus seinem Regiment, der ebenfalls Hauptmann gewesen war. Als damals der Zug aus Thai Nguyen Hanoi erreicht hatte, war es fast Mitternacht gewesen. Es hatte gerade aufgehört zu regnen, die Blätter an den Bäumen, die verlassenen Straßen, der Bahnhof von Hanoi hatten im elektrischen Licht geglitzert. Als der Zug zum Stehen gekommen war, war von irgendwoher eine Lautsprecherstimme erschollen, sehr dröhnend, sehr hallend: »Achtung! Achtung! Der Zug aus Thai Nguyen ...« Tuat hatte neben Dung gesessen, plötzlich hatte er sein Gesicht an Dung vorbeigeschoben, hatte fast den halben Körper aus dem Fenster gestreckt, und hatte leise aufgeschrien: »Dung, Dung, das ist die Stimme meiner Mutter! Die Stimme meiner Mutter! . . .« Keiner hatte damals aussteigen dürfen, keiner von den Nächsten hatte etwas erfahren dürfen, um vielleicht auf den Bahnhof zu kommen, sich ein letztes Mal zu sehen, ein letztes Wort miteinander zu sprechen. Alles hatte streng geheim bleiben müssen.

Dung erzählte weiter: »Tuat fiel an der Front bei Xuan Loc, wenige Tage vor dem Sieg. Als ich nach Hanoi zurückkehrte, wollte ich auf dem Bahnhof sofort zum Aufsichtshäuschen eilen, um ein paar Worte mit Tuats Mutter zu sprechen, ich war doch die ganzen zehn Jahre mit ihrem Sohn zusammen gewesen. Aber erst ein paar Tage später fand ich den Mut dazu. Was sollte ich zu einer Mutter sagen, deren Sohn gefallen war, während dessen Freund noch lebte? Sie trat inmitten vieler Menschen aus dem Bahnhof, aber ich erkannte sie sofort. Tuat hatte mir erzählt, daß er seiner Mutter ähnlicher sah als seinem Vater. Ich brachte nur hervor: ›Ich bin Dung . . .‹ Die Tränen liefen mir über das Gesicht, und dann heulte ich los wie ein kleines Kind. Sie ergriff meinen Arm, aber sie weinte nicht, sie zitterte, aber weinte nicht, und sie sagte bebend: ›Sei still, mein Sohn, sei still, Dung, ich weiß alles, schon seit ein paar Monaten.‹«

7

Die Jahre vergingen. Ich lebte in Ho-Chi-Minh-Stadt, von Zeit zu Zeit hatte ich in Hanoi zu tun, dann besuchte ich auch Tante Hien. Mein Onkel war bereits gestorben. Die Kinder hatten ihre eigenen Familien. Auch sie begannen, alt zu werden. Von den Alten waren nur noch wenige übrig, unter ihnen Tante Hien.

Sie war schwach geworden, gealtert, mit über Siebzig kein Wunder, aber noch immer war sie ein Mensch der heutigen Zeit, eine moderne Hanoierin, ganz und gar Hanoierin, ohne Beimengung. Der Platz hinter dem über mannshohen Wandschirm aus Holz, das mit Schnitzarbeiten verziert war, hatte sich nicht verändert: Eine Sitzgruppe aus Ebenholz, ein Bett aus Ebenholz, mit geschnitzten Füßen, aber ohne Einlegearbeit. Eine eintürige Kommode, in der eine Vase aus zartrosa Thuy-Keramik, eine Schale für Räucherstäbchen aus der Han-Zeit, eine Schüssel mit Ginseng aus Guangzhou und einige glasierte kleine Vasen, von gewöhnlicher Farbe, aber ungewöhnlicher Form, unklar aus welcher Zeit, zu sehen waren.

Tante Hien war gerade damit beschäftigt, eine rot glasierte Narzissenschale, ein sehr schönes Stück mit zwei Drachenköpfen, die, ebenso wie Mäuler und Füße der Drachen, durch eine Kupferschicht miteinander verbunden waren, zu reinigen. Wenn man, während es draußen kalt ist, ein leichter Nieselregen in der Luft hängt, der die Kleidung mit Feuchtigkeit durchdringt, ohne sie wirklich naß zu machen, einer alten Frau (ein junges Mädchen wäre sicher passender) zuschaut, wie sie eine Narzissenschale blankputzt, dann weckt das ungemein Tet-Fest-Stimmung und eine Ahnung von Hanoi; es weckt das Verlangen, ein paar Tage in Hanoi zu bleiben und hier wieder einmal das Tet-Fest zu feiern. In diesem Jahr bekam man ganz bestimmt keine Narzissen.

Da sprangen die Hanoier auf den Zug in Richtung Lang Son, trieben Handel mit allem Möglichen, und sie brachten es nicht fertig, ein paar tausend Narzissenzwiebeln herbeizuschaffen? Aber selbst wenn man Narzissenzwiebeln herbeischaffen würde, gab es überhaupt noch jemanden, der die Blüten hätte arrangieren können? Dazu kam die rastlose Lebensweise, das nicht sehr wählerische, eigennützige Lebensgefühl der Masse, die gerade erst Tod und Elend entronnen war; woher hätte da die Ruhe kommen sollen, um die festliche Schönheit eines Narzissenstraußes zu genießen?

Tante Hien fragte mich: »Wie findest du jetzt die Stadt und die Menschen?«

Ich antwortete lachend: »Noch nie war Hanoi so heiter wie jetzt, die Straßen wirken voller Freude, die Menschen haben frohe Gesichter.«

»Viele sagen, Hanoi sei wieder auferstanden.«

Ich sagte: »Das stimmt nur zum Teil, für den Körper. Die Seele nicht. Sieh dir nur an, wie die Hanoier Handel treiben, wie sie essen und trinken, wie sie reden, wie sie auf der Straße miteinander umgehen, das sagt alles.«

Freilich war das ein strenges Urteil. Doch ich hatte gerade einige Erlebnisse gehabt, die mich ärgerlich und traurig gemacht hatten. Ich war mit dem Fahrrad die Phan-Dinh-Phung-Straße entlanggefahren, langsam, in Gedanken versunken. Ein junger Mann, der in die Pedalen trat, als fegte ihn ein Sturm vorwärts, hatte mit seinem Vorderrad mein Hinterrad gerammt, nur mit Glück war ich nicht gestürzt. Ich hatte mich umgedreht und ruhig zu ihm gesagt: »Wohin des Wegs mit solcher Eile?«

Er hatte nicht geantwortet, war an mir vorbeigefahren, hatte sich dann umgedreht und mir einen Satz an den Kopf geworfen, der mich bestürzt hatte: »Halts Maul, alter Knochen!«

Eines anderen Morgens hatte ich einen Freund im Stadtviertel Dong Da besuchen wollen. Ich war lange nicht dort gewesen und hatte mich nicht mehr an den Weg erinnern können, mich also durchfragen müssen. Manche hatten unwirsch geantwortet oder nur mit dem Kopf in eine bestimmte Richtung geruckt, andere hatten mich angestarrt wie ein seltsames Tier. Ich hatte mich dann bei meinem Gastgeber über die Unhöflichkeit der Hanoier beklagt, und dessen Tochter, die gerade ihr Kind stillte, hatte ohne Zögern geantwortet: »Wenn Sie so dörflich angezogen sind und noch dazu Fahrrad fahren, dann haben die natürlich nur Verachtung für Sie übrig. Versuchen Sie es mal mit Filzhut und Überzieher, reiten Sie auf einer Honda los, Sie werden sehen, sofort werden Sie mit Ehrerbietung behandelt.«

Ich hatte bitter gelacht: »So schlimm!«

Tante Hien schwieg zu meinen nicht sehr erfreuten Bemerkungen über die Hanoier. Sie seufzte und meinte, sie betrachte jetzt alles auf eine zeichengläubige Weise, wie eine alte Frau aus dem Dorf.

Im Sommer jenes Jahres hatte der Sturm eine Nacht in Hanoi gewütet, und als Tante Hien am nächsten Morgen die Tür geöffnet und zum Ngoc-Son-Tempel hinübergeblickt hatte, war ihr der Schreck in die Glieder gefahren. Der uralte Feigenbaum war umgestürzt, seine Krone hatte schwer auf dem Dach des Tempels gelegen, die Wurzeln waren halb aus der Erde gerissen und hatten in die Luft geragt. Augenblicklich habe sie an etwas Außergewöhnliches, eine Wandlung, ein schlechtes Vorzeichen denken müssen, an das Ende einer Epoche.

»Für einen alten Menschen, für jeden alten Menschen ist die Vergangenheit eine goldene Zeit. Jede Generation hat so ihre goldene Zeit. Mit Hanoi ist das anders. Hanoi ist zu jeder Zeit schön, Hanoi hat eine eigene Schönheit für jedes Alter.«

So sprach meine Tante zu mir. Wie kann sie alt sein, wenn sie so etwas sagen kann?

Einige Tage später, so erzählte sie weiter, hätte die Stadt neben dem Baumstamm einen Kran aufgestellt, man hätte ein Seil um den Stamm geschlungen und ihn Schritt für Schritt wieder aufgerichtet. Nach einem Monat hätte der Feigenbaum wieder zu leben begonnen, wieder junge Blätter getrieben. Er war geblieben, der Feigenbaum vieler Hanoier Generationen. Es war kaum vorstellbar, man hatte schon geglaubt, das tote Holz wäre nur noch zum Verfeuern zu gebrauchen, aber er war wieder aufgelebt.

Meine Tante sprach weiter: »Die Welt ist ein ewiger Kreislauf, das Werden und Vergehen der Schöpfung kann niemand vorausberechnen.«

Sie hätte wohl gern ihre sehr gut ausgebildete Fähigkeit zur Vorausberechnung auf ein weiteres Gebiet ausgedehnt, das Gebiet des Ungeformten, des Unerfaßbaren.

24

Doch man muß erkennen, daß es auf der Welt noch vieles gibt, was unerfaßbar bleibt, um sich nicht an das Erfaßbare zu fesseln. Die alte Frau war noch immer außerordentlich bescheiden und großherzig. Stirbt eine Frau wie diese, so ist das wahrhaftig ein Verlust, ein weiteres Körnchen Gold, das zu Hanoi gehört, versinkt in der uralten Erde. Solche goldenen Körnchen leuchten in allen Winkeln von Hanoi, mögen sie Aufwind bekommen und emporsteigen, damit die Hauptstadt in hellem Glanz erstrahlt.

(19. 1. 1990)

Der erste Mann in meinem nicht glücklichen Leben war zart und liebenswürdig, mit einem redlichen Gesicht. Diese Art der Redlichkeit ist häufig anzutreffen, vornehmlich bei stetig und ohne Bruch in einer reinerhaltenen Umgebung lebenden Menschen, angefangen mit einer schlichten Kindheit ohne herausragende Ereignisse, gefolgt von einer Studentenzeit, die praktisch nur aus angefügten Schuljahren besteht, bis hin zu den Arbeitsjahren in einem wissenschaftlichen Institut, fleißig, zuverlässig, gutherzig. Eine scheinbar angeborene Güte, vom Himmel vergeben und vom Himmel beschirmt. Eine solche lebenslange bescheidene Güte schien ihm gewährt, ohne daß er jemals daran hätte zweifeln müssen. Oft denke ich, seine Güte ist nur ein winziges Flämmchen, zwar außerstande, die Menschheit zu wärmen, aber doch gelegentlich das Herz, wenngleich auch nur symbolisch. Und daran klammern sich alle, zuallererst ich, nach Kräften; mit der Zeit wird das zu einer Gewohnheit, dann zu einem moralischen Prinzip. Ich hätte eigentlich das musterhafteste Frauenleben führen können, an seiner Seite, in einem Haus, in dessen Innern jenes kleine Flämmchen brennt, könnte Kinder gebären, die einen Vater haben, könnte Abend für Abend vielfarbige Wollknäuel verstricken, aus vielfarbigen Pullovern aufgewickelt, und bräuchte mir über nichts Gedanken zu machen. Bräuchte auch nichts zu befürchten, diesem Mann war selbst das Fremdgehen fremd. Doch ich war damals noch zu jung, er erschien mir wie eine hübsche Schachfigur, glücklich von irgendeiner Hand in makellosen Zügen, ohne in den großen Kampf verwickelt zu werden, zu einem stillen Feld geführt. Dort würde er verbleiben, bis ein natürlicher Tod ihn raubte — selbst sein Tod würde ganz und gar redlich sein. Damals stand für mich fest, ich sei zu großen Streichen geboren, ich wußte noch nicht, daß sein kleines Flämmchen nicht kleiner, seine durchschnittliche Redlichkeit nicht fragwürdiger war als vieles andere auf der Welt. Er aber kannte keine Zweifel, das heißt, aus seiner Sicht betrachtet, dürfte es Wissenschaft, Kunst und Religion eigentlich nicht geben, und alles in allem existiert selbst die Liebe als, meiner Vorstellung nach, fundamentalste Sehnsucht des Menschen nicht. Es verdroß mich, daß er so heil war und sich in seiner Heilheit so wohlfühlte.

Der zweite war heiter und unbekümmert, ein Kind der Städte, die Phasen geistiger Krise, wie sie typisch für eine zivilisierte Gesellschaft sind, noch niemals durchgemacht haben. Er begeisterte sich für Musik, von Beethoven bis zu den Beatles, hatte eine gute Stimme, machte sich aber nicht die Mühe, sie auszubilden. Und er begeisterte sich für Fußball, war ein guter Spieler, aber trainierte nicht eifrig. Allgemein gesprochen, er zeigte in keiner Sache Eifer, auch nicht in der Liebe. Es fällt schwer, in einen solchen Menschen Vertrauen zu setzen. Unmöglich zu wissen, wohin der Vektor seiner Persönlichkeit zielt. Auf den ersten Blick erweckte er leicht den Eindruck, einer von den sagenhaft Unbekümmerten zu sein, lebenden Inbegriffen, die äußerst selten ins reale Leben treten und die Menschen maßlos verwirren.

Sein Gesicht war von einer nahezu unglaubwürdigen Natürlichkeit, selbstverständlich glaubte ich, daß unter dieser wunderschönen Haut ein ganz außergewöhnliches Vermögen stecken mußte; wie wäre sonst eine solche vollkommene Harmonie mit der Umgebung und mit sich selbst, endgültiger Ausdruck eines tiefgründigen und freien Charakters, zu erklären. Doch der erste Eindruck wurde nach dem dritten Satz aus seinem lächelnden, reizenden Mund restlos ausgelöscht.

Er war einer von den unzähligen jungen Männern, die

das Glück haben zu leben, ohne jemals nachzudenken — bedingt durch die Verhältnisse, in denen sie leben, nicht einer grundsätzlichen Erkenntnis wegen. Unbekümmertheit als Gewohnheit, als Lebenshaltung, Unbekümmertheit in allen Details und nur in diesen, etwa in der Art, die Beine übereinanderzuschlagen, sich aufs Bett zu fläzen, herumzulungern, zu zechen, oder dem Wissen zu begegnen. Dagegen hat der große, das Leben einfassende Rahmen ganz und gar nichts Unbekümmertes an sich, er wird durch sehr konkrete Faktoren definiert. Ab einem bestimmten Alter versinken sorglose Extrovertierte wie er in den chaotischen Elementen der Rechenaufgaben des Lebens, und das Sich-Treiben-Lassen an der Oberfläche ist dann nur noch eine reglose Erinnerung, Widerschein ferner großer Zeiten. Dennoch, er war derjenige, der mir die meisten angenehmen, fast glücklichen Stunden bescherte. Ich habe bei ihm manches Wichtige gelernt, unter anderem verdanke ich ihm die Entdeckung, daß ich einen Körper habe. Und es war an der Zeit, daß dieser Körper seine Stimme erhob, eine zunächst zaghafte, dann temperamentvolle, manchmal kühne und lästernde, und mit jedem Tag schwieriger zufriedenzustellende Stimme. Er zeigte mir als erster, daß ich eine Frau bin, und heute, nachdem eine Unmenge Zeit verflossen ist, bin ich diesem wahrscheinlich sehr durchschnittlichen Mann noch immer dankbar. Das Leben wäre sicher ohne solche heiteren und oberflächlichen Menschen nicht zu ertragen. Außerdem war er Feinschmecker, ein wirklich schätzenswerter Zug.

Der dritte nahm weniger als eine Woche in Anspruch und hinterließ in mir die zwiespältigste Verwirrung. Er war sehr schön, eine Schönheit, die jedes neidische Schmähwort im Halse steckenbleiben läßt. Ich vergaß augenblicklich, wer ich bin. Das war das erste Mal, daß ich mich selbst völlig vergaß, und dieses zugleich verführerische und bedrohliche Gefühl ließ mich von da an nicht mehr los. Genauer gesagt, ich trage diese Erfahrung, die alle kleineren Gefühle verdrängt, niederhält, schrumpfen läßt, mein ganzes weiteres Leben mit mir herum, und nur mit enorm gutem Willen gegenüber dem Leben, mit nahezu größtmöglicher Fähigkeit zur Selbstkontrolle könnte ich sie überwinden. Ich wußte genau, er ist dumm, redet unartikuliert, ist zu nichts anderem nütze als zur Freude der Augen, verläßt sich zudem noch zu ausschließlich auf seine außergewöhnliche Schönheit, und er ist schrecklich fade. Doch kaum stand ich vor ihm, hatte ich alles vergessen, war bereit, alles zu verzeihen, und wäre er selbst gemein, grausam und unverschämt. Ich brauchte eine Woche, um mich von dieser schmerzhaften Leidenschaft loszureißen, und ich heulte wie ein kleines Kind, dem man ein Spielzeug, noch ehe es damit spielen konnte, genommen hat. Er wird sein ganzes Leben so schön und nutzlos bleiben, so wie ich mein ganzes Leben, geschüttelt vom Widersinn der Schöpfung und meiner selbst, vor dieser Leidenschaft fliehen werde. Es war eine wahrhaft platonische Liebe, ein einziges Mal berührte ich furchtsam seine beinahe unnatürlich herrlichen Haare und zuckte sofort zurück, als hätte ein elektrischer Schlag mich erwischt.

Nach ihm kam ein älterer Mann, gereift und geschliffen. Er entstammte einer jahrhundertealten Familie, deren Mitglieder seit Dutzenden Generationen an den großen geschichtlichen Ereignissen mitgewirkt hatten. Er war gebildet, erfolgreich, weitgereist, verkehrte in vielen Kreisen und war vertraut mit den gefühllosen, verhängnisvollen Streichen des Schicksals. Auch er sah gut aus, maßvoll, jede Geste bezeugte ein tiefes Bewußtsein des eigenen Wertes. Mit ihm konnte ich länger als mit irgendeinem anderen leben, fast zwei Jahre, und ich reifte sehr heran. Er wußte Antwort auf jede meiner Fragen, ob es um Politik ging, Liebe, Religion, die Tabus fast aller Zeiten, er wußte mit Künstlern poetisch zu palavern, seriös und ernsthaft mit Akademikern zu reden, mit den Nachbarn einfach und verständnisvoll, selbstsicher und bündig mit dem Gesindel der Straße. Viele Frauen erhoben ihn zum Idol. Selbst die Alten liebten ihn, bei ihm hatten sie nicht das Gefühl, beleidigt zu werden. Ich sah mich mit Nachsicht behandelt, aber an dem Tag, an dem diese Nachsicht zum gängelnden goldenen Stirnreif wurde, rebellierte ich: »Was gibt dir ein Recht auf Nachsicht?« »Lebe du nur, meine Kleine, du bist noch sehr jung«, war die bezeichnende Antwort. Vielleicht war er vollkommen, wie eine Vase vollkommen ist, in Ornamenten, Glasur und harmonischster Form, während die Erde, aus der sie gebildet wird, wohl auf ewig rauh und ungestaltet bleibt, in nicht zu bändigender Weise. Das Wichtigste, was es über ihn zu sagen gibt, ist, daß er tief mit sich zufrieden zu sein schien, und daß Alter und teuer erkaufte Erfahrungen, verbunden mit fehlendem Talent zu ein klein wenig Humor, es ihn nicht wagen ließen, oder ihn außerstande setzten, jene Schwelle zu überschreiten, hinter der es möglich ist, alles zu negieren. Er gab mir, was er geben konnte, aufrichtig, so aufrichtig er konnte, leidenschaftlich, so leidenschaftlich er konnte. Das Bedauerliche ist, mit seiner gesamten sehr vollkommenen Existenz bezeugte er in charakteristischer Weise die grenzenlose Begrenztheit des Menschen. Nicht nur, daß er diese Begrenztheit bedingungslos akzeptierte, er benutzte sie auch als Rechtfertigung für jede seiner Handlungen. Mit Geschick hegte er ein warmes Familiennest, pflegte parallel dazu seine nachsichtige Liebe zu mir. Er erklärte, wir Menschen sind wirklich winzig, kaum geboren, sind wir schon von der Umwelt in Ketten gelegt, herangewachsen, werden wir gebunden durch Pflichten; wir können nichts tun, als optimal in einem gegebenen Koordinatensystem zu oszillieren. Ich haßte diese Koordinatensysteme und verspottete beißend seine Methode begrenzter Ausschläge. Bis zur letzten Minute bewahrte er ein nachsichtiges Lächeln für mich, es scheint, daß er sich mehr um mich kümmerte, als alle anderen Männer. Seither wollte ich ungezählte Male all meine Unternehmungen und chaotischen Beziehungen hinwerfen, zu ihm laufen und mein Gesicht an seine bergende Brust lehnen, um zu bekennen, er habe Recht. Aber ich ließ schnalzend die Zunge springen. Im übrigen war dieser reich mit Anpassungsfähigkeit gesegnete Mann die Idealgestalt der Masse, ein Muster der Gesellschaft par excellence, und einzugestehen, daß die Masse Recht hat, ist überflüssig. Für einige Vertreter des einen Extrems war er ein harmloses Element, nicht der Rede wert, einige Vertreter des anderen Extrems winkten mitleidig ab, sie hielten ihn für egoistisch, aber auf gesunde Weise.

Der fünfte war ein Idealist. Er gehörte zu der nicht für Frauen, Geld oder Vergnügen geborenen Sorte Mann, und er machte mich neugierig. Die Neugier hielt nicht lange an, denn entgegen aller Erwartung war er langweilig und in mancher Beziehung beschränkt. Die Welt seiner Ideale — ob er nun für das Werk der Erneuerung der Pädagogik stritt, für Umweltschutz und ökologisches Gleichgewicht oder für die Wiederbelebung des Rockes als traditionelle Bekleidung des Volkes, oh, wie großartig — existierte vielleicht auch real, ich bezweifelte nicht ihre Attraktivität. Und gelegentlich, im Zustand hochgradiger Begeisterung, gelang es ihm auch, seine mehr oder weniger lautere Gesinnung und Erfaßtsein auf Außenstehende zu übertragen. Aber alles in allem betrachtete er das Leben als schmalen Korridor — auch wenn seine Korridore immer mal wieder frisch gestrichen wurden —, wie tief sie auch führten, sie waren doch immer eng und trist. Ich wandte systematisch Liebeskünste an, deren Erlernen mich mehr Ärger gekostet, als es mir Vergnügen eingebracht hatte, um herauszufinden, wie standhaft seine Gesinnungsfestung war. Das Ergebnis war, daß ich ihn in eine seelische Krise stürzte, die seine

Kräfte überstieg. Man brachte ihn zur Rettungsstelle, man spritzte Zehntausende Einheiten Antibiotika in diesen Knaben, der sich selbst bis zur Knochenmarksentzündung gepeinigt hatte, einzig weil er sich nicht hatte entscheiden können zwischen Liebe und Gesinnung. Er gehört zu den Menschen mit zu schwacher innerer Kraft, sie reicht gerade, um sich einer Sache zu widmen. Aus dem Krankenhaus zurückgekehrt, dankte er mir verstört und verschwand in einem seiner geheimnisvollen Korridore; diesmal war es wohl das Werk der Erneuerung des Frühsports für durch Invalidität vorzeitig aus dem Arbeitsprozeß ausgeschiedene Werktätige. Wie dem auch sei, das Grasbüschel meiner Liebe war nicht vorausberechenbar, während seine Ideale stets einen sicheren Ausweg versprachen. Dies war die einzige Liebesbeziehung, in der ich die aktive Rolle spielte, die Rolle der Verführerin von Anfang bis Schluß, und als es aus war, empfand ich echtes Bedauern. Genau betrachtet war ich die Zurückgewiesene, von einer tristen und engen Welt. Eine Lektion für die reine Neugier. Doch ich muß sagen, er war der unschuldigste Mensch, dem ich jemals begegnet bin.

Der sechste war äußerst kompliziert, geradezu unangebracht kompliziert vor dem Hintergrund dieser extrem armseligen und rückständigen Gesellschaft. Als ich ihm begegnete, war er eine unbestreitbare Autorität im leicht meßbaren Radius des geistigen Lebens von Hanoi, wo man die berühmtesten Persönlichkeiten ohne vorherige Verabredung treffen und diesen gegenüber beliebige Anredeformen einschließlich des Vornamens, gleich zu Beginn des Gesprächs, benutzen konnte. Ich kapitulierte vor diesem Labyrinth, diesem vieldimensionalen Kosmos, diesem Chaos von verschiedensten Widersprüchen, Ideen, Erfahrungen und Sehnsüchten, das er war, wenngleich ich im stillen nicht aufhörte, zu fragen: existiert all dieses Verworrene und Bemerkenswerte tatsächlich, oder ist es nur ein weiteres aufwendiges und bedeutungsloses

Spiel, wie die Menschen sie endlos erfinden, um ihresgleichen und sich selbst zu begegnen. Genies sind gewöhnlich eigenschaftslos, zum Beispiel Shakespeare, wer würde sich erkühnen, ihn lyrisch, satirisch oder zänkisch ... zu nennen. Demnach war mein sechster Mann kein Genie. Er hatte zu viele Eigenschaften und bemühte sich zu sehr um seine Einzigartigkeit. Seine Kompliziertheit resultierte wohl folgerichtig aus dem unkontrollierbaren Zusammentreffen von einerseits traditioneller Erziehung, in der das Wahre, das Gute, das Schöne unerschütterliche Positionen einnahmen und aufwendigst gesichert wurden. Sie wurden versetzt mit ein paar weiteren Ingredienzien, etwa Romantik, Umgangsformen, oder der Gewohnheit, ein Handtuch unterzulegen, bevor man eine Liebesnacht eröffnet. Auf der anderen Seite stand die dynamische, wilde, jede Gewohnheit umstoßende, jede Regel ignorierende, alle -ismen gleichmachende und selbstverständlich jeden Wert verkehrende Realität des Lebens. Er war sensibel, so konnte er schlecht vor dieser Konfrontation die Augen verschließen, gleichzeitig war er intelligent, so brauchte er nicht einzugreifen. Mit der Zeit hatte er die optimale Lösung gefunden, sich über alles zu erheben und lächelnd hinabzublicken, weshalb es Leute gab — in den gesellschaftlichen Diskussionen, die mit jedem Tag öffentlicher wurden —, die behaupteten, er negiere das System. Sie irrten sich. Er war zu verworren und in seiner eigenen Verworrenheit zu verloren, als daß er hätte irgend etwas negieren können. Ungeachtet dessen wurde er zu einer eigentümlichen Legende. Stetig lief die Zeit, ich wurde müde. Während der mit ihm verbrachten Phase war ich wie besessen von meinen persönlichen Tragödien, gab absonderliche Thesen und Gegenthesen von mir, zog mich gewollt proletarisch an und lobte nur Bücher, die keiner versteht. Als diese Beziehung beendet war, entdeckte ich erschrocken, wie schal die Welt auf einmal war, doch mir war auch leichter. Ich hatte wahrscheinlich nicht ein einziges Mal von diesem

berühmten Mann einen Kuß bekommen, der unver-
fälscht, das heißt, naturgetreu und pur war. Später hörte
ich, er sei ein radikaler Moralist geworden, der in einem
Atemzug drei Wege lehrt: Akzeptieren, Negieren und
Sich über die Regeln des Realen erheben. Noch später
wurde er zu einem Menschen-Berater, einer Art Kom-
mentator, der jeden gesellschaftlichen Widerspruch mit
Dialektik und orientalischen und okzidentalen Weis-
heitszitaten löst. Am Ende wurde er ein Eremit, der
Radius des geistigen Lebens von Hanoi schrumpfte deshalb nicht, und schon kurze Zeit später erwähnte ihn niemand mehr.

Der siebente versetzte mich in die größte Aufregung und
brachte mir die meisten beunruhigten Augenblicke. Seine
Erscheinung war nicht besonders attraktiv, klein, mit
spärlichem Haar und niedriger Stirn. Einzig seine
Stimme war wunderbar: tief, melodisch und voller Über-
raschungen. Selbst die Strengsten, auf das äußere Erschei-
nungsbild eines Menschen am empfindlichsten Reagie-
renden, hörten sie ihn, so schraken sie zusammen. Wenn
sie sich nicht einem Genie incognito, das heißt jemandem, der nicht zu dieser Welt gehört, der seine irdische
Hülle nur als zeitweisen Wohnsitz geliehen hat, gegenüber sahen, dann mußte dieser kleine Mann wenigstens
das Leben bis zum Mark gekostet, die Erfahrungen Dut-
zender Generationen selbst durchschritten haben, ja
sogar eine ganze Schar von Geistern in sich tragen. Man
behauptete, sein höchstes Prinzip sei das Nichts. Ich weiß
nicht, was das bedeutet, ich nehme an, das ist der einzige
in der Praxis nicht überprüfbare philosophische Begriff,
und ich ahne, das ist wahrscheinlich der letzte Fixpunkt
aller Fixpunkte; eine speziell denen, die alles Vertrauen
verloren haben, also Menschen, die sehr unglücklich und
einsam sind, vorbehaltene Medizin. Dieser Mann jedoch
war alles andere als ein Werbeplakat für dynastisches
Unglück, Weltschmerz, eingefleischte Einsamkeit oder

die Hefe des Überdrusses unserer Zeit; im Gegenteil, er sah aus wie ein Mensch, der gerne lacht, sorglos ist, schnell entflammt und genauso schnell erkaltet, unberechenbar. Das einzige, was ihn ernsthaft beschäftigte, war die Kurzfristigkeit des Menschenlebens, und der einzige, der periodisch aus Ohnmachtsgefühlen und passiver Dulderhaltung hervorgegangene Zornesausbrüche über sich ergehen lassen mußte, war ein gewisser himmlischer Herr, der Schöpfer und Bewahrer der Ordnung, sein einziger würdiger Gegner, der sich leider nur selten zeigte. Diese verwickelte Beziehung zwischen ihm und jenem himmlischen Herrn ist vielleicht der entscheidende Punkt, der ihn von den modischen Nihilisten, Leuten, die bereits nach einem halben Schritt aus dem Haus zu einem »Ich habs« ansetzen, unterscheidet. Aus dem gleichen Grund kann man ihn nicht einfach als gottlos, gewissenlos oder amoralisch bezeichnen; bestenfalls läßt sich sagen, dieser Mensch hat Humor, und sein Genie liegt in seinem humoristischen Talent. Sehr viele Frauen näherten sich ihm. Der kleine Don Juan war ihnen liebenswürdig gefällig, vollzog gelassen die Zyklen der Liebe, und stand im Ruf eines Casanovas. Schließlich gingen sehr viele Frauen, nachdem sie bei ihm gelernt hatten, unglücklich wieder davon und klagten, was sie eben gelernt hatten, öffentlich an. Auch ich ging davon, nachdem ich mir eingestehen mußte, nur eine schwache Frau zu sein, die ihr ganzes Leben lang außerhalb ihrer selbst einen Halt sucht, und es jetzt voller Angst nicht wagt, ihre Hand auszustrecken und sich auf jene Leere zu stützen, die für Poesie und Philosophie ein sehr würdiger Gegenstand ist, aber niemals ein Frauenherz beschwichtigen kann. Ich fürchtete, ewig diesem unglücklichen Don Juan nachzutrauern, und konnte mein Nachtrauern nur durch ein Schulterzucken verjagen: »Er ist wirklich bedauernswert. Er weiß nicht, was Ergriffenheit ist, weiß nicht, was Leidenschaft ist, weiß nicht, was Anbetung ist, kurz, er weiß nicht, wozu er lebt.« Auch kann man der

Meinung sein, daß es in dieser Zeit, in der das tägliche Leben kein Kinderspiel ist, ein luxuriöses Vergnügen ist, einem riesigen Nichts nachzulaufen. Es ist wie mit der Inflation der Kosmosforschung heutzutage, diese zweckvergessene Haltung ist nicht mehr originell wie früher, um nicht zu sagen, sie ist hoffnungslos veraltet.

Der achte hatte den Haarschopf und das Gesicht eines Dichters und eine – einem Dichter gemäße – leidenschaftliche Seele. So etwas kann es nur geben bei einem Menschen, der sehr viel Zeit und keine konkrete Pflicht gegenüber dem Leben hat. Als ich geradewegs in seine unermüdlich steigende Flutwelle gesogen und allmählich mit seinem leidenschaftlich verliebten, ohne jegliche Interpunktion vorwärtsströmenden Stil vertraut wurde, da verstand ich: Die würdigste Leidenschaft ist die Leidenschaft, die unabhängig von ihrem Gegenstand besteht, die ihren Gegenstand nur leiht, als Anlaß, Mittel oder Umfeld, in den und durch den der Leidenschaftliche seine ewige Ich-Sehnsucht projiziert, sein Verlangen nach Selbstvergessen befriedigt, sein Selbst aufhebt in irgend etwas – irgend etwas –, das unabhängig außerhalb existiert. Auf diese Weise ist es möglich, die Leidenschaft aus sich selbst herauszulenken, und dann reichen einmal die belanglosesten Anlässe aus, ein Rockschoß, ein zu Boden segelndes Blatt..., um ganze verliebte Reaktionsketten auszulösen; ein andermal erleiden sehr viel bemerkenswertere Gegenstände eine äußerst ungerechte Gleichgültigkeit. Ich weiß nicht, ob ich bemerkenswert oder belanglos bin, im übrigen liegt darin nicht das Problem. Ich brachte diesem Mann Dankbarkeit entgegen und genoß in vollen Zügen den Geschmack der Verliebtheit, obwohl ein eigensinniges Mädchen in mir sich beharrlich weigerte, zu kooperieren. Sie meinte, so betrachtet sind alle Gegenstände gleich, nichts unterscheidet sie von einer Kartoffelknolle oder einer Ameise, aber wenn man Leidenschaft per perpetuum mobile produzieren will, dann bitte schön. Mit der Zeit lernte ich, dieses trotzige Mädchen niederzuhalten und meine Bedenken über die Verschiedenheit von künstlich erzeugter und ursprünglicher Leidenschaft zu minimieren, diese überließ ich M. Proust oder der Rubrik ›Mutter rät Tochter‹ in der Zeitschrift ›Die Frau‹. Ich kümmerte mich nur noch um die Leidenschaft selbst und ihre Folgen. Eine unerwartete Folge, die wie ein böser Streich erschien, war, daß sowohl er als auch ich zu bedauernswerten Opfern der Leidenschaft wurden. Sie brachte ihn dahin, auf allen Wegen, die ich gehen könnte, wie eingepflanzt zu warten, riß mich aus aller normalen Tätigkeit, selbst der einfachsten, lebensnotwendigsten, wie Essen, Schlafen, Geldverdienen, griff in alle meine Beziehungen ein, zu Familie, Kollegen, Freunden, sie drängte sich sogar in die mir allein vorbehaltenen Zeiträume. Es blieb mir keine Ecke, kein Augenblick, keine Form, für mich zu leben, meine Umgebung versank im Chaos, mein Organismus versank im Chaos, meine Sprache war nicht mehr zu kontrollieren. Wie eine dritte Person im Dreieck der Liebe zerrte die Leidenschaft ihn an der Nase herum und saß mir im Nacken, sie bewegte sich auf ihrer eigenen, schwindelerregenden Bahn, die von Menschen nicht ertragen werden kann; sie verwandelte den Menschen, ohne seiner eingeschränkten Fähigkeiten zu achten, in einen Sklaven. Mit einem Wort, sie verschlang uns, er glitt aus, ohne dem Trägheitsgesetz widerstehen zu können, und ich kreiselte blind wie ein Lampion. In einer solchen Situation kann man sich nur noch gegenseitig belästigen und quälen. Das Verlangen nach Entselbstung bringt nach zahllosen Häutungen unversehens riesige »Ichs« hervor, die ingrimmig auf der Lauer liegen, um einander zu annektieren, oder, wenn das nicht gelingt, einander ins Gesicht zu schlagen. Nach all diesen Schlachten im Namen der Liebe erschöpft, ging dieser immer sehr viel Zeit habende Mann davon. Ich glaube, er folgte dem Ruf der Religion, einer anderen Leidenschaft, mit höherem Preis. Ich kehrte zurück zur Gestalt der Kartoffelknolle oder Ameise, und atmete auf, bedauerte Jesus oder Buddha, die höchstwahrscheinlich von meinem verliebten Dichter genauso gequält und belästigt würden. Vielleicht aber verstehen diese Herren das Wesen des Lebens besser als ich, sie können ihren Blick woandershin richten.

Der neunte war ein Mann der Tat, wortkarg, couragiert, praktisch. Er war intelligent, sorgfältig erzogen und dazu sensibel genug, um den tatsächlichen Wert von immateriellen Tätigkeiten, wie Lesen, Träumen, Wahrsagen oder Lieben zu erkennen und für sich selbst einen anderen, für sein nüchternes und entschlußfreudiges Wesen passenderen Weg zu wählen, keinem zu vertrauen, sich in niemands Hände zu begeben, das Leben zu packen und nach seinem Willen zu biegen. Sein Verlangen, das Leben zu zwingen, war rührend, er hatte etwas von einem Don Quichotte, tapfer und hoffnungslos. Er hatte die verschiedensten Berufe ausgeübt, hatte um alle bekannten Ziele gekämpft, vom täglichen Unterhalt bis zu Ruhm und Macht, immer ungeduldig wegen allem, was noch ungetan im voraus auf ihn wartete. Sein einziges Maß war praktischer Nutzen, Bargeld sofort als Optimum, wenn nicht, so doch zumindest unverzügliches Entstehen effektiver Beziehungen. Er tat nichts Halbes und argumentierte unbarmherzig exakt. Einerseits brauchte man ihn, weil er unersetzbar war, andererseits fürchtete man ihn, weil er keinen Bedarf verspürte, sich mit Heuchelei, jenem speziellen Magensaft zur Verdauung der Hindernisse und Schlaglöcher im zwischenmenschlichen Verkehr, auszustatten. Er versprach wenig und half mir mehr als alle anderen, mein nicht glückliches Leben zu steuern, mehr als alle vorangegangenen Männer zusammen, so daß ich mich in ungemein angenehmen, zufriedenen und dankbaren Momenten verwirrt fragte, ob das nicht auch Liebe sei und ob nicht am Ende eine Frau wie ich, die allzusehr das Vertrauen in sich selbst und in diese schwerverständliche Zeit verloren hat, genau diese Art von Liebe benötigt. Ich wurde von ihm mindestens dreifach beschenkt: Erstens war er zu beschäftigt und hatte nicht genug Zeit, in die zyklischen seelischen Krisen zu stürzen, deren Zeugin ich bereits zur Übergenüge geworden war. Zweitens konnte die Beziehung zu einer Frau niemals vollständig von ihm Besitz ergreifen, wodurch er mir beachtliche Freiheit ließ. Und drittens fühlte ich mich plötzlich aufs engste mit dem Leben verbunden, dem Leben, wie es jeden Tag geschieht, etwas, worüber ich früher sehr viel nachgedacht, das ich jedoch kaum gelebt hatte. Ich blühte auf, wurde lebensfroh und dachte ernsthaft an eine Heirat mit ihm. Ein Leben mit diesem reichlich mit Wirklichkeitssinn begabten Mann versprach langfristig sicher Erfolg, wie jeder Vertrag, bei dessen Erfüllung sich beide Seiten nicht gegenseitig nach der Art von rasenden Verliebten zerfleischen und die Lebenskraft aussaugen, sondern sich nicht zu nahe kommen und die Artikel zum gegenseitigen Nutzen gelassen erfüllen. Bei unserer letzten Begegnung erklärte er mir, er bleibe seinem einzigen Wertmaßstab, dem praktischen Nutzen, stets treu, eine Ausnahme käme selbst bei der Ehe nicht in Frage; unter diesem Aspekt betrachtet sei ich nicht die optimale Frau, und er nehme die Verantwortung für seine Grausamkeit auf sich.

Dann bleibt er eben der neunte.

(1988)

NGUYEN MINH CHAU
Die Diebin

Eine der charakteristischsten Eigenschaften der Frauen in unserem Wohnblock ist, daß sie ihrer Zunge gern freien Lauf lassen. Ärger, Ängste oder Freuden, alles wird ausposaunt, manchmal sogar herausgeschrien.

An jenem Nachmittag waren die Leute aus unserem viergeschossigen Wohnblock eben erst von der Arbeit nach Hause gekommen. Es gab Frauen, die gerade den Schlüssel ins Schloß steckten, um ihre Wohnungstür zu öffnen, andere kochten Abendessen, wieder andere wollten losgehen, um die Kinder aus dem Kindergarten abzuholen, da verkündete am Geländer des Treppenabsatzes im zweiten Stock eine Frau, die von irgendwoher zurückgekommen war, soeben ihr Fahrrad abgestellt und noch nicht die Tasche von der Lenkstange genommen hatte, lauthals: »Leute, die Thoan ist gestorben!«

»Wer ist gestorben?« fragten die Frauen von allen Seiten.

»Thoan.«

»Welche Thoan?«

»Die Thoan aus unserem Block, die vor kurzem ins Dorf zurück ist, welche Thoan denn sonst?!«

»O Gott, o Gott!«

Eine halbe Stunde später hörte man in allen Zimmern, bei den öffentlichen Wasserhähnen, im Treppenhaus, wo man auch hinging, nichts als betroffene Stimmen voller Mitgefühl: »O Gott, o Gott!«.

Das Abendessen schmeckte niemandem, es gab manche, die warteten, bis die Kinder aufgegessen hatten, dann standen sie auf und wuschen todtraurig das Geschirr ab und bedauerten die »kleine Thoan« zutiefst. Wie hätten sie da etwas herunterbekommen können!

O Gott, o Gott, vor nicht einmal einem Monat, wie lange schien das schon her zu sein, da war sie doch noch

Tag für Tag unter ihnen gewesen, im Betrieb und im Wohnblock, Thoan, die Köchin, hochgewachsen, nett, gern singend und gut singend, ständig angebackenen Reis kauend. Immer hatte sie freundlich gegrüßt, vergeßlich war sie gewesen und sehr faul, und überdies hatte sie die schlechte Eigenschaft gehabt, öfter lange Finger zu machen. So war sie also tot. Wirklich und wahrhaftig tot. Das war nicht zu glauben. Sie war tatsächlich gestorben. Erst vierundzwanzig Jahre alt und schon unter der Erde. Unfaßbar.

»Meine Liebe«, sagte eine Frau in Armeebluse, die gerade ihr Abendessen beendet hatte, zu einer Frau im blauen Pullover, die gerade im Treppenaufgang stand, »wäre sie nur einen Monat länger hiergeblieben, um das Kind glücklich zur Welt zu bringen, und dann erst in ihr Dorf zurückgefahren, dann wäre es nicht so weit gekommen!«

»Aber wer konnte denn ahnen, daß so etwas passieren würde, sie war doch gesund und kräftig, wer hätte denn auf den Gedanken kommen können, daß sie sterben würde?«

Eine dritte Frau, die, nur mühsam die Tränen zurückhaltend, mit einem Plastikeimer in der Hand die Treppe herunterkam, blieb bei den beiden stehen. »Schlimm! Sie hatte eine Gebärmutterblutung, nicht wahr?«

»Ja, eine Gebärmutterblutung«, antwortete die Frau in der Armeebluse.

»Aber warum hat man die Blutung nicht stillen können?«

»Bedenken Sie doch, auf dem Dorf«, sagte die Frau im blauen Pullover mit bewegter Stimme und wischte sich die Tränen aus den Augen, »hier bei uns, im Krankenhaus, da ist das eine Angelegenheit von wenigen Minuten, das Blut wird sofort gestillt. Aber dort in ihrem Dorf, da ganz weit oben, da müßte sie erst mit der Trage ein paar Dutzend Kilometer zum Krankenhaus geschafft werden, und auch die Sanitätsstation liegt ein paar Kilometer entfernt, wissen Sie ...«

Eine weitere Gruppe von Frauen umstand einen öffentlichen Wasserhahn, auch hier Worte voll Mitgefühl, Worte, die das Schicksal einer noch sehr jungen Frau, die bei ihrer ersten Geburt gleich hatte sterben müssen, beklagten.

»Weiß jemand, was mit dem Kind ist?« fragte eine Frau mit eingedrehten Haaren, die einen Haufen Wäsche und ein paar Windeln wusch.

»Das Kind ist am Leben.«

»Das arme Kleine!«

»Wer zieht es jetzt auf?«

»Thoans Mutter.«

»Junge oder Mädchen?«

»Ein Mädchen.«

»Hat Khanh es schon erfahren?«

»Auch eben erst. Das Telegramm kam heute nachmittag um fünf! Der arme Khanh! Er hatte gerade zwei schwere Körbe mit Kürbissen aus dem Laden getragen und stand ganz durchgeschwitzt auf der Terrasse, er riß bestürzt das Telegramm auf, las es, sprang aufs Fahrrad und raste los zum Busbahnhof. Die von der Versorgungsabteilung haben dann die Leitung informiert. Als ich nach Hause ging, fuhr das Betriebsauto gerade zum Tor raus, Herr Quan knöpfte sich noch das Hemd zu, während er eilig auf den Beifahrersitz sprang. Neben ihm saß Hai am Steuer. Bestimmt haben beide noch nichts gegessen.«

»Vor neun kommen sie bestimmt nicht da oben an.«

»Aber wie wollen denn Herr Quan und Hai ohne Khanh den Weg dahin finden?«

Weitere Seufzer, betroffene Worte, Tränen, man bedauerte nicht nur das unglückliche Opfer, Thoan, die ehemalige Köchin, sondern auch das Neugeborene und den Ehemann, Khanh, den Verwalter. Das Mitgefühl der Frauen wuchs mit jedem Augenblick, erfaßte die Frauen immer tiefer, genauso wie damals, vor nicht einmal einem Monat, dieselben Frauen, die Frau in der Armeebluse, die Frau im blauen Pullover, die Frau mit dem Wassereimer... immer wieder empört ausgerufen hatten: »Warum jagt man sie nicht sofort davon?! Warum läßt Herr Quan zu, daß sie auch nur einen Tag, eine Stunde länger hierbleibt, statt daß er sie auf der Stelle in ihr Dorf zurückschickt, wozu?«

Am Anfang wäre niemand auf die Idee gekommen, daß die kleine Thoan gerne lange Finger macht, im Gegenteil, als sie einmal etwas gefunden hatte, hatte sie es dem Eigentümer zurückgebracht. Dieser positive Eindruck wurde jedoch sofort ausgelöscht, als eine Frau aus dem Wohnblock zwei Meter geblümten Stoff vermißte, und, keiner weiß genau, wie es dazu kam, man diese zwei Meter Stoff auf dem Boden der Truhe in Thoans Zimmer entdeckte. Gibt es da noch etwas zu fragen? Vielleicht. Aber sicher wird jeder verstehen, wenn eine Frau zwei Meter sehr schönen Stoff im Zimmer zum Trocknen aufgehängt hat, und diese spurlos verschwunden sind, wenn sie von der Arbeit nach Hause kommt, dann ist die Wut grenzenlos. Ein, zwei, drei Tage. Alle Winkel durchsucht, überall herumgestöbert, und nichts gefunden. Also sind zwei Meter geblümter Stoff, aus denen man Kleider für die Kinder nähen wollte, verloren. Also gibt es einen Dieb!

Einen halben Monat später zerpflückte das »Gericht« den Fall. Vor langer Zeit, vor sehr langer Zeit war im Wohnblock dieses und jenes verschwunden. Da nun die zwei Meter Stoff in Thoans Truhe versteckt gewesen waren, schienen alle davon überzeugt zu sein, die Schuldige für alles, was irgendwann einmal abhanden gekommen war, gefunden zu haben. Die Frauen des Wohnblocks schienen die auf frischer Tat ertappte Diebin, die mit betretenem Gesicht dastand, in tausend Stücke reißen zu wollen. Man war gleichzeitig wütend und befriedigt. Nicht nur die eine Frau, der die zwei Meter Stoff gehörten, sondern der ganze Wohnblock war in helle Aufregung versetzt.

Das Schlimme war jedoch, daß, obwohl man geglaubt hatte, die Diebstähle würden jetzt aufhören, über kurz oder lang wieder die eine oder die andere erbost verkündete, bei ihr sei dieses oder jenes verschwunden, ohne daß man einen Schuldigen finden konnte, weil der Schuldige mal der Wind war, mal die Betroffene selbst, das heißt, ihre Vergeßlichkeit oder Zerstreutheit.

Man sagt: Ein Verlust, zehn Vermutungen. Dieser Spruch gehörte jedoch der Vergangenheit an. Nachdem in Thoans Truhe die zwei Meter Stoff von Frau A. oder Frau B. gefunden worden waren, hieß es nur noch: Zehn Verluste und nur eine Vermutung! »Wer außer Thoan ist hier schon reingekommen!« »Wenn ihr etwas zum Trocknen aufhängen müßt, dann denkt daran, es im Zimmer aufzuhängen!« »Im Zimmer aufhängen, denkt ihr, dann kann sie es nicht klauen? Und was war mit den zwei Metern Stoff von Frau C.?« »Thoan ist hier gerade herumgeschlichen, was hat die hier zu suchen, schaut überall nach, ob auch nichts fehlt!«

Das Schlimme war weiter, daß die Frau, die man für schuldig hielt, so viele Diebstähle begangen zu haben, ein argloser und offenherziger Mensch war, allzu arglos und offenherzig. Jung und hübsch, unter den stets lauernden und verächtlichen Blicken der Frauen, lachte die kleine Thoan immer sehr ungezwungen und offen, sang melodisch mit ihrer selten hohen Stimme und kaute unablässig angebackenen Reis. Ihre Arbeit in der Küche verrichtete sie unverändert nachlässig und faul.

Im Oktober reduzierte der Betrieb sein Personal. Die Leitung schätzte die Arbeitseinstellung der befristet eingestellten Mitarbeiter ein und entschied, die Köchin in ihr Dorf zurückzuschicken, denn ihr Arbeitsvertrag war abgelaufen. Khanh, der Verwalter, Thoans Mann, mußte diese Lösung akzeptieren. Er bat lediglich darum, seine Frau die kurze Zeit bis zur Geburt des Kindes hierbehalten zu dürfen, damit sie im Krankenhaus gebären könnte.

Sofort danach würde er Mutter und Kind ins Dorf zurückbringen.

Manchmal sind die Menschen auf eine sehr arglose Weise grausam. Daß Thoan bleiben durfte, weiter unter ihnen wohnen durfte, kam den Frauen wie eine Zumutung, wie eine Katastrophe vor.

»Dann ist sie ja den ganzen Tag allein im Haus, während wir alle bei der Arbeit sind, da kann sie sich ja nach Belieben bedienen!« »Dieser Herr Quan macht es sich aber leicht! Sie auch noch hierzubehalten, na großartig!« zeterten die Frauen wieder los, und zu unser aller Unglück verschwanden an einem Sonntagnachmittag wieder zwei Meter schwarze Seide, die irgend jemand auf der oberen Terrasse zum Trocknen aufgehängt hatte. (Eine Woche später erhob sich dann aufgeregtes Geschrei, weil sich herausstellte, daß die zwei Meter Seide vom Wind in den Bataten-Garten geweht worden waren, wo sie jemand, der dort Bataten ernten wollte, am darauffolgenden Sonntagnachmittag entdeckte.)

Als sie das Verschwinden ihres Stoffes bemerkt hatte, lauerte die Betroffene nur darauf, daß die Verdächtige das Haus verließ und stürzte sich dann unverzüglich auf deren Truhe, fand aber nichts als Babysachen, von ihren zwei Metern Seide keine Spur.

»Vielleicht hat sie den Stoff woanders versteckt?« »Na klar doch! Oder glauben Sie vielleicht, sie benutzt das gleiche Versteck noch einmal?« »Leute, diese Thoan mag ja wirklich faul sein, aber sie ist doch keine Gaunerin! »Stehlen und keine Gaunerin? Sie auch noch in Schutz zu nehmen!« »Sie liebt ihr Kind und möchte, daß es schöne Kleider bekommt. Weil sie einmal eine Dummheit begangen hat, soll sie gleich so schlimm sein?« »Ach, ich liebe mein Kind wohl nicht? Gehe ich deshalb stehlen?« »Der arme Khanh, hat eine Frau, die faul ist und noch dazu eine Gaunerin.« »Ich habe ihm gleich geraten, diese Frau nicht zu heiraten.« »Ich auch. Ich habe ihm gesagt, er soll heiraten, wen er will, nur nicht dieses Weibsbild.

Mit so einer verheiratet zu sein, das ist schlimmer als die Pest.« »Aber nicht nur Khanh hat unter der zu leiden, sondern wir alle. Jeden Tag, den sie länger hier ist, zwingt sie uns, weiter aufzupassen und auf der Hut zu sein.« »O je, Leute, meinetwegen, sie ist eine Gaunerin, aber nun sind die beiden schon verheiratet und werden bald ein Kind bekommen, wie können wir sie da so behandeln?« »Sie auch noch in Schutz zu nehmen! Warum verteidigen Sie diese Diebin so beharrlich?« »Sie bringt bald ein Kind zur Welt. Wir haben doch auch alle Kinder geboren, wir sollten sie in Ruhe lassen, damit sie sich auf uns stützen kann, wenn es soweit ist.« »Und wenn sie mir nun morgen etwas klaut, werden Sie mir das dann ersetzen? Wenn ich morgen zur Arbeit gehe, und sie bleibt allein im Haus, werden Sie dann meine Wohnung bewachen?« »Eine Gemeinheit ist das, dieser alte Quan, wozu erlaubt er ihr, noch länger hierzubleiben? Doch nur, damit sie endlos in diesem Wohnblock weiter stehlen kann, o Gott, o Gott!«

Khanh brannte das Gesicht. Er brachte nicht genügend Kraft auf, seine Frau noch länger hierzubehalten. Ständig mußte er hören, wie die Frauen über Thoan herzogen, das konnte er schließlich nicht mehr ertragen. Mitte der Woche beschloß er, seine Frau ins Dorf zurückzubringen.

Noch heute erinnern sich die Frauen in unserem Wohnblock, als wäre es gestern erst gewesen, an jenen Donnerstagmorgen, einen Wintermorgen, an dem jedoch sehr schönes Wetter herrschte. Bevor sie ihrem Mann zum Busbahnhof folgte, besuchte Thoan jede einzelne Familie, um sich zu verabschieden. Keine einzige Wohnung ließ sie aus, sie trug nur einen Korb bei sich und hielt einen neuen Strohhut vor den schon weit vorstehenden Bauch, allen gegenüber legte sie das gewohnte, offenherzige und freundliche Gebaren eines arglosen Menschen an den Tag.

An jenem Morgen ergriff jede Frau Thoans Hand und

zog sie in die Wohnung, nötigte sie, lange bei ihr zu sitzen, und jede rief aus: »Du gehst weit weg, dieses Haus hier wird verlassen sein, ohne dich wird es hier überhaupt nicht mehr lustig sein. Wie werde ich mich nach dir sehnen!« Eine wie die andere konnte sich in der Minute des Abschieds kaum von ihr trennen.

Ich schwöre bei meiner Ehre: Es wäre ein gewaltiger Irrtum und eine große Ungerechtigkeit, wenn jemand behaupten würde, diese Frauen hätten ihre Anhänglichkeit nur geheuchelt. Ihre Gefühle sind wirklich aufrichtig, die Frauen in diesem Wohnblock sind jederzeit aufrichtig und leicht zu erregen.

DUONG THU HUONG
Die junge Frau hinter der Hecke

Die erste Zeit nach der Befreiung lebte ich in Hue, in einer kleinen Straße am Ufer eines großen, mit Wasserlinsen bedeckten Sees.

Nach dem Abendessen saß ich gewöhnlich in einem kaputten, von den Amerikanern zurückgelassenen Schaukelstuhl, genoß den kühlenden Wind und sang vor mich hin. Draußen auf der Straße spazierten die Mädchen von Hue vorbei, im Ao Dai[1], das Gesicht halb von wehenden Haaren bedeckt. Den Rücken leicht gekrümmt, Bücher an die mageren Brüste gedrückt, schritten sie auf hohen Sohlen in stolzer und gleichzeitig schleppender Haltung vorbei. Ich betrachtete sie durch Oleander- und Ligusterbüsche hindurch, und ich rätselte, warum man hier eine Vorliebe für diese Art der Schönheit hat, wirklich eine seltsame Ästhetik.

Jeden Abend gönnte ich mir eine solche unbeschäftigte halbe Stunde. Genau zur gleichen Zeit trat auf der anderen Seite der Hecke ebenfalls eine junge Frau in den Garten, sie war vielleicht achtzehn, neunzehn Jahre alt, höchstens zwanzig. Immer war sie in einfarbige Seide gekleidet: violett, fliederfarben, zartrosa oder himmelblau ...

An schönen Abenden verlosch die Sonne in den Gipfeln der Bäume, über die Stadt war ein heiteres, sanftes Licht gestreut. In diesem Licht wurde die Haut eines jeden Mädchens blühend und schön. Die Haut der jungen Frau jenseits der Hecke war blütenweiß, im Schmuck des wunderbaren Abendlichtes leuchtete sie auf wie gepudert. Ihr Mund war klein und ungeschminkt. Nur die

---

1 Traditionelles Festtagsgewand der vietnamesischen Frauen. Das schmalgeschnittene Oberteil fällt bis zu den Knien und ist seitlich bis zu den Hüften geschlitzt. Darunter wird eine weite Hose getragen.

Augen waren stets sorgfältig verschönt. Die Brauen in tiefschwarzem Bogen nachgezeichnet, auf den Lidern ein meerblauer Schatten. Diese Frau war schön. Ehrlich gesagt, wenn Frauen einander beurteilen, ist immer ein wenig Abneigung im Spiel. Diese junge Frau jedoch erzeugte in mir Sympathie. Sie wirkte scheu und ängstlich. Eine Schönheit, zerbrechlich und schutzlos, die mir weh tat.

Das Haus, in dem sie wohnte, war eine hübsche, zweigeschossige Villa. Die Veranda war von einer Brüstung umgeben, an der sich eine Pflanze mit ganzen Trauben zart rosafarbener Blüten emporrankte. Auf dem Hof war eine Tischtennisplatte aufgestellt, doch sah ich nie jemand daran spielen. Türen und Fenster waren stets fest verschlossen. Nur an sehr heißen Tagen sah ich sie einen Spalt geöffnet, im Luftzug des Ventilators blähten sich Spitzengardinen. Bei Einbruch der Dunkelheit erstrahlten die Fensterscheiben in hellem Licht, das Haus sah aus wie ein winziges Königsschloß, ein Schloß, herrlich und geheimnisvoll, das einen in brennende Neugier stürzt. Das erweckte in mir die Vorstellung, die junge Frau sei eine im Haus eingeschlossene Prinzessin, die erst bei Sonnenuntergang den Garten betreten dürfe. Sie ging sinnend die Kieswege entlang, pflückte eine Chrysanthemen-Blüte, zupfte die Blütenblätter ab und ließ sie zu Boden fallen, las ein paar Kieselsteine auf und warf sie in eine Ecke des Gartens. Manchmal blickte sie verstohlen zu mir herüber. Ich widmete mich weiter dem Geschehen auf der Straße, gelegentlich warf auch ich einen kurzen Blick hinüber, zwischen uns beiden war die Hecke aus Ligustersträuchern.

Ein halbes Jahr lang beschränkte sich unsere Beziehung auf diese verstohlenen Blicke. Ich sprach sie nie an, und sie blickte mir nie direkt in die Augen. Vielleicht weil ich vom Lande stamme, weil ich aus dem Dschungel gekommen war, während sie in der Kaiserstadt Hue[2] geboren

2 Hue war von 1802 – 1945 Sitz der letzten Kaiser-Dynastie. Seit 1883 standen die Kaiser jedoch unter der Vormundschaft der Franzosen.

war. Vielleicht weil wir beide von scheuem Wesen waren. Doch der eigentliche Grund lag darin, daß sie zu schön und ich zu häßlich war. Zwischen Frauen führt ein zu großer Unterschied im Aussehen auch zu Distanz.

Aber seltsamerweise, sobald der Abend nahte, hoffte ich, sie wiederzusehen. Fehlte sie, war es, als fehlte etwas in der stillen Atmosphäre des Abends. Ich ahnte, daß es ihr ebenso ging.

Oft ertappte ich ihren Blick, wie er verstohlen zu mir herüberglitt, ich entdeckte darin eine fast sehnsüchtige Hoffnung. Ich wußte nichts über ihre Angehörigen, aber es war offensichtlich, sie war sehr einsam. Eine junge Frau in diesem zarten Alter, doch man sah sie nie mit Freundinnen fröhlich zwitschernd auf der Straße, nie sah man sie ein Wort mit jemandem wechseln. Ihre großen Augen, gleichzeitig erstaunt und traurig, tauchten beständig vor mir auf, als würden sie mich verfolgen. Ich war entschlossen, eine Gelegenheit zu finden, mit ihr zu sprechen. Aber ein Tag nach dem anderen verging, keine wagte, den trennenden Raum als erste zu überwinden.

Dann war der Frühling vorüber und der April gekommen. Der April in der Mitte Vietnams ist heiß, und die Abenddämmerung zieht sich hin. Im Westen hüllt sich die Sonne in orangefarbene Wolken. Strahlende Wolkenhaufen schichten sich übereinander. Und die Sonne gleicht einem flammendroten Teller, der kaum noch Licht aussendet und unbeweglich auf den buckligen Dächern der Umgebung steht. An solchen Abenden kann man nichts tun. Nicht lesen, kein Kissen besticken, keinen Saum einer Bluse auslassen... nicht einmal jene Lieblingsbeschäftigung, die Haare zum Pferdeschwanz binden und die Photos der gerade angebrochenen Erwachsenenzeit betrachten. Das erregende Licht der alles überschwemmenden Dämmerung versetzt einen in Unruhe, löst eine unbestimmte Sehnsucht aus, Sehnsucht vergangener Tage, des heutigen Tages und Sehnsüchte aus Träumen, die noch irgendwo schlummern. In solchen Momenten stellte ich mich in eine Ecke des Gartens oder in eine Zimmerecke, alle Fenster fest geschlossen, und ich sang mir die Lunge aus dem Leib, sang unzusammenhängende Liedzeilen, die Tränen strömten mir über die Wangen.

Auch an jenem Abend versank ich in diesen Zustand, einen Zustand, den ich im stillen Momente des Glücks nenne. Sicher auch wegen des märchenhaften Lichtes der Abenddämmerung. Ich lag im Schaukelstuhl und sang Zeilen aus der Oper ›Die Schöne aus Pher‹.

Ein Liebeslied. Gibt es jemanden, der in das Alter der Liebe gekommen ist und bei diesem Lied nicht erbeben würde? Ich wußte, ich war nicht schön, auch hatte ich in der Liebe noch niemals Glück gehabt, das Lied jedoch eröffnete mir einen Horizont der Sehnsucht, der Liebe, einen Horizont, der die Sterne erzittern und die Milchstraße in hellblauem Glanz erleuchten ließ.

Nach sehr langer Zeit blickte ich auf. Und ich entdeckte hinter den Ligustersträuchern glitzernde Lichtfunken. Das waren Tränen, die der jungen Frau aus dem Nachbarhaus über die Wangen rannen. Sie stand dicht hinter der Hecke, die Augen weit geöffnet, das Licht der Laterne ließ die zwischen ihren Wimpern hervortretenden Tränen erglänzen. Als mein Blick sie traf, sagte sie leise, flehentlich: »Singen Sie bitte das Lied noch einmal.«

Ich gab keine Antwort und sang einen anderen Vers, von dem ich wußte, man bräuchte ihn nur aufzusagen, und er würde uns beide in Unruhe stürzen. Sie lehnte ihren Kopf an die Hecke, ihre Augen leuchteten im Feuer der Sehnsucht auf.

Im selben Moment erklang eine Stimme: »Tuy Lan, komm rein!« Die Stimme eines Mannes, mit süßlichem Klang. Sein Gesicht konnte ich nicht deutlich erkennen, weil es vom dichten Blätterwerk des Pfirsichbaumes verdeckt war. Die junge Frau hörte den Ruf, ihre Augen erloschen plötzlich, sie schlug die Wimpern nieder, und das Leuchten in ihrem Gesicht verging, wich dem gewohnten, traurigen Ausdruck. Sie wandte sich mir zu: »Morgen bringen Sie mir das Lied bei, ja?«

Dann drehte sie sich um und ging ins Haus.

Ein paar Tage später bekam ich das Gesicht des Mannes aus der Villa nebenan zu sehen, des Mannes, der die junge Frau an jenem Abend gerufen hatte. Es war ein Sonnabend-Nachmittag, ich kam früher von der Arbeit nach Hause, um Bescheid zu sagen, daß ich selber kochen wollte. Gerade war ich an der Tür des Nachbarhauses vorbeigegangen, da hörte ich hinter mir eine Stimme: »Beeil dich, die Preise auf dem Markt steigen mit jeder Minute!«

Eine Stimme, weichlich und affektiert. Affektiertheit in einer männlichen Stimme klingt wirklich unangenehm.

Ich drehte mich um, ein fetter Mann auf einem Moped richtete den Blick ins Haus.

»Nun beeil dich doch, was suchst du denn noch herum. Nach Feierabend strömen die Angestellten aus den Behörden auf den Markt, da steigen die Preise rasend schnell.«

Eine alte Frau, offenbar die Haushälterin, kam mit einem Plastikkorb aus dem Haus geeilt. Der Mann drehte sich um. Ich sah flüchtig ein sehr fettes Gesicht, eine kahle, von Flecken überzogene Stirn und dicht an den Schläfen klebende Haare. Das Moped fuhr schnell an mir vorbei und hinterließ einen Geruch, zusammengesetzt aus Parfüm, Pomade und Schweiß. Eine schauderhafte Mischung. Der Mann saß kerzengerade auf dem Moped.

Ich ging ins Haus, von einer unguten Ahnung bedrängt.

Am Abend besuchte ich Frau Thanh, eine Frau aus Hue, die nach der Befreiung vom Betrieb als Köchin eingestellt worden war. Sie wohnte mit ihrer ältesten Tochter in der Vorstadt, die jüngeren Kinder lebten beim Vater in Huong Thuy, wo die Familie einen Bauernhof betrieb. Die älteste Tochter ging in die neunte Klasse, sie saß gerade am Tisch, in ihre Mathematikaufgaben vertieft. Nachdem sie mich begrüßt hatte, steckte sie ihre Nase sofort wieder in das Buch, studierte die darin abgedruckten Zeichnungen, den Füllhalter im Mund. Kompaß, Zirkel und Lineal lagen auf dem Tisch verstreut. Frau Thanh war gerade beim Essen. Ich wartete, bis sie fertig war, und nachdem wir ein paar höfliche Sätze gewechselt hatten, fragte ich sie nach meiner Nachbarin und dem fetten Mann.

Sie blickte mich mit großen Augen an: »Oh, das wissen Sie noch gar nicht, er ist ihr Mann, wer sonst ...«

Als sie mich einfältig dasitzen sah, fuhr sie fort: »Die Kleine hat erst den Tuan geliebt, einen Neffen von mir. Er war in der Jura-Klasse und sie in der Literatur-Klasse. Die beiden haben sich geliebt wie ein Süchtiger das Opium, aber schließlich hat Lan den alten Du geheiratet. Der war früher ein Freund ihres Vaters, der sich aber bei ihm eine Menge Gold geliehen hatte, um sich Opium zu beschaffen. Am Ende mußte er dem Alten seine Tochter zur Frau geben. Bei ihrer Hochzeit war Lan noch keine siebzehn, letztes Jahr war ein Sohn unterwegs, sie hatte dann aber eine Fehlgeburt.«

Sie trank einen Schluck Tee, leckte sich die Lippen und erzählte weiter: »Mein Neffe war untröstlich, er redete ständig nur von Lan. Ich habe sehr mit ihm geschimpft. Auch wenn man noch so an einem Mädchen hängt, wenn die Dinge so liegen, muß man sie vergessen, was hilft da alles Trauern. Der alte Du verwöhnt die Kleine wie einen Schatz. Er läßt nicht zu, daß sie irgendeine Arbeit anrührt ... Und das muß er auch, denn er leidet seit über fünfzig Jahren an einer Hautkrankheit, deshalb sieht er so häßlich aus, noch dazu hat er häufig Geschwüre, er muß den Arzt kommen lassen und sich ständig mit irgendwelchen Salben einreiben ...«

Sie redete ununterbrochen, in ihren Worten schwang etwas wie Verachtung mit, und ich ahnte, daß diese Verachtung sowohl der jungen Frau als auch dem Alten galt.

Sie lud mich zu einer weiteren Tasse Tee ein, trank einen Schluck und stand auf. Ich hatte noch kaum das Lärmen der Schweine gehört, aber sie sagte: »Bleiben Sie ruhig sitzen. Ich gehe nur in den Stall, die drei Schweine füttern, sonst werden sie zu unruhig.«

Die Tochter wartete, bis die Mutter zur Tür hinaus war, dann hob sie den Kopf und sagte zu mir: »Das stimmt so nicht.«

»Warum?« fragte ich zurück, ein wenig erstaunt, denn ich hatte Frau Thanh als aufrichtige Person kennengelernt. Noch nie hatte ich erlebt, daß sie eine Lüge erzählt, noch nicht einmal, daß sie sich mit jemandem einen Scherz erlaubt hätte. Bei meiner Frage wurde das Mädchen verwirrt, vielleicht suchte sie nach Worten, um sich richtig auszudrücken.

»Weil, weil Mama Lan haßt... Lan liebt Tuan, aber ihr Vater ist opiumsüchtig, er hat alles, was er besaß, verkauft, um sich Opium zu beschaffen. Als nichts mehr da war, hat er bei dem alten Du Schulden gemacht, große Schulden. Nach ein paar Jahren war er völlig bankrott, da mußte er seine Tochter an den alten Du verheiraten. Der Alte hat gedroht, er erstattet Anzeige, wenn er Lan nicht bekommt. Ein Jahr nach der Hochzeit kam die Befreiung, die Soldaten kehrten heim...«

Sie legte den Füllhalter hin und sprach weiter: »Mama weiß das alles, aber Mama hat Tuan zu sehr in ihr Herz geschlossen, deshalb haßt sie Lan. Einmal, als Lan zu uns kam, da hat Mama ihr nicht erlaubt, Tuan zu sehen, hat die Arme zurückgeschickt...«

Sie verstummte plötzlich, weil sie sah, daß ihre Mutter zurückkam. Frau Thanh trat ein, ein paar rote Pfirsiche in den Händen: »Hier sind Pfirsiche aus dem Garten, lassen Sie sie sich schmecken.«

Auch an diesem Abend setzte ich mich auf meine Veranda. Aber ich las nicht, bestickte auch kein Kissen oder beobachtete die Mädchen auf der Straße. Ich starrte unverwandt zum Nachbargarten hinüber und wartete.

Sie kam heraus, kanarienfarben gekleidet, schön und anziehend wie jeden Tag. Ich aber betrachtete sie mit bohrendem Blick, als wollte ich auf diesem blühenden Körper die Spuren der Befleckung entdecken.

»Eine Frau«, dachte ich, »sie ist eine Frau. Und lebt mit einem hautkranken Alten…«

Nebenan streckte sie die Hand aus, pflückte einen grünen Pfirsich, führte ihn zum Mund, biß hinein, verzog das Gesicht und spuckte aus. Ihr Verhalten hatte etwas sehr Natürliches und Kindliches. In mir stiegen Mitleid und Abscheu auf.

Ich schauderte plötzlich zusammen, denn ich stellte mir vor, wie das fette Gesicht des Mannes sich an die frischen Wangen dieser jungen Frau drückte, und wie der kahle, von Flecken überzogene Kopf des Alten sich über diese runden Schultern beugte…

Am nächsten Tag ging ich wie gewöhnlich zur Arbeit. Im Betrieb sagte man mir, ich hätte einen Besucher.

»Ein gutaussehender junger Mann«, sagten sie. Ich lachte und ging davon. Nirgendwo wartete auf mich ein gutaussehender junger Mann. Als ich zum Feierabend den Betrieb verließ, erwartete mich am Tor ein junger Mann in Uniform, er sprang hervor und versperrte mir den Weg: »Stehenbleiben!«

Ich war überrascht, einen Moment später hatte ich ihn erkannt.

»Binh!« rief ich aus und drückte fest die Hand des Freundes aus der Kinderzeit. Ich hätte nicht gedacht, daß ich mich so freuen würde. Es war jetzt acht Jahre her, daß ich ihn zum letzten Mal gesehen hatte. Von der Vorschule an waren wir immer in die gleiche Klasse gegangen. Hatte es geregnet, hatten wir uns gemeinsam den alten, zerrissenen Strohumhang seines Vaters übergestülpt und waren darunter die Dorfstraße von Mo entlang ins Gemeindehaus zum Unterricht gegangen. War es kalt gewesen, hatten wir gemeinsam Klebreis von den Feldern stiebitzt und Reisig ins Wachhäuschen geschleppt, um uns aufzuwärmen. Nach der Ernte waren wir gemeinsam über die Felder gestreunt und hatten den liegengebliebenen Reis aufgesammelt, wir hatten jede Süßkartoffel und jede reife Duoi-Frucht miteinander geteilt. In der Oberstufe war er noch immer mit mir in eine Klasse gegangen. Binh hatte mich als seinen besten Kumpel betrachtet. Er hatte mir haarklein jede seiner heimlichen Verliebtheiten berichtet, und ich hatte ihm sehr ergeben zugehört. Nach der zehnten Klasse war er zur Armee gegangen, später hatte ich gehört, er sei zum Propagandakomitee einer Zone versetzt worden. Jetzt war er erneut versetzt worden und hierher geraten. Er hatte viele kleine Talente: Dichten, Lieder schreiben, Volleyball spielen... Er steckte seine Nase in alles ein bißchen hinein und beherrschte nichts wirklich gut. Ein lustiger und leichtsinniger Typ.

Nachdem die erste Wiedersehensfreude abgeklungen war, packte er meine Hand: »Was ist, du hast noch nicht geheiratet, oder?«

»Au, laß meine Hand los!« antwortete ich, während ich versuchte, sie aus dem eisernen Griff des Freundes zu befreien.

»Du willst wohl eine alte Jungfer werden?«

»Klar, damit du mich anbeten kannst.«

Wir lachten. Er überreichte mir ein Glas Gerstensirup allererster Güte, hausgemacht, Sirup, der wie Bernstein aussieht, beim Auslöffeln zieht er leuchtend goldgelbe Fäden und duftet wie junger Reis auf dem Feld. Als der Sirup aufgegessen war, ergriff Binh die Gitarre und führte mich hinaus zum Schaukelstuhl.

»Seit Ewigkeiten bin ich nicht mehr in den Genuß deiner zitronensauren Stimme gekommen.« Er stimmte die Saiten. Wir setzten uns beide in den Schaukelstuhl.

»Beginnen wir mit der ›Hütte des Schafhirten‹!«

»Einverstanden!«

Ich wollte gerade anfangen, da erschien die junge Frau hinter der Hecke. Wir begrüßten uns lächelnd. Als Tuy Lan Binh sah, drehte sie sich um und ging. Auch Binh hatte den Kopf gehoben und ihren Blick aufgefangen. Ich sah ihn eine Sekunde stutzen, seine Hand sank auf die Gitarrensaiten, dann beugte er sich darüber und klimperte ziellos ein paar Akkorde.

»Schon Feuer gefangen!« dachte ich bei mir und lächelte still. Ich kannte seine Art, er konnte sich auf der Stelle in jedes beliebige Mädchen verlieben, hatte es aber meist schon nach ein paar Monaten vollständig vergessen. Seit er erwachsen geworden war, hatte er sich fünfzehn-, sechzehnmal verliebt, doch noch nie hatte sich daraus eine echte Liebe entwickelt.

Tuy Lan war ins Haus gegangen. An diesem Abend kam sie nicht mehr in den Garten, sicher wegen der Anwesenheit des fremden jungen Mannes. Und auch Binh hatte vollständig vergessen, daß er mit mir singen wollte, er zupfte zerstreut an den Saiten, sein Gesicht hatte einen bekümmerten Ausdruck angenommen.

Er hat sich bereits in das siebzehnte Mädchen verliebt.

Dachte ich und ging hinein, um ihn ungestört seinen Träumen zu überlassen.

Doch diesmal hatte ich mich geirrt. Binh war nicht nur entflammt, er liebte, liebte echt. Die ersten Anzeichen bestanden darin, daß er sich auffallend ernst und erwachsen gab. Er flirtete nicht mehr mit jeder Frau im Betrieb und erzählte auch keine Frauengeschichten mehr. Er, der Achtundzwanzigjährige, dessen Wesen immer wie eine weit geöffnete Tür gewesen war, zeigte sich auf einmal verschlossen. Ich ertappte ihn oft, wie er stundenlang stumm wie ein Schatten allein in einem Zimmer saß. Eines Sonntagmorgens kam er zu mir. Nachdem er einen Augenblick müde auf dem Stuhl gesessen hatte, fragte er mich unvermittelt: »Ein Mädchen, eine Frau...?«

»Wie bitte?« fragte ich verblüfft zurück.

Ohne mich anzusehen sagte Binh: »Du bist eine Frau, sage mir, wenn eine Frau verheiratet ist...«

»Du willst sagen...«

»Ja, ich will sagen...«. Er hielt einen Moment inne und

brachte dann mühsam hervor: »Wenn eine Frau heiratet, dann ändert sich ihr Leben sehr, und sie selbst verändert sich auch, oder?«

Ich setzte mich und entdeckte in seinen Augen einen bekümmerten und grüblerischen Zug, wodurch sein Gesicht einen fast leidenden Ausdruck bekam. Nach kurzem Schweigen fragte ich: »Dann bist du also wirklich...«

»Ja, ich liebe wirklich...« gestand er mir. Wir saßen uns lange schweigend gegenüber. Schließlich zündete er sich eine Zigarette an und sagte bedächtig: »In den ersten Tagen nach meiner Ankunft kam in einer Unterhaltung mit jungen Leuten die Rede auch auf das Mädchen im Garten nebenan. Ich kümmerte mich nicht weiter darum und bekam nur mit, daß da eine schöne Frau an einen Alten verheiratet worden war, um Schulden zu bezahlen. Solche Geschichten gibt es genug, ich hörte mir das an und vergaß es augenblicklich. Aber an jenem Abend, als wir im Schaukelstuhl saßen und singen wollten, da sah ich sie. Als ich ihren Blick auffing, war ich wie vom Blitz getroffen. Was für traurige und klagende Augen. Zwei noch kindliche Augen, aber schon einsam und voll Bitterkeit. Zwei vernachlässigte Augen... Ich erinnerte mich sofort an ihre Geschichte. Im selben Augenblick begann ich, sie zu lieben, und ich liebte sie mit jedem Tag mehr...«

Ich fiel ihm ins Wort: »Aber dir ist doch klar, Lan ist verheiratet, nach Recht und Gesetz.«

»Aber sie liebt ihn nicht, liebt ihn nicht, verabscheut ihn sogar. Sie ist ein Opfer, ein Pfand zur Bezahlung einer Schuld.«

»Wie dem auch sei, sie sind rechtmäßig verheiratet.«

Binh warf mir einen verächtlichen Blick zu: »Wieso mißt du Brauch und Gesetz dieser Marionetten-Bande[3]

---

3 Die Ehe wurde vor der Befreiung 1975 geschlossen. Als »Marionetten« wurden im Parteijargon die von den USA gestützten südvietnamesischen Regierungsmitglieder bezeichnet.

einen so hohen Wert bei?... Solche Ehen muß man auf der Stelle lösen dürfen, zu jedem beliebigen Zeitpunkt!«

Er seufzte tief und sagte dann ruhig, mit gesenkter Stimme: »Aber das Problem liegt ganz woanders... Ob Lan den Mut findet, sich von den überkommenen Vorstellungen über die Ehe zu befreien. Ein Mädchen. Eine Frau. Ein Mädchen wurde...«

»Wurde eine Frau«, vollendete ich den angebrochenen Satz, »aber du hast selbst gesagt, mit jemandem zu leben, den man haßt, ist eine Qual und kein Glück.«

»Stimmt, aber...«

Binh seufzte und drückte die auf der Untertasse heruntergebrannte Zigarette aus. Ich sprach weiter: »Und noch etwas. Wenn sie ihn nun gar nicht verlassen will?«

»Nicht will?«

»Genau. Sie verabscheut ihn, verläßt ihn aber nicht, weil er ihr ein Leben im Luxus ermöglicht. Bist du in der Lage, eine Haushälterin zu bezahlen, damit deine Frau sich nur an den Tisch zu setzen braucht, um zu essen und sonst den ganzen Tag Bücher lesen kann?«

»Ah, aber...« fuhr er erstaunt hoch. Er dachte einen Moment nach und sagte dann sanft: »Jeder Mensch hat einen guten Teil in sich. In der neuen Zeit wird dieser wertvolle Teil entwickelt. Daran müssen wir glauben!«

»Noch ein letzter Punkt«, hob ich die Stimme, »ein letzter Punkt: Du liebst Lan, aber liebt sie auch dich?«

Binh stand auf, er klang entschieden und leidenschaftlich: »Wenn sie mich nicht liebt, dann muß sie irgendeinen anderen jungen Mann lieben und heiraten, einen, der zu ihr paßt. Auf keinen Fall darf diese elende Ehe fortbestehen.«

Ich lachte und ergriff seine Hand. Zum erstenmal sah ich bei meinem Freund die Züge eines starken und unerschrockenen Mannes. Er unterschied sich sehr von dem früheren Binh, dem Spaßvogel, der mit der Gitarre in der Hand durchs Leben zog, sich blindlings verliebte und das

Leben mit so verschwommenen Vorstellungen wie Trugbilder im Nebel betrachtete.

Ich nahm meinen Platz im Schaukelstuhl nicht mehr ein, ich trat ihn Binh ab. Die Liguster-Hecke war für ihn zu einem geheimnisvollen Vorhang geworden, der ihm die besondere Märchenwelt der Liebe enthüllte. Doch in der herrlichen Dämmerung eines Abends, das Licht fiel aus geröteten Wolken hernieder, ein sanfter Wind wehte den verführerischen Duft reifer Früchte heran, da konnte ich nicht mehr an mich halten, ich mußte die Tür öffnen und in den Garten treten. Verborgen hinter einem Pfeiler des Vordaches sah ich Binh und Lan. Sie standen zu beiden Seiten der mit Blüten übersäten grünen Sträucher. Sicher standen sie schon lange dort. Sie bemerkten mich nicht, bestimmt nahmen sie auch die Blätter der Bäume um sie herum nicht wahr, den Garten, die vorüberziehenden Wolken, eine ganze weite Welt, die außerhalb ihrer selbst existierte.

Tuy Lan war ein wenig schmaler geworden, halb verdeckt hinter dem Blätterwerk wirkte sie noch zierlicher. Die beiden standen weit voneinander entfernt und wagten kein einziges Wort. Sie blickten sich an, und ich konnte deutlich sehen, wie ein bebender Strom aus Binhs jungen und heißen Augen den ganzen Körper der jungen Frau in Glück und Angst erzittern ließ.

Binhs Augen schienen zu sagen: »Ich liebe dich. Ich liebe dich.«

Ihre Augen waren weit geöffnet, flehentlich und abwehrend: »Ich bin dieser Liebe nicht würdig.«

Die Augen des Mannes wiederholten: »Ich liebe dich.«

Die Augen gegenüber flehten erneut: »Laß mich. Ich bin schon vergeben, schon vergeben.«

»Ich werde alles überwinden.«

»Nein, bemühe dich nicht vergeblich. Ich wage nicht, zu träumen... von einem so unerreichbaren Glück zu träumen...«

Die Sonne ging sehr schnell unter. Im dämmrigen

Himmel hielt sich noch ein Wolkenstreifen wie ein farbiges Seidenband. Doch sein fahles Rot wurde zu einem Violett und schließlich zu einem Grau wie dunkle Asche. Am Ende blieb ein blaßgrauer Rest am Fuß der Wolke.

Im Stadtviertel begann die Jugendorganisation, intensiv tätig zu werden. Bisher hatte es wirksame Aktivitäten nur in den Schulen und Betrieben gegeben. Jetzt gelang es, auch in den Wohnblöcken die Reihen der Jugendlichen mit strenger Disziplin zu organisieren. Die Jugend formierte einen Zivilverteidigungszug. Die Mädchen und Jungen reihten sich ein und marschierten zur Ausbildung aus der Stadt hinaus. Kommandorufe erschallten: eins, zwei, eins, zwei ... Fröhliche Lieder erklangen, das Viertel wurde aus seiner Ruhe gerissen. Eines Tages erblickte ich die junge Frau aus dem Nachbargarten im Zivilverteidigungszug, in Nicki und weiten Hosen ging sie am Ende in der Gruppe der Älteren mit. Als sie mich sah, errötete sie, senkte aber nicht mehr den Blick.

Ich besuchte die Köchin und fragte sie triumphierend: »Frau Thanh, haben Sie Tuy Lan zur Zivilverteidigungsausbildung gehen sehen?«

»Ich weiß«, antwortete sie, »beim ersten Mal hat der alte Du es ihr verboten. Dann haben ein paar Funktionäre ein ernstes Wort mit ihm geredet, da mußte er klein beigeben.«

»Wieso muß Tuy Lan vor dem Alten so kuschen?«

Sie blickte mich unschlüssig an, dann lachte sie: »Ich weiß nicht, wie ihr Frauen von heute seid; früher mußte die Frau dem Mann gehorchen, ob er nun recht hatte oder nicht.« Nach einer kurzen Pause sprach sie weiter: »Aber Lan kann einem auch leid tun, sie mag den alten Du kein bißchen ...«

An diesem Abend saß ich wieder im Schaukelstuhl, denn Binh war auf Dienstreise. Es war sehr schwüles Wetter, der Juli hatte bereits begonnen. Kaum hatte ich mich hingesetzt, da fühlte ich auch schon, wie der kühlende Wind mich schläfrig machte. Ich legte mich im Schaukelstuhl bequem zurecht und genoß das angenehm diffuse Gefühl zwischen Schlafen und Wachen. Plötzlich hörte ich, wie die Tür der Villa nebenan aufgerissen wurde. Aus der weitgeöffneten Tür trat Tuy Lan in den Garten, sie trug noch immer ihre Kleidung vom Nachmittag, ein breiter Gürtel umspannte ihre Taille. Eine Ledermappe vor der Brust tragend ging sie zu einer Steinbank unter einer Lampe mit weißem Schirm, schlug ein Buch auf und begann, darin zu lesen. Ihre Haltung wirkte ungewöhnlich entschieden und trotzig. Ich beobachtete sie, doch sie blätterte nur eine Seite nach der anderen um, schließlich überwältigte mich der Schlaf.

Als ich erwachte, war es tiefe Nacht. Der zunehmende Mond stand bereits hoch oben als Sichel zwischen Wolkenhaufen. Nächtliche Vögel riefen in den Zweigen. Im Nachbargarten brannte noch Licht, Tuy Lan saß noch immer lesend da. Durch die Blätter hindurch fielen Lichtflecken auf sie, auf ihren eifrig gesenkten Schopf. Auch in der Villa war das Licht noch an, die Fensterscheiben strahlten in hellem Glanz. Kurze Zeit später wurde die Tür geöffnet und der kahle Kopf kam zum Vorschein: »Tuy Lan, komm rein, es wird kalt.«

Sie antwortete nicht. Der Mann verharrte einen Moment lauschend, dann verschwand der Kopf wieder. Etwa eine halbe Stunde später kam der Kopf erneut zum Vorschein, diesmal folgte ihm ein Teil des fetten Körpers: »Tuy Lan, komm rein, es ist Mitternacht!« Seine Stimme klang verärgert.

Tuy Lan zog die Augenbrauen zusammen und las weiter, in der stolzen Haltung einer Königin. Der Mann stieß die Tür auf und kam in den Garten. Es war das zweite Mal, daß ich ihn sah, doch diesmal trug er keinen korrekten Anzug mit scharfer Bügelfalte, sondern einen Schlafanzug. Der dünne Stoff ließ seinen schlaffen, fetten Körper sichtbar werden, der sonst unter dem Anzug verborgen blieb.

»Tuy Lan, komm rein, es ist Mitternacht.«

Ohne Antwort zu geben, blickte sie ihm direkt ins Gesicht. In ihren schwermütigen Augen blitzten glühende Funken auf, Funken des Aufbegehrens.

Minuten gespannten Schweigens. Tuy Lans Mann stemmte die Hände in die Hüften: »Komm rein!«

Schweigen.

»Kommst du jetzt rein?!« Die drohende Stimme beherrschte sich nur mühsam.

Tuy Lan antwortete noch immer nicht, ihre trotzigen Augen blickten herausfordernd. Ich weiß nicht, wie lange ich schon stand. Auf Zehenspitzen starrte ich über die Hecke, bestürzt und voller Angst. Was würde geschehen, hier, zwischen diesem Mann und dieser Frau? Die Rückenmuskeln des Mannes wogten auf und ab, auf und ab. Der Alte war in Wut geraten und atmete schwer. Plötzlich hob er den Arm, als wollte er der Frau eine gewaltige Ohrfeige verpassen. Ich schrie auf, schrie sehr laut und schleuderte den Schaukelstuhl gegen die Wand. Das klirrende Rasseln der am Schaukelstuhl hängenden Eisenkette und mein plötzlicher Schrei zerrissen die mitternächtliche Stille. Erschrocken drehte sich der Alte um, entdeckte mich, machte kehrt und ging mit gesenktem Blick ins Haus. Tuy Lan saß noch immer auf der Bank, aus ihren weit aufgerissenen, vor Erschöpfung starren Augen flossen die Tränen, strömten über ihre Wangen. Es war das zweite Mal, daß sie vor mir weinte, doch diesmal keine klaren Tränen wegen eines Liedes von Sehnsucht und Liebe, sondern Tränen der Scham über ihr wirkliches Leben.

Nach dieser Nacht fehlte sie im Zivilverteidigungszug des Viertels. Ich sah sie auch am Abend nicht in den Garten kommen. Ich fragte Frau Thanh, sie antwortete: »Tuy Lan ist fortgegangen. Bevor sie ging, kam sie hier vorbei und bat, Sie zu grüßen. Ich vergaß, es Ihnen auszurichten. Ich habe gehört, daß ihr Mann sie schlagen wollte. Es paßte ihm nicht, daß sie zur Zivilverteidigungsausbildung ging; wenn er gereizt wird, schlägt er gleich zu.«

»Wohin ist sie gegangen?«

»Sie hat bei Con Hen als Näherin angefangen und wohnt bei Verwandten. Wenn Sie sie treffen wollen, dann gehen Sie zu der kleinen Garküche an der Eisenbrücke.«

Sie war also fortgegangen. Meine kleine Nachbarin. Sie hatte schließlich doch ein eigenes Leben gefunden. Sie hatte schließlich doch den Mut gehabt, sich für immer von der Vergangenheit zu lösen.

Der Garten nebenan verwaiste. Von der weißen Lampe war der Schirm entfernt worden. Auch die alte Haushälterin war in ihr Heimatdorf zurückgekehrt. Allein im Haus zurückgeblieben, erlaubte sich der alte Du keinerlei Luxus mehr. Die Tür der Villa blieb Tag und Nacht fest verschlossen. Der Alte ging niemals aus und nahm auch keine Arbeit auf, sein Vermögen reichte bis an sein Lebensende und darüber hinaus.

Ich saß allein im Schaukelstuhl und las, von Zeit zu Zeit kam mir die Abwesenheit der jungen Frau jenseits der Hecke zu Bewußtsein. Aber ich war darüber nicht traurig. Wäre sie noch immer da gewesen, dann wäre das eher ein Grund gewesen, bekümmert zu sein. Als Binh von seiner Dienstreise zurückkehrte, erzählte ich ihm, was geschehen war, und er ging täglich zur Garküche an der Eisenbrücke. Er stieg in meiner Achtung, wußte ich doch, daß die Leute um Mädchen wie Tuy Lan normalerweise nur herumstrichen, um sie anzugaffen und Witze über sie zu reißen.

Die Tage vergingen. Juli, August und schließlich auch September waren vorüber. Anfang Oktober wurde in Hue ein Kulturfestival organisiert. Ich war die ganze Zeit über sehr beschäftigt, von tausend Kleinigkeiten in Anspruch genommen: Puder und Schminke, das tägliche Essen, Prämien, lose Teeblätter, Teepäckchen... all die unspektakulären Vorgänge hinter den Kulissen. Binh ging es ebenso, nur daß er sich um viel schwierigere Probleme kümmern mußte. Wenn wir uns begegneten, eilte ein jeder, kaum daß wir uns begrüßt hatten, schon wieder in eine andere Richtung davon, wie hätten wir da noch über die Geschichte mit Tuy Lan reden können. Erst am letzten Festivaltag fanden wir eine freie Stunde. Binh kam zu mir, und wir wählten zwei nebeneinander liegende Plätze gleich vorn an der Bühne. Wir setzten uns. Das Theater war hell erleuchtet und lärmerfüllt, die Menschen irrten durch die Reihen auf der Suche nach ihren Plätzen. Ein paar Halbwüchsige schlenderten umher. Der Lautsprecher ließ von Zeit zu Zeit ein versuchsweises Krächzen ertönten. Binh schien seine Kollegen vom Organisationskomitee, die geschäftig die Bühne hinauf und hinunter eilten, kaum wahrzunehmen. Er bemerkte auch nicht die Sekretärinnen, die kokettierend versuchten, seine Aufmerksamkeit zu erregen.

Ich stellte fest: »Du bist dünner geworden.«

»Noch jemand hat genau das Gleiche festgestellt«, antwortete Binh. In seinen Augen blitzte eine heimliche und verschmitzte Freude auf.

Ich blickte ihn an und lachte: »Die junge Frau hinter der Hecke, stimmts?«

»Richtig.«

»Wie geht es ihr?«

»Sie hat vor Gericht die Scheidung durchgesetzt. Jetzt ist sie frei, arbeitet als Näherin und ist eine gute Sängerin. In ein paar Minuten werden wir sie auf der Bühne erleben.«

Ich fragte weiter: »Und was ist mit euch beiden?«

»Ehm…« Binh schüttelte niedergeschlagen den Kopf, seine Stimme klang traurig und enttäuscht, »Tuy Lan ist frei, aber meine Liebe weist sie noch immer zurück. Als ob die Last der Vergangenheit ihr die Kraft nimmt, zu vergessen oder sich von ihr zu lösen. Scham und Trauer über den verlorenen Frühling des Lebens klingen aus jedem ihrer Sätze heraus. Ich habe das Gefühl, sie kommt sich wie eine Art Abfall vor, wie eine zerbrochene Vase, eine beschmutzte Bluse.«

Auf der Bühne lief die Vorstellung schon seit geraumer Zeit. Der rote Samtvorhang hatte sich geöffnet, die Chöre und Orchester waren bereits vorüber. Mit dem Mikrophon in der Hand trat die Ansagerin hervor und erhob ihre Stimme, hoch und dünn wie eine Nadel:

»Sopransolo von Tuy Lan.

Das Lied ›Sehnsucht‹, Musik Schumann,

Text von Khanh Giao.«

Die Ansagerin ging ab, mit flatternden grünen Kleiderschößen. Hinter dem Vorhang trat eine junge Frau hervor, Binh packte meine Hand: »Tuy Lan!«

In den vergangenen paar Monaten hatte sich meine Nachbarin ungewöhnlich stark verändert. Im feuerroten Ao Dai, der über der Brust von einer glitzernden Stoffblume geschlossen wurde, stand sie im grellen Scheinwerferlicht mitten auf der Bühne. Der verlorene, klagende Ausdruck war von ihrem Gesicht verschwunden. Die schönen Augen leuchteten in noch schüchterner, verschämter Freude, der jungen Freude eines Menschen, der neu ins Leben getreten ist. Binh starrte auf die Bühne, hingerissen und traurig. Ich blickte ihn an und lächelte still. Zwar war er sehr gereift, doch sein Wesen war noch immer unbeständig. Warum gab er so schnell die Hoffnung auf? Früher oder später würde diese junge Frau zu ihrem eigenen Gesicht zurückfinden, würde den Stolz ihres eigenen Lebens entdecken, und sie würde den Mut haben, seine aufrichtige und reine Liebe anzunehmen.

Die Instrumental-Begleitung hatte die Eröffnungstakte gespielt. Tuy Lan erhob die Stimme und sang, mit einer tragenden Stimme voll tiefen Begreifens, einer Stimme, als würde ein Stück Himmel geöffnet, das im Inneren vergraben gewesen war. Ich versank in ihr und blickte zur Bühne hinauf: Die Kleiderschöße flatterten wie Flammen im Wind, glänzend lag das schwarze Haar auf den Schultern, Tuy Lan sah aus, als wäre sie von irgendeinem fremden Ort, einem fernen Ufer, einem unwirtlichen Stück Erde zurückgekehrt.

(1976)

MA VAN KHANG
Die junge Meo-Frau

Als Sung My noch ein junges Mädchen war, verging kein
Abend, an dem Dua Phong nicht zu ihrem Haus kam,
um auf der Flöte oder dem Khen zu spielen:

> Kleine Schwester, die Bergrose bricht auf über den
> Höhen.
> Ich liebe dich so, daß ich die Stunde der Heimkehr
> versäume,
> Die Bergrose bricht auf über der Felswand.
> Ich liebe dich so, daß ich mich nicht zu entfernen
> wage.

Sung My war achtzehn, hatte volles Haar, und ihr
Gesicht blühte wie eine Bergrose. Dua Phong, ein gutaussehender Mann, stämmig wie ein grünender Samu-Baum,
war fast zweiundzwanzig Jahre alt. Beide wohnten im
Weiler Sin Chai und kannten sich seit ihrer Kindheit.
Ihre Liebe war vollkommen. Und auch ihre Hochzeit.
Keine der üblichen Zeremonien fehlte: Nach der vorgese-
henen Verlobungszeit sangen die Brautwerber ihre Lita-
neien und befragten die Hahnenfüße nach der Zukunft,
konsultierten das Horoskop und bestimmten den Fasten-
tag als Hochzeitsdatum.
Aber all das geschah eigentlich nur, um die Eltern
zufriedenzustellen. Wesentlich war die Eintragung ins
Register der Gemeinde. Und dann natürlich die Feier mit
den Genossen vom Jugendverband. War das ein Fest
gewesen! Vang A Tra, der Sekretär der Parteigruppe, hatte
seine Schale mit Lebenswasser erhoben und einen Toast
auf die Neuvermählten ausgebracht.
»Jetzt, da ihr vereint seid, haltet euer Glück fest.«
Nach der Hochzeit wohnten die beiden bei den Eltern

und zogen erst in ein eigenes Haus, als das erste Kind, Dua Pang, ein Junge, geboren wurde.

Beide waren gesund und kräftig, und die Genossenschaft konnte sich auf ihre Arbeit verlassen. Nebenbei bauten sie auf den fünf Prozent des Bodens, der ihnen für die eigene Nutzung übergeben worden war, Flachs an. Wenn der Flachs auf ebenem Boden angepflanzt wird, gibt er sehr gerade Fäden. Jedes Jahr konnte Sung My, die selbst spann und webte, ihrem Mann einen Anzug schneidern. Alle waren einer Meinung: »Nicht nur das Korn ist gut, sondern auch die Scheune; nicht nur die Flöte, sondern auch die Schalmei.«

Aber heute verläuft das Leben nicht so eintönig wie in den alten Zeiten. Alles verändert sich, wie das Kind, das erst auf allen vieren kriecht und dann wächst und lernt. Das, was gestern noch gut war, ist heute auf einmal veraltet. Seit mehr als einem Jahr gehören fünfzehn Familien zur Genossenschaft des Weilers Sin Chai. Das reicht, sagen die einen. Zu unproduktiv, die anderen. Und so blieb alles beim alten: Die Meo-Frau spinnt wie früher ihren Flachs und hält in dieser Beschäftigung nur inne, um, das Kind auf dem Rücken, Mais zu stampfen oder, noch immer mit dem Kind beladen, auf das gerodete Feld zu steigen. Den lieben langen Tag kümmert sie sich also nur um ihren eigenen Haushalt und ihr Feld.

Eines Tages regte plötzlich jemand an: Die Frau soll sich mehr an den kollektiven Angelegenheiten beteiligen. Warum kann eine Frau nicht gar einen verantwortlichen Posten in der Genossenschaft oder im Verwaltungskomitee der Gemeinde einnehmen?

Zuerst sagten die Frauen von Sin Chai: »So ein Unsinn.« Dabei bedeckten sie verwirrt ihr Gesicht mit den Händen. Das tat auch Sung My, als die Feldbaubrigade sie einstimmig zu ihrem Leiter wählte. Davon wollte sie nichts wissen, nein, aber die Brigademitglieder hatten die besseren Argumente auf ihrer Seite: »Ein Brigadier muß etwas vom Maisanbau verstehen«, sagten sie, »er muß schreiben und lesen können, und er muß etwas von Menschen verstehen. Der vorangegangene Brigadier hatte diese Fähigkeiten nicht, aber Sung My hat sie, und da ist es ganz richtig, wenn sie Brigadier wird.«

Nachdem Sung My zum Brigadier gewählt worden war, kam sie sich zuerst so verloren vor wie ein Junge vor einem Webstuhl. Seit sie vor Jahren die Dorfschule nach der dritten Klasse verlassen hatte, war viel von dem Gelernten in Vergessenheit geraten, aber immerhin konnte sie schreiben und sehr gut rechnen. In ihrem Haus hing an einem Pfeiler ein Plakat, auf das sie die Punkte schrieb, die jede Familie in der Winter-Frühjahr-Saison erreicht hatte.

Die Familie von Frau Sao Lung	1236 Punkte
Die Familie von Herrn Lu A Yin	1450 Punkte
Die Familie von Frl. Hau Xeo Lu	1310 Punkte

Jeden Tag konnten sich die Mitglieder der Genossenschaft über den augenblicklichen Stand informieren. Sung My war freundlich zu allen, sie ordnete nicht an, sie überzeugte.

»Onkel Chin, ich habe gehört, Sie wollen den Büffel nicht zum Ziegelsteintransport schicken? Fürchten Sie, er könnte sich überanstrengen? Aber Onkel Chin, dafür erhält er doch die doppelte Menge Futter.«

Und so brachte sie die Dinge in Gang, lächelnd, behutsam und voller Verständnis für die kleinen Schwächen der Menschen.

Und dann kam dieses Jahr.

Wie hatte man geschuftet! Kaum hatte der Reis Wurzeln geschlagen, als es nach fünf Sonnentagen sieben Tage hintereinander regnete. Sung My wußte, daß solches Wetter das Ungeziefer hervorlockte. Daher rief sie die Schulkinder auf, nach dem Unterricht aufs Feld zu gehen und die Schädlinge rechtzeitig einzusammeln. Bisher war es bei jeder Ungezieferplage Brauch gewesen, daß sich der

Mann zu Hause einschloß und magische Beschwörungen murmelte. Obwohl die wenigsten daran glaubten, taten es doch alle. Und wagten sich danach kaum auf die Felder, da sie den Schaden, den das Ungeziefer angerichtet hatte, schon ahnten. In diesem Jahr wurde nicht gebetet, sondern Ungeziefer gesammelt. Das Ergebnis: Die Felder wurden vollständig gerettet.

All das hatte sich nicht nur im Weiler, sondern im ganzen Dorfgebiet von Sin Chai herumgesprochen, dann im Kreis, im ganzen Bezirk. Eine wohlriechende Blume erfüllte die Gegend im weiten Umkreis mit ihrem Duft. Die Leute von Sin Chai waren stolz auf ihren Brigadier und flüsterten sich zu: »Wir können Sung My vertrauen.« Und das brachte es mit sich, daß man nichts vor ihr geheimhielt: eine zänkische Schwiegermutter, eine faule Schwiegertochter, einen brutalen Ehemann, eine erzwungene Eheschließung, eine verabscheuungswürdige Tat. Diese Dinge vertraute zuerst jeder Sung My an.

Wie das Leittier in einem Vogelschwarm stand Dua Phong, Sung Mys Mann, gewöhnlich immer ganz vorn. Er war Gruppenleiter der werktätigen Jugend. Während Sung My nach der dritten Klasse die Schule verlassen hatte, um mit ihren Eltern in der Genossenschaft zu arbeiten, war Dua Phong nach Beendigung der vierten Klasse auf die Schule für ethnische Minderheiten gegangen. Nach seiner Rückkehr wurde er Mitglied der Reparaturbrigade. Er hatte eine schnelle Auffassungsgabe, war klug und geschickt. Gegen Ende des Sommers erwarb die Genossenschaft eine Sojaschälmaschine, leider wurden die Sojakörner von der Maschine nicht enthülst, sondern zerrieben. Dua Phong machte sich einige Zeit an der Maschine zu schaffen, dann spuckte diese am laufenden Band enthülste Körner aus.

Vang A Tra war begeistert und sparte nicht mit Lob:

»Verflucht begabt!« rief er und schlug Dua Phong auf die Schulter. »Wirst mal ein guter Techniker!«

Und so blieb es nicht aus, daß Dua Phong bald Leiter

der Reparaturbrigade wurde. Er war stolz auf seine Frau, deren Ruf wie eine Pfirsichblüte im Frühjahr leuchtete. Bei ihnen zu Hause hing zwischen der Belobigung für seine Bemühungen und der Anerkennung, die Sung My für ihre Leistungen bei der Reisernte im Herbst erhalten hatte, ein Foto der beiden, ganz Jugend, ganz Lächeln. Eine Erinnerung an den schönen Tag der Hochzeit. Dua Pang, ihr kleiner Sohn, zeigte manchmal mit dem Finger auf das Foto und die beiden Urkunden und stammelte dabei: »Papa, Mama«, womit er ein glückliches Lächeln des Paares verursachte. Alles war in schönster Ordnung.

Die Genossenschaft kam gut voran. Im Frühjahr wurde aus den vier Genossenschaften der einzelnen Weiler eine einzige im Dorfmaßstab. Die ewig Gestrigen zerrissen sich das Maul darüber, vor allem, als sie erfuhren, daß Sung My, eine junge Frau von zweiundzwanzig Jahren, zur stellvertretenden Vorsitzenden gewählt worden war. Sung My selbst war darüber am meisten verblüfft.

»Ich fürchte, ich werde es nicht schaffen«, vertraute sie Vang A Tra seufzend an. »Wie soll ich das machen, mit einer so großen Genossenschaft?«

Vang A Tra, ein Mann über vierzig, der schon gegen die Franzosen gekämpft hatte und genügend Lebenserfahrung besaß, lächelte und sagte zu ihr:

»Hör zu, Sung My, die zweihundert Mitglieder der Genossenschaft haben dich einstimmig gewählt. Zweihundert Köpfe, die denken können, sie haben dich nicht ohne Grund gewählt.«

Sung My hörte ihm zu und gewann wieder etwas Zuversicht. Sie ging nach Hause und hoffte, bei ihrem Mann Hilfe und Ermutigung zu finden.

Aber Dua Phong hob nicht einmal den Blick von dem Pflug, den er gerade zuschnitt, als sie den Hof betrat. Dua Pang, ihr kleiner Sohn, der eine vierteilige Stoffmütze auf dem Kopf trug, warf sich in die Arme seiner Mutter. Sung My kniete nieder, schlang einen Arm um ihr Kind und sammelte mit der anderen Hand die Hobelspäne ein, die um ihren Mann herumlagen. Dua Phong schwieg. Beim Abendbrot widmete er sich ausführlich seinem Essen und sagte kein einziges Wort. Aber als Dua Pang quengelte und unbedingt noch etwas trinken wollte, ließ er seine Eßstäbchen fallen und schrie ihn an:

»Ich habe genug von der Heulerei hier. Geh doch mit deiner Mutter zu den Versammlungen.«

Sung My lachte. Sie nahm die Sache betont leicht, um ihren Mann zu beschwichtigen, und klopfte dem Kind das Hinterteil.

»Na komm, sei nicht ungezogen«, sagte sie. »Morgen gehst du in den Kindergarten.« Und an Dua Phong gerichtet: »Weißt du, Liebster, wir haben den Kindergarten in nur zwei Tagen eingerichtet.«

Sie erwartete ein Kompliment, aber die sonst so fröhlichen Augen ihres Mannes starrten stumpf vor sich hin. Schließlich seufzte er tief auf und sagte kühl:

»Die eigene Familie ist dir anscheinend viel zu klein, weil du eine größere mit einer Menge fremder Leute vorziehst!«

Seine Bemerkung wirkte auf Sung My wie ein Windstoß auf einen angezündeten Docht. Sie fühlte sich auf einmal entmutigt und niedergeschlagen.

Als sie einige Zeit danach einmal mit der Fackel in der Hand spätabends von einer Versammlung heimkehrte, fand sie die Tür verschlossen. Sie klopfte mehrmals — niemand antwortete. Und da begriff sie, daß ihr Mann sie absichtlich ausgesperrt hatte. Sie setzte sich auf die Schwelle und weinte lautlos.

Nun begann die düsterste Zeit ihres Lebens. Sie, die bisher glücklich und heiter gewesen war, konnte nicht verhindern, daß der Schmerz, der ihr Herz abschnürte, ihr Gesicht veränderte. Ihre kleinen, länglichen Augen, die Pfirsichblüten glichen, ähnelten jetzt Fensterjalousien, die jeden Moment drohten herunterzurasseln. Die durchwachten, leeren Nächte ließen das Rot ihrer vollen Wangen erblassen. Aber sie sagte niemandem ein Sterbenswörtchen. Eines Tages vertraute sie sich jedoch Vang A Tra an. Er hörte ihr zu, seufzte mehrmals und kratzte sich seinen Schädel.

»Ich bin schon ein richtiger Bürokrat geworden«, sagte er. »Ein Bürokrat! Ja, das bin ich. Wie habe ich das nur übersehen können!«

Seit jenem Tag kam Vang A Tra oft auf einen Sprung vorbei, um mit Dua Phong zu plaudern. Heiter und unbeschwert wie auf einem Spaziergang.

»In was für glücklichen Zeiten wir doch leben! Alle Nationalitäten sind gleich. Wir Meo sind genauso tüchtig wie die anderen.«

»Stimmt«, sagte Dua Phong. »Wissen Sie noch, diese Sojaschälmaschine. Ich habe gelernt, sie genauso in Gang zu bringen wie die Leute in der Ebene.«

»Jetzt kümmert sich doch die kleine Seo Phang darum, nicht wahr? Sie schafft es doch?«

»Und wie! Ich habe es ihr in ganz kurzer Zeit beigebracht. Sie hat sofort alles begriffen.«

»Ja, sie kann etwas, die Meo-Frau, nicht wahr?«

»Gar nicht schlecht ist sie.«

»Steht den Männern in nichts nach.«

»In nichts.«

Dua Phong war ehrlich begeistert. Die Tatsache, daß sich die Meo-Frauen an den Aufgaben des Kollektivs beteiligten, verbot es ihm, ihre Fähigkeiten abzustreiten. Dennoch steckte er voller Vorurteile und war durch Sung My in seiner männlichen Eitelkeit gekränkt. Er fühlte sich nicht gerade wohl in seiner Haut. Hinzu kam, daß ihn seine Freunde manchmal − ohne sich Gedanken darüber zu machen − aufzogen:

»Sag mal, Dua Phong, fühlst du dich wohl, wenn deine Frau bestimmt?«

»Von wegen bestimmen«, erwiderte Dua Phong und gab sich Mühe, möglichst unbeschwert zu reden, »der Herr im Hause bin noch immer ich, und jedes Jahr, ohne

Ausnahme, näht sie mir eigenhändig einen neuen Anzug. Stellt euch das mal vor!«

»Was du nicht sagst! Sie ist stellvertretende Vorsitzende, und du bist nur Gruppenleiter. Du mußt doch tun, was sie sagt, sonst..., peng!, hast du eine Verwarnung weg. Und dann, ganz ehrlich, machst du dir keine Gedanken, wenn sie abends zu den Versammlungen geht?«

»Aber ihr lebt ja noch in der Feudalzeit!« rief Dua Phong, um sie und sich zu beruhigen.

Doch innerlich nagte der Zweifel an ihm. Die Scherze seiner Kameraden hinterließen auf dem Grunde seiner Seele so etwas wie eine feine Staubschicht. Und sobald Sung My wegen einer Versammlung oder einer anderen dringenden Arbeit erst spät nach Hause kam und er den Haushalt versorgen mußte, vernebelte dieser feine Staub seine Gedanken.

Die Vorwürfe und Warnungen wurden mit jedem Tag häufiger und härter im Ton; die Atmosphäre war unerträglich geworden. Und dann kam die Sache mit der Kollektivierung der Büffel.

Das Ehepaar besaß einen Büffel. Seit Jahren bewirtschaftete die Genossenschaft nur den Boden kollektiv. Aber jetzt hatte das Verwaltungskomitee beschlossen, die Büffel zusammenzulegen; zum einen, um Zugvieh zu haben, zum anderen, um einen ausreichenden Viehbestand für eine gemeinsame rationelle Aufzucht zur Verfügung zu haben. Die Angelegenheit war noch heikler als die Kampagne zur Einstellung des Mohnanbaus. Denn abgesehen von den Diensten, die der Büffel dem Bauern leistet, ist er in Sin Chai auch noch Fleisch auf vier Beinen, das immer zur Hand ist für die Opfergaben, die den Toten und Geistern dargebracht werden. Jede Familie hängt an ihrem Büffel wie an einer echten Garantie für die Zukunft in der anderen Welt.

Um die Wahrheit zu sagen, Dua Phong war nicht dagegen, er war nicht so einer, der sich an einen Büffel klammert. Wäre es nicht seine Frau gewesen, die die Bewegung angefangen und durchgeführt hätte, er wäre sicher der erste gewesen, der seinen Büffel zur Verfügung gestellt hätte.

»Hör mal, Liebster, wegen unseres Büffels…«

Er schnitt ihr das Wort ab:

»Bin nicht einverstanden!«

»Aber wieso denn nicht?«

»Stellvertretende Vorsitzende der ganzen Genossenschaft! Na und! Dann erzähl deine Weisheiten meinetwegen den anderen!«

»Aber hör mal, Liebster«, sagte Sung My leise, »du gehst zu den Versammlungen des Jugendverbandes. Du weißt, um was es geht, also, wie kannst du nur so reden?«

Dua Phong wurde rot, als hätte ihn eine Tarantel gestochen.

»Na und, dann bin ich eben ein Zurückgebliebener!«

»Aber das habe ich doch gar nicht gesagt!«

»Doch, das hast du gesagt. Du hast mich beleidigt. Du verachtest mich. Du rennst nur noch zu den Versammlungen, ich existiere nicht mehr für dich.«

Sung My nahm seine Hand und sagte behutsam:

»Du hast auf böse Zungen gehört.«

Aber Dua Phong stieß die Hand seiner Frau zurück und schrie, das Gesicht rot wie ein Hahnenkamm:

»Ich höre auf niemanden. Ich weiß selbst Bescheid. Über alles. Ich will nicht, daß du abends zur Versammlung gehst, wo alles voller Männer ist!«

Sung My zitterte vor Empörung.

»Ich bitte dich, hör auf, sag so etwas nicht.«

Doch die Eifersucht ist stärker als der stärkste Reisschnaps. Dua Phong betonte jedes Wort:

»Glaubst du, ich bin blind? Vang A Tra kommt doch nur so oft her, weil er dich sehen will.«

Sung My war sprachlos. Sie warf sich aufs Bett und schluchzte, den Kopf zwischen den Händen. Seit acht Monaten war sie zum zweitenmal schwanger.

Die ganze Nacht machte Sung My kein Auge zu. Am nächsten Tag blieb sie zu Hause, am darauffolgenden ebenfalls. Sie beschloß, sich von den Angelegenheiten der Genossenschaft fernzuhalten und nicht mehr zu den Versammlungen zu gehen, nicht einmal zu denen des Verwaltungskomitees.

Für die Meo-Frau ist das Glück in der Ehe das Unterpfand ihres Aufstiegs in der Gesellschaft. Was der Mann will, will auch sie. Wer nicht gesehen hat, wie die Meo-Frau an den Markttagen ihren stockbetrunkenen Mann am Wegrand aufliest, kann nicht das ganze Ausmaß der Hingabe ermessen, die sie für ihn spürt. Genau so liebte und fürchtete Sung My ihren Mann. Also blieb sie zu Hause und ließ ihre Arbeit in der Genossenschaft im Stich. Die Leute im Dorf machten ihre Bemerkungen und tuschelten.

»Recht hat sie, mag sie sich an ihrem Heim erfreuen. Warum soll sie sich mit der Funktion der stellvertretenden Vorsitzenden abrackern?«

»Die sehnt sich doch nur nach dem Posten des Vorsitzenden, und da sie ihn nicht bekommen hat, schmollt sie jetzt.«

Es gab viel Gerede. Aber Sung My war nicht das, wofür man sie hielt. Doch war sie ratlos. Der Schmerz über ihr Eheglück und die Mißverständnisse unter den Dorfbewohnern waren zuviel für sie. Ihre Gedanken kreisten unaufhörlich um eine Frage: Wer würde sie verstehen?

Nun ja, einer verstand sie: Vang A Tra. Eines Tages kam er zu Besuch und trat ganz unbeschwert auf. Er nahm Dua Pang in die Arme und fragte ihn lachend:

»Nun, mein Junge, die Mama bleibt jetzt zu Hause. Bist du glücklich darüber?«

In Wirklichkeit galt die Frage mehr der Mutter. Sung My, die ein Mützchen für das Kind, das sie erwartete, strickte, legte ihr Strickzeug auf einen Wagen und fragte, Tränen in den Augen:

»Verstehst du mich?«

Vang A Tra setzte das Kind zu Boden und kam kopfnickend näher.

»Verstanden, verstanden. Ein Haus hat zwei Stützpfeiler. Wenn der eine nicht fest ist, kann das Haus einstürzen. Also muß man dafür sorgen, daß beide fest und sicher stehen.«

»Aber wie soll ich das anstellen?«

»Na, na, was denn, in den Versammlungen kann man reden, in der Genossenschaft kann man überzeugen, und dann findet man keine gemeinsame Sprache mit jemandem, der Tisch und Bett mit einem teilt?«

Sung My schwieg einen Augenblick, dann rieb sie sich mit dem Zeigefinger die Augen, bemühte sich zu lächeln und murmelte:

»Es fällt mir schwer...«

Je einfacher die Dinge waren, desto schwerer ließen sie sich manchmal aussprechen. Vor allem, wenn es um Dua Phong ging. Sung My wußte zwar nicht, wie sie sich ausdrücken sollte, aber sie wußte sehr gut, daß sie sich auf halbem Weg zu einem Ziel befand, das sie schon sehen konnte. Umkehren hieße aufgeben.

Nach der Entbindung, als sie im Bett bleiben mußte, besuchten sie die Genossenschaftsmitglieder jeden Tag. Der eine brachte ihr ein Dutzend Eier, der andere ein Zuckerbrot. Nie war das Haus leer. Niemand machte irgendeine Anspielung darauf, daß sie ihren Posten verlassen hatte, aber jeder Blick, jedes Lächeln war ein wahrer Appell. Und so war schließlich die Kraft, die sie aus dem Haus trieb, stärker als die, die sie festhielt. Eine Woche nach der Entbindung kam sie zur Versammlung, ihr Neugeborenes auf dem Rücken. Vang A Tra schob sie mit einer Geste fort.

»Nein, nein, du brauchst noch Ruhe.«

Doch Sung My antwortete:

»Das Pferd, das man allzulange im Stall festhält, spürt die Ameisen in seinen Kniekehlen.«

Inzwischen hatte der Winter Einzug gehalten. Fast einen Monat lang regnete es ununterbrochen. Nach dem Tet-Fest schneite es sogar mehrere Tage. Vierzig Zentner Sojabohnen verfaulten. Solche Mißstände kamen dem Unkraut und den schlechten Gewohnheiten zugute. Einige Leute begannen, Mohn anzubauen, andere brannten heimlich Schnaps. Die Parteigruppe versammelte sich, um die Lage einzuschätzen und ein Programm aufzustellen, das die Bevölkerung aufrief, neue Soja anzupflanzen und die überkommenen Gewohnheiten abzulegen. Sung My vertraute ihr Jüngstes der Kinderkrippe an, um mit auf den Feldern zu arbeiten.

Eines Abends kam der Sicherheitsbeauftragte von Sin Chai angelaufen.

»Bitte, Sung My«, sagte er, »wir haben Vater Lin erwischt, wie er heimlich Schnaps brannte. Wir brauchen Sie wegen des Protokolls.«

Dua Phong rief aufgebracht:

»Und euer Vorsitzender? Warum ruft ihr den nicht?«

Aber Sung My war schon aufgestanden, und während sie dem auf ihrem Rücken festgebundenen Kleinen das Hinterteil klopfte, griff sie zu einem Regenschirm.

»Ich gehe schon«, sagte sie.

»Du wirst nicht gehen«, erwiderte Dua Phong verärgert.

»Du wirst mich nicht daran hindern können.«

»Wenn es so ist, dann nimm auch Dua Pang mit!«

Sie hörte zwar, was er gesagt hatte, aber das Gesagte drang nicht in ihr Bewußtsein. Das Baby auf ihrem Rücken brabbelte. Mechanisch wollte sie Dua Pang an die Hand nehmen, doch der Sicherheitsbeauftragte hatte sich schon mit schnellem Griff den Kleinen auf die Schultern gesetzt.

Dua Phong blieb allein in der Hütte zurück. Er schob sein Abendessen von sich, und ohne den Maistopf und das Salznäpfchen vom Tisch zu räumen, breitete er die Bastmatte auf dem Fußboden aus und legte sich darauf nieder. Er war wütend, auf Sung My, Vang A Tra, den Sicherheitsbeauftragten, auf sich selbst. So einfach war das alles nicht. Er liebte seine Frau und seine Kinder nach wie vor. Sicher, es gab mehr Streit zwischen ihnen als früher, aber daran waren doch nur die modernen Zeiten schuld. Warum konnte Sung My nicht wenigstens die Abende zu Hause verbringen, wie es sich für eine Meo-Frau geziemte. Und wieder stieg die Wut in ihm hoch. Er lag auf dem Rücken und hörte den Regen auf das gekalkte Dach tropfen. Plötzlich sah er seine Frau vor sich, wie sie mit dem Kind auf dem Rücken durch die Nacht irrte. Er wurde weich wie ein in Wasser eingelegter Flachsfaden. Die Sorge um seine Frau und die Selbstvorwürfe nagten an ihm. Er sprang auf, lief zur Tür und rannte, nur mit einer Weste bekleidet, in die Nacht und den Regen hinaus. Er tapste durch den Schlamm, der unter seinen hastenden Schritten schmatzte, und rief laut die Namen seiner Frau und seiner Kinder.

Das Protokoll war aufgenommen worden, und Sung My hatte sich mit den Kindern und dem Sicherheitsbeauftragten, der sie begleitete, wieder auf den Heimweg gemacht. Sie betrat das Haus, legte Dua Pang schlafen und stillte das Baby. Am anderen Ende des Raumes saß ihr Mann trübsinnig neben dem Webstuhl, eine Bambuspfeife in der Hand. Die Lampe warf den Schatten seines Körpers an die Wand.

Sung My seufzte laut und bemühte sich, das drückende und peinliche Gefühl abzuwehren, das sie bei ihrer Rückkehr empfunden hatte. Sie hatte begriffen, daß etwas Schwerwiegendes zwischen ihnen vorgefallen war. Das Glück, das sie sich aufgebaut hatten, war bedroht. Es war ihrer beider Angelegenheit, es wieder zu festigen.

Sobald das Neugeborene eingeschlafen war, rief sie leise den Namen ihres Mannes.

Dua Phong beugte den Kopf noch tiefer über die Pfeife. Verwirrt näherte sich Sung My dem Ofen, hockte sich vor den Webstuhl und begann zu weben, wobei sie ihrem Mann den Rücken zukehrte. Auf dem Herd begann das Wasser in dem kleinen Kessel zu kochen. Aus dem schlecht geschlossenen Deckel verbreitete die Dampfwolke einen Geruch nach Kleie und Banane. Das Feuer strahlte eine milde Wärme aus. Sung My flüsterte:

»Ach, Liebster, die anderen Ehepaare wärmen sich zärtlich wie eine Daunenfeder in einem Kopfkissen. Aber unsere Ehe klirrt wie Geschirr auf einem Büfett. Wenn du mich nicht mehr...«

Sung Mys weiche und verzweifelte Stimme berührte Dua Phong tief. Seine unüberlegten Worte reuten ihn. Er hob leicht den Kopf. Nein, seine Frau hatte sich nicht verändert. Er stammelte:

»Sung My, Liebste...«

Sung My konnte sich jetzt nicht länger beherrschen und schüttete, unterbrochen von mehreren Seufzern, ihr Herz aus:

»Mein Gott! Wir haben schon zwei Kinder miteinander, und du hast noch immer kein Vertrauen zu mir! Warum hast du mir so viele Dinge gesagt, die man sich unter Eheleuten nicht sagt. Wie hast du Vang A Tra verdächtigen können. Warum willst du mich hindern, meinen Weg zu gehen?«

Dua Phong fühlte, wie ihm heiß wurde vor Beklemmung. Die Vorwürfe trafen ihn hart, aber er spürte, daß Sung My recht hatte.

»Sung My, Liebste, Sung My, wie konnte ich dich nur so behandeln. Ich... ich bin wie ein störrisches Pferd, das nur wiehert und mit allen vieren um sich schlägt.«

Sung My griff nach der Hand ihres Mannes, drückte sie, als wolle sie damit seine Selbstvorwürfe bremsen, und entgegnete mit brüchiger Stimme:

»Nein, nein, das stimmt nicht. Nein, Dua Phong.«

Tränen liefen ihr über die Wangen. Und genau in diesem Augenblick sang irgendein Verliebter, der am Haus vorüberging, die vertraute Melodie des Khen:

Kleine Schwester, die Bergrose blüht an den felsigen
    Hängen,
ich liebe dich so, daß ich die Stunde der Rückkehr
    versäume.

Für Sung My und Dua Phong war das Lied auf einmal die
Erinnerung an früher. Sie sahen sich an und lächelten,
und jeder sann dem Text nach.

PHAM THI HOAI
Die beste Traumdeuterin der Welt

Am 15. Februar 1987 eröffnete das Volksgericht der Stadt H. einen Prozeß in einem außergewöhnlichen Fall. Angeklagte war eine vierzigjährige, unverheiratete Frau, beschuldigt, gewerbsmäßig Aberglauben praktiziert zu haben, organisiert, systematisch, in großem Stil und mit schwerwiegendem Einfluß auf das gesellschaftliche Leben, allgemein bekannt unter dem Namen »Beste Traumdeuterin der Welt«. Der Prozeß fand ohne Verteidiger statt, die Angeklagte verzichtete auf ihre Rechte vor dem Gesetz. Die sieben Staatsanwälte lösten einander ab wie beim Staffellauf, Reporter und Polizisten füllten die Gänge, die Menge drängte sich auf dem Hof bis hinaus auf die Straße und hatte Brot, Feldflaschen und in vielen Fällen sogar Schlafmatten dabei. Der Prozeß zog sich sechs Monate lang ergebnislos hin und hätte wohl niemals ein Ende gefunden, wäre die Angeklagte nicht unerwartet aus dem streng bewachten Gefängnis verschwunden. Die Vertreter des Gesetzes waren insgeheim dankbar für diese glückliche Lösung und fahndeten ohne große Intensität nach der Verschwundenen. Während der sechs Monate auf der Anklagebank hatte die Angeklagte niemals, außer wenn es unvermeidlich war, das Wort ergriffen. Sie hinterließ jedoch, als sie verschwand, ein Manuskript, das später von der Presse als Hauptergebnis dieses Prozesses, der so viel öffentliches Aufsehen erregt hatte, weit verbreitet wurde. Es muß hinzugefügt werden, daß die Angeklagte von eigentümlicher Schönheit war, einer Schönheit, wie sie nirgends in der klassischen und der modernen Literatur auftaucht, doch in keiner Weise betörend, einfach, weil sie allem, was die heutigen Menschen als Schönheit kennen und betrachten, zu fremd war.

Meine Mutter brachte mich auf der Flucht zur Welt, zwischen hastig aufgestellten Wänden aus Bambusgeflecht, oben Himmel, unten Gras, ringsum Getöse von Waffen, Schreie von Menschen und Tieren. Mein erstes Lebenszeichen hat keine Adresse, keine Zeugen, es war ganz dem eingeschränkten und der zerstörerischen Zeit kaum standhaltenden Gedächtnis meiner Mutter überlassen. Eine kleine Grille wohnte diesem Schöpfungsakt von Anfang bis Ende bei; es ist jedoch sehr ungewiß, ob Mutter sie erkennen würde, träfe sie sie jemals wieder. So lag ich zwischen Wänden aus Bambusgeflecht, die Augen zum Himmel gerichtet, eine Grille im Ohr, die ideale Konstellation für das Aufkommen von Träumen jeglicher Art. Und ich träumte von der ersten Stunde meines Lebens an zahllose Träume, wie sie vielen weißhaarigen Alten noch niemals begegnet sind. Das war die erste Prägung für meinen Beruf.

Die ersten drei Lebensjahre verbrachte ich in einem Korb, schwankend und schaukelnd im Tragerhythmus meiner Mutter. Sie betätigte sich auf der Flucht als fliegende Händlerin, der Korb am anderen Ende des Tragholzes war eine kleine Welt endloser Verwandlungen, Fischsoße wurde zu Salz, Salz zu Reis, Reis zu Huhn, Huhn zu Fisch, Fisch zu Fischsoße, Fischsoße eröffnete den zweiten Kreis der Verwandlung, eine immerwährende Reinkarnation. Anfangs war diese Welt schwerer als ich, Mutter mußte mich trösten, indem sie mir am Wegrand aufgelesene Steine schenkte; später wurde die Welt am anderen Ende des Tragholzes leichter und leichter, ich mußte sie trösten, indem ich ihr Stein für Stein zurückgab. In dem schwankenden Korb sitzend blickte ich, den Kopf geneigt, hinunter, betrachtete manchmal zum Zeitvertreib die Hosenaufschläge der Leute, und träumte weiter zahllose Träume. Das war die zweite Prägung für meinen Beruf.

In den darauffolgenden drei Jahren ruhten die Träume. Die Kinderpsychologen bemühen sich vergeblich, wenn sie eifrig für Kinder dieses Alters jede Menge Hilfsmittel zur Förderung von Phantasie und Traumvermögen erfinden. In Wahrheit liegt in den Kindern eine ausgedehnte Traumwelt bereit, dem Schoß der Mutter entspringend, die im Moment der Geburt Gestalt annimmt, sich frei nach unbegreifbaren Gesetzen entwickelt, bis abrupt die Welt der Sprache in sie einfällt als ein äußerst komplizierter Fremdfaktor, der zugleich zerstört und kanalisiert, meist in eine falsche Richtung.

Ich hielt zu träumen ein, um Sprechen zu lernen, um jene andere Welt aufzunehmen und zu entblößen, die reale Welt. Um zu entblößen und übereinzukommen, durch Benennen, durch das Errichten einer sprachlichen Brücke, ohne jegliche Phantasie und ohne jeglichen Traum. Das einfachste Beispiel ist Mutter. Bevor ich sprechen konnte, träumte ich von Mutter oft als von einem Karpfen, dessen Bauch mit leuchtend weißen Eiern gefüllt ist, und der gern ruhend an einem Platz verweilt. Später, als ich wußte, das war der Mensch, der mich geboren hatte, als ich gelernt hatte, lieb zu sein, damit Mutter sich freut, kehrte dieser Traum nie wieder. In diesen drei Jahren gab es praktisch nur Mutter und mich. Mutter sprach wenig, sang nur gern Schlaflieder. Eigenartige Schlaflieder, die keinerlei Sinn übermittelten:

Es dunkelt schu schu
fällt ein goldner Armreif...

Sie selbst waren eine Welt für sich, die meine Träume nicht unterdrückten, sondern eher noch anregten. Ich brach darum das Träumen nicht ab.

In den zehn Schuljahren hatte ich wieder Muße für zahllose Träume, denn nur so kann man die Zeit, die man notgedrungen auf irgendeiner Schulbank in irgendeinem Klassenzimmer verbringen muß, einerseits totschlagen und andererseits würdigen. Vor der Klasse stehend erzählte ich, statt Formeln herzusagen, die man sowieso wieder vergißt, meist von Träumen, wie dem von einer Vogelschar, in der ein Vogel dem anderen die Augen aushackte, die Augen lagen überall herum, ich konnte mich nirgends vor ihnen verbergen; oder ich war klein wie ein Finger, wuchs und wuchs, wurde zu einem Berg, dann schrumpfte ich wieder und schrumpfte, war wieder ein Finger... Ich wurde zum hoffnungslosesten Fall der ganzen Schule. Die Lehrer zeigten zunächst Neugier, dann Verärgerung, schließlich setzten sie mich in eine Bank in der hintersten Ecke am Fenster und ließen mich in Ruhe; später rissen sich Bewunderer und Fans darum, diese vielfach von mir bekritzelte Bank zu ersteigern.

Die erste Traumdeutung, die sich erfüllte, gab ich in meinem sechzehnten Lebensjahr, dem schönsten Mädchen unserer Klasse. Sie sah nur um so verlockender aus, weil sie keinerlei Grips im Kopf hatte. Als die Abschlußprüfungen heranrückten, erschien sie mit einer weißen Lilienblüte im Haar und erzählte, sie habe letzte Nacht nur von Lilien geträumt. Ich schrak zusammen: »Nein, tiefer Fluß, hohes Wasser!« Neun Monate später gebar sie, mit ihrem Kind ging sie ins Wasser. Vater des Kindes war ein als Prüfer aus einem anderen Ort an unsere Schule delegierter Lehrer. Das Lilienmädchen war in diesem Jahr Prüfungsbeste geworden. Gerüchte kamen auf. Die Staatsmacht erschien vor unserer Tür. Nur die magische Kraft der staubbedeckten und von Spinnweben überzogenen Urkunde für Familien von Kriegsgefallenen an der Wand bewirkte, daß Mutter und ich ungeschoren blieben.

Viele Jahre vergingen. Um Mutter zu ernähren, übte ich die verschiedensten Gewerbe aus, zeitweise trug auch ich zwei Körbe voll sich endlos verwandelnder Waren. Den Schlüssel zur Welt der Träume, den scheinbar ich allein besaß, hielt ich fest unter Verschluß. Gab es noch irgendeinen mir fremden Traum? Alles ist ineinander verknäuelt, zieht man leicht am Ende eines Fadens, folgen Dutzende Fäden nach. Einen Traum zu deuten heißt deshalb nur, am richtigen Fadenende zu ziehen, für mich ein Kinderspiel. Und wenn die erste Deutung, im sechzehnten Lebensjahr gegeben, gleich einen Tod nach sich zieht, dann sind alle Fäden, die noch zu ziehen sind, wirklich eine Kleinigkeit.

Eines Tages kam ein Alter mit einem Leberfleck in der Kerbe zwischen Oberlippe und Nase zu mir, kaufte eine Nadel, setzte sich gleich neben meinen Körben nieder, und während er mit zittrigen Händen ein zerrissenes Kleidungsstück flickte, beklagte er sich über einen Alptraum der letzten Nacht, voller Katzen, die sich gegenseitig in den Schwanz bissen und einen engen Kreis um ihn bildeten, aus dem er nicht entrinnen konnte. Dazu sangen sie lieblich im Chor. Mir entschlüpfte: »Das Haus wird bald einen weiteren Bewohner haben. Sie brauchen Ihre Sachen nicht mehr zu flicken.« Der Alte brummte: »Ich bin siebzig, seit elf Jahren, acht Monaten und zwanzig Tagen lebe ich allein in meiner Hütte. Der Sohn hat sich unter die Röcke seiner Frau verkrochen, die Tochter weit weg geheiratet, meine Frau hat der Himmel früh zu sich genommen, wer soll da noch kommen? Vielleicht ein Geist?« Und auf seinen Stock gestützt ging er davon.

Kaum eine Woche später kam eine Frau, nur etwas über Vierzig und sehr ansehnlich, mit einem Bündel in der Hand stumm zur ölpapiergedeckten Hütte des Alten. Wie man auch in sie drang, sie sprach kein Wort. Sie lebten zwanzig Jahre miteinander, bis der Alte starb, beschenkt mit einem Sohn, der gründliche und umfassende Bildung erwarb. Seine Mutter blieb stumm wie ein Schatten, sanftmütig und von der Herde abgekommen, bis zu ihrem Tod kam aus ihrem Mund kein Wort. Der Sohn verkaufte die Hütte, begrub seine Mutter und verließ das Dorf. Bald erwies er sich als sehr begabt, wurde in wissenschaftlichen Kreisen als Wunderkind gerühmt, und wurde mein liebenswertester Beschützer. Liebenswert in seinem absurden Bemühen, der faden Ebene der wissenschaftlichen Logik eine mystische Dimension hinzuzufügen, indem er meiner Welt der Träume einige intellektuelle Elemente zuschrieb und der Welt der Wissenschaft einige spirituelle Nuancen. Wenn Sie die Gerichtsprotokolle zur Hand nehmen, finden Sie ihn dort als Zeugen Nr. 1, einen sehr sympathischen jungen Mann mit spirituellen und parapsychologischen Ambitionen, der außerdem Gedichte schreibt und viele Fremdsprachen beherrscht. Schade ist nur, daß er immer von etwas ausgeht und immer auf etwas hinzielt. Ich dagegen, ich habe keinen Ausgangspunkt und kein Ziel, ich bin nur ein Raum für hindurchgehende Träume, ich ziehe nur an den Enden von Fäden.

Wieder kamen Gerüchte auf, mein Ruf verbreitete sich in alle Richtungen. Ich brauchte nicht mehr als fliegende Händlerin zu arbeiten. Aber der Beruf ist ererbt. In meiner Verwandtschaft wissen alle Frauen zu wägen und zu zählen, den Blick auf den Boden zu richten und das Kleingeld aufzulesen. Ein Beruf, der ins Blut übergegangen ist. Als ich zur *besten Traumdeuterin der Welt* geworden war, betrachtete ich nach wie vor alles wie einen endlosen Kreislauf von Reinkarnation in einem kleinen Korb am Ende des Tragholzes; Träume vom Königtum, Träume von flüchtigem Ruhm, Träume von ewigem Wandel, nichts ragt über den Rand des Korbes hinaus.

Man träumt sehr viel, bei Nacht, bei Tag, sogar beim Fünf-Minuten-Schlummer in der Versammlung, zwischen den Gebeten, beim Warten auf den Liebsten, bei den Lektionen der Eltern über kindliche Pflicht zu Gehorsam, zwischen zwei Zügen eines zögerlichen Gegners, oder auf dem Klo... man träumt. Mehrere Jahrzehnte beruflicher Praxis versetzen mich in die Lage, die Träume der Menschen einzuteilen und im Gedächtnis verfügbar zu haben, mit ihnen umzugehen wie ein Naturmediziner mit seiner Kräutersammlung.

An erster Stelle stehen Träume von Geld, von einigen

auf den Weg verschütteten Xu, einigen Dutzend Dong[1] Lohnerhöhung, einigen Tausend aus Schmiergeldprozenten, einigen Zehntausend aus Spendengeldern des Auslands und Millionen aus anstelle von Geld zirkulierenden Zahlen, Schattengeld, aus den amtlichen Wunden des einzigen legal geldproduzierenden Körpers, des Staates, gezogen. Gibt es noch irgend jemanden in dieser hilflosen, doch unbekümmerten Stadt, der mich um dieses Lebenszieles willen noch nicht aufgesucht hat? Die wie ein räuberischer Heuschreckenschwarm von Stadt zu Stadt ziehenden, das Antlitz der Gesellschaft brüskierenden und die ewige Unzweckmäßigkeit von Geben und Nehmen bezeugenden, professionellen Bettler. Die ermüdeten, sich nach einer Vergangenheit, in der der Mensch sich noch das Recht auf Romantik und Muße gewährte, sehnenden Beamten. Als fahrende Sänger umherziehende Kinder, clevere und fröhliche Genossenschaftsvorsitzende, modische Stückeschreiber, feurig mit zwei leeren Händen vom Leben Besitz ergreifende junge Männer, Mädchen ohne Mitgift, in den Ruhestand tretende Vorgesetzte, verstört über die gewandelten Sitten und veränderten Zeiten... Alle haben sehr gut begriffen, ohne Geld sind sie nichts, nicht Sohn, nicht Vater, nicht einmal Bürger, bestenfalls gleich herrenlosem Vieh auf der Straße, und deshalb ist das Streben nach Geld nichts anderes als das reinste Streben, Mensch zu sein. Träume von Geld sind meist Träume von Blut, Fäkalien, Zahnausfall, Brand, Überschwemmung, Krieg der Tiere.

Danach kommen die Träume von Liebe. Liebe braucht einen Partner. Den Ehemann der Freundin, die Ehefrau des anderen, weiter Jungfrauen, Witwen, Kurtisanen. Alle Liebesträume sind einander ein wenig ähnlich, entweder haben sie mit Geistern, Katzen oder Regen zu tun,

---

1 Vietnamesische Währung: 1 Dong = 100 Xu. Heute sind ca. 7000 Dong 1 DM.

oder sie sind mit Zahlen und Codes gefüllt, allgemein gesagt sehr chaotisch.

Es erstaunt mich sehr, daß die Träume von den vier existentiellen Themen des Lebens, Geburt, Alter, Krankheit und Tod, erst an dritter Stelle stehen. Oder ist das ein Zeichen für den Fortschritt des Menschen in seinem Kampf mit der Natur, bezeugt es, daß die Gesetze des Himmels zurückstehen müssen hinter den Gesetzen, die der Mensch über den Menschen setzt? Für den Traumdeuter jedoch halten solche existentiellen Träume die erregendsten Momente und das intensivste Bewußtsein seiner Profession bereit. Sie sind, als zöge ich Fäden wie Nervenstränge, die direkt dem Gehirn entspringen.

Und schließlich gibt es noch eine Unmenge von belanglosen, tragischen, komischen, weder guten noch schlechten Träumen: sich mit den Nachbarn streiten, den Posten des Abteilungsleiters verlieren, bei einem Festmahl mit verschieden langen Eßstäbchen essen, auf dem Markt unvorteilhaft einkaufen, auf Kosten anderer einen Erfolg einheimsen, auf der Straße einen Hund meiden ...

1975 deutete ich Zehntausenden Vereinigungsträume. 1979 deutete ich Zehntausenden Abschiedsträume.[2] Die Lottospieler beschlossen gemeinsam, mir eine Villa zu kaufen, von einer hohen Mauer umgeben und mit einem Wachposten versehen, um das Monopol der Deutung seltsamer Träume zu haben; zum Beispiel mit dem rechten Fuß zuerst aus dem Haus treten bedeutet die Zahl 57, vom Schluckauf befallen werden heißt, beginne mit einer geraden Zahl, unvermutete Hilfe bedeutet die Unglückszahl 13 ... Schüler vor der Aufnahmeprüfung zum Hochschulstudium belagerten meine Tür, um die Prüfungsthe-

2 Das Jahr 1975 brachte nach 30 Jahren Krieg den Frieden und nach 21 Jahren Teilung des Landes die Wiedervereinigung.
   Das Jahr 1979 ist verbunden mit der »großen Flucht« von zehntausenden Angehörigen der Hoa (Vietnamesen chinesischer Abstammung) aus Vietnam im Zusammenhang mit dem Krieg an der chinesisch-vietnamesischen Grenze.

men vorherzuwissen; Mädchen im heiratsfähigen Alter, um etwas über ihre bevorstehende Ehe zu erfahren. Schwangere wollten von mir geweissagt bekommen, ob es ein Junge oder ein Mädchen wird. Leute, die fortgingen, kamen, um die Gefühle der Bleibenden zu erfragen. Alte kamen, um prophezeit zu bekommen, was sie nach der nächsten Wiedergeburt erwartet. Junge kamen, damit ich ihnen Auskunft gebe, ob eine Schuld aus einem früheren Leben sie beschwert. Es kamen sogar ein paar Romanautoren, die wollten, daß ich ihnen das Schicksal ihrer Figuren deute. Und ein paar Priester brachten ihre Gläubigen an, damit ich ihnen das Datum des Jüngsten Gerichts verkünde.

Wie es auch kam, ich bediente sie. Nicht um des Ruhmes willen, wovon könnte der Ruf der *besten Traumdeuterin der Welt* noch übertroffen werden?

Auch nicht wegen des Geldes. Die einzige größere Summe benötigte ich für die Beerdigung meiner Mutter, und das auch nur, weil ich die halbe Million Menschen, die sie zum Ort ihrer letzten Ruhe begleiteten, bewirten mußte. Eine solche Schar von treuen Anhängern hat sonst nur noch eine Bienenkönigin. Am dritten Tag der Feierlichkeiten wurde ich verhaftet. Die Unterlagen zu meiner Tätigkeit auf dem Gebiet des Aberglaubens füllten einen Raum, größer als mein Haus, der Gipfel war dieses freche, erschütternde Begräbnis gewesen. Ich wurde beschuldigt, die Masse durch Zauberkünste verführt zu haben. Man vermutete dahinter weitergehende religiöse und politische Absichten. Ein dichtes Polizistennetz wurde ausgelegt, um die verborgenen Drahtzieher ausfindig zu machen. Die Zeitungen begannen, nach Wachsamkeit zu schreien. Wissenschaftler wurden eilig zusammengerufen. Auch ausländische Spezialisten wurden hinzugezogen. Und vor dem Gefängnis warteten Tag für Tag Hunderte, Tausende, dann Zehntausende, ein jeder trug mindestens einen noch nicht gedeuteten Traum in sich und hoffte über Kimme und Korn am Gewehrlauf des Wachsoldaten entlang in meine Richtung. Der Wachsoldat selbst war bereit zur Komplizenschaft.

Eine Woche später wurde ich auf freien Fuß gesetzt. Meine Wohltäterin war eine vornehme Dame, die Diamanten an allen Stellen ihres Körpers trug, wo die Kleidung nicht die Haut bedecken konnte. Sie berichtete mir einen Alptraum aus der letzten Nacht. Ich gab ihr den Rat, ins Kloster zu gehen, um ihre Familie vor einer Katastrophe zu bewahren. Stumm ging sie davon. Ein paar Tage später öffneten sich die Tore des Gefängnisses. Schweigend stand ich vor der Menge. Ein Blumenmeer. Chor und Sinfonieorchester der Stadt stimmten die berühmte »Ode an die Freude« aus Beethovens neunter Sinfonie an. Doch in mir war an die Stelle der Freude der Zweifel getreten, zum ersten Mal dachte ich daran, den Beruf aufzugeben.

Ich praktizierte weiter, sieben Jahre lang, gleich einer Verbannten. Die Menschen hatten mich ins Land der Träume entsandt, damit ich dort das Feld bestelle und die Früchte meiner Arbeit vollständig abliefere. Ich war eine Auserwählte, aber nun war ich gar nicht mehr begeistert von dieser Rolle.

Nehmen Sie bitte noch einmal die Gerichtsprotokolle zur Hand, mein Zeuge Nr. 2 war ein berühmter Medizin-Professor. Die Medizin interessierte sich für mich aus rein humanitären Gründen. Ich untersuchte die Träume, und der Professor untersuchte mich, den Patienten aller Patienten, als einen klinischen Fall, der mindestens einen Nobelpreis versprach.

Auf ihn folgen andere Zeugen. Ein Theologe sah in mir die Vereinigung von Mensch und Übermensch. Ein Psychoanalytiker, der sich für den einzigen Jünger von Freud, Adler und Jung in Indochina hielt, betonte, ich sei die Verkörperung aller Theorien der Tiefenpsychologie über den Traum. Ein Philosoph betrachtete mich als Beispiel für die aktive Rolle des Bewußtseins in seiner Wechselbeziehung zum Sein. Ein Kunstwissenschaftler hoffte, durch mich die Chiffren der Bilder von Bosch, der Geschichten von Kafka und der Musik von Strawinski zu erklären. Ein Soziologe hatte sich vorgenommen, aus der statistischen Erfassung der Träume auf die sich der Erfassung viel stärker entziehende Wirklichkeit zu schließen. Und ein Historiker suchte in unbewußten Tätigkeiten die Spuren untergegangener Kulturen. Sie alle waren zu mir gekommen, und dort vor Gericht legten sie die Hand aufs Herz und schworen, die Wahrheit zu sagen und nichts als die Wahrheit. Doch ihre und die Aufrichtigkeit der gewaltigen Menge, der ich unermüdlich gedient hatte, bezeugte nur um so klarer, daß ich, die *beste Traumdeuterin der Welt*, daß meine Gegenwart in der Rolle einer Auserwählten absurd war. Die Menschen erwählen immer irgend jemanden, um all ihre Hoffnung an den Auserwählten zu hängen, und auch um ihn auf die Anklagebank zu setzen.

Eines Tages kamen die, die mich einst beschuldigt hatten, durch Zauberkünste die Menschen verführt zu haben, zu mir und luden mich zur Zusammenarbeit ein. Die Kriminalistik hatte sich so weit entwickelt, daß sie stark genug war, sich mit allen Gebieten des Geistes zu verbünden. Ich lehnte ab. Ich bin nur ein Raum für hindurchgehende Träume, ich ziehe nur an den Enden von Fäden. Und auch das tat ich nicht mehr mit Hingabe. Man lud mich ein zu Konferenzen. Man delegierte mich ins Ausland. Man führte mich in die Inneren Gemächer. Man legte das Schicksal der Nation in meine Hände. Man unterwarf mich einer strengen Diät und stellte mich unter ständige, strikte Betreuung. Währenddessen gelangte in mir der Gedanke, den Beruf aufzugeben, zur Reife. Sicher, jeder Traum hat etwas zu bedeuten, von der Katze, die zweigestreifte, dreigestreifte Junge gebären wird, bis zu Kriegen und Sintfluten. Doch ein Traum, der sich selbst bedeutet, Träumen als Daseinsform, ohne Symbol, ohne Andeutung, die Lebensweise irgendeiner Rasse vor zwanzigtausend Jahren, so etwas ist unresgleichen noch niemals begegnet. In diesem Fall kann man nicht mit bekannten Begriffen das Unbekannte beschreiben.

Ich setzte meinen vierzigsten Geburtstag als den Tag fest, an dem ich das letzte Mal praktizierte. An jenem Tag kam in der Stadt aller Betrieb zum Erliegen, ein jeder nutzte ihn für einen letzten bedeutsamen Traum. Es war offensichtlich, daß ich in diesen vierundzwanzig Stunden nicht jeden einzelnen zufriedenstellen konnte, es blieb nichts anderes übrig, als Gruppen von großen und kleinen Träumen zu bilden und diese gemeinsam zu deuten. Die eine Gruppe hörte das Urteil über den Zusammenbruch einer ganzen Generation. Eine andere erfuhr, sie würde die Verantwortung für das gesellschaftliche Leben in den nächsten zehn Jahren übernehmen. Eine weitere bekam verkündet, sie hätte das Recht, unabhängig von allen Wandlungen der Zeit sorgenfrei und geruhsam zu leben. Und zahllose Gruppen würden sich in den winzigen Herzensereignissen drehen.

Dann kam, was kommen mußte. Die Masse schrie auf, man brachte mir Ovationen dar, man forderte, ich dürfe nicht zurücktreten, man drohte, sich auf der Stelle zu verbrennen, aus Protest gegen die Deutung eines Traums, die ein nichtswürdiges Schicksal prophezeite, man verlor den Verstand, wegen einer alle Erwartungen übersteigenden Zukunft. Diese Erschütterung brachte mich hierher, auf die Anklagebank.

Seit sechs Monaten sind Sie nun hin- und hergerissen, konnten sich nicht entscheiden, ob Sie weiter Ihre Hoffnungen an mich hängen, oder notgedrungen ohne Halt leben sollten. Das ist Ihr Prozeß. Verurteilen Sie das Vertrauen, wenn es nicht mehr nötig ist, und setzen Sie an seine Stelle die strengen Normen der Gemeinschaft? Um es Ihnen bequem zu machen, empfehle ich, die *beste Traumdeuterin der Welt*, mich für immer. Ich habe keine Schüler. Sie können ganz unbesorgt sein.

(1985)

Bong lag allein auf der Bambusbank in der Küchenecke, mußte Mücken, Wanzen und Kälte ertragen und konnte die ganze Nacht nicht schlafen. Sie hatte sich zusammengerollt wie eine Garnele, ihren Kopf in die verschlissene Matte vergraben, die Arme fest an die Ohren gepreßt, um dem Surren der Mücken zu entgehen. Doch die Mäuse, die unter den Geschirrkörben umherhuschten, zwangen sie, den Kopf zu heben und sie mit einem Zischen zu vertreiben.

Es war nach Mitternacht, noch immer wälzte sie sich ohne Schlaf. Sie dachte an die Tracht Prügel vom Mittag und bedauerte sich selbst. Warum nur hatte sie diese Briefe so lange mit sich herumgetragen? Sie sah noch das häßliche Grinsen ihrer Herrin vor sich, spürte noch den Staubwedel und die schallende Ohrfeige im Gesicht.

Plötzlich fiel ihr der Topf mit dem Fisch in Zuckersoße ein, den sie noch nicht weggestellt hatte. Wie von einer Feder geschnellt sprang sie auf und schlich, die Hände unter der Jacke verschränkt, hinüber, um das Versäumte nachzuholen. Als sie über die Schwelle trat, konnte sie einen Seufzer nicht unterdrücken. Sie dachte an den Koch, der in der vergangenen Nacht zu ebendieser Stunde zu ihr geschlüpft war und den sie hatte gewähren lassen, und dann an die Geschichte vom Mittag. Der Koch hatte es ihr nicht gedankt, hatte die Herrin sogar aufgehetzt, sie noch mehr zu schlagen.

Sie wußte nicht, daß das Leben aus Undank besteht, aber sie hatte die Erfahrung gemacht, daß keiner in ihrer Familie sie gern hatte, nicht einmal ihre leibliche Tante, alle dankten ihre selbstvergessene Hingabe mit Kälte und Gleichgültigkeit.

Und deshalb wälzte sie sich schlaflos auf ihrer Pritsche.

Ein Gedanke durchzuckte ihr Gehirn: weglaufen. Was aber, wenn die Herrin sie dann des Diebstahls bezichtigte? Bei dieser Vorstellung ließ sie den Mut wieder sinken.

Aber gar zu gern hätte sie dieses Haus verlassen und sich ein ruhigeres, angenehmeres Plätzchen gesucht, um es bei Gelegenheit der Herrin und dem Koch heimzuzahlen. Sie war entschlossen, um jeden Preis einen Weg zu finden.

Am Tag darauf konnte man Bong aus dem Haus gehen sehen, einen Korb mit ihren Sachen am Arm, verfolgt von einer ganzen Salve von Verwünschungen und Beschimpfungen: »Gut, daß du von allein gehst, ich hätte dich sowieso vor die Tür gesetzt. Mach mir bloß keine Sperenzien!«

Sie ging frisch drauflos, innerlich froh, daß es ihr endlich gelungen war, Stellung und sicheres Einkommen aufzugeben, und man sie nicht vor den Gendarmen gezerrt hatte.

Den ganzen Tag über irrte sie ziellos durch die Straßen, ohne zu wissen, wo sie unterkommen sollte. Doch als es Nacht wurde, gab der leere Magen ihr den Rat, der Einladung eines jungen Mannes mit gestärktem Kragen und schwarzem Mantel zu folgen, sich mit ihm in ein vornehmes, sauberes Gebäude zu begeben und sich dort auf das blütenweiße Laken eines glänzenden Hongkong-Bettes zu legen.

Anfangs war sie sehr verwundert; sie hatte nicht vermutet, daß ihr schmutziger Körper von irgend jemandem begehrt werden könnte. Es erwies sich, daß auch sie über ein Kapital verfügte, und es wäre dumm gewesen, es nicht zu Markte zu tragen und Gewinn daraus zu schlagen.

Sie rekelte sich unter der Steppdecke und genoß deren Weichheit, eine Wärme, die sie noch nie erlebt hatte.

Sie schloß die Augen und spürte noch einmal, wie der junge Mann, der für diese Nacht der Freund ihres Herzens gewesen war, sie liebkoste, sie an sich drückte und ihr die Pforte zum Land des Vergnügens weit öffnete. Und als sie die Augen aufschlug, sah sie wieder den funkelnagelneuen Geldschein in ihrer Hand, der die Tür zum Land des Elends, das hinter ihr lag, fest verschloß.

Am meisten freute sie, daß sie nun den Wert eines noblen Menschen erkannt hatte. Es waren doch beides Männerkörper gewesen – aber der Koch war eben ein roher, ungehobelter Kerl, während der nächtliche Kunde es vermocht hatte, sie mit viel Zartheit zufriedenzustellen.

Ein Lichtstrahl drang durch die Jalousie, fiel auf ihr Gesicht und das längliche Kopfkissen. Sie sprang auf, spülte sich den Mund, wusch sich das Gesicht und lief hinaus in den Garten vor der Tür.

Als sie den Besen erblickte, der dort auf der Erde lag, bückte sie sich aus alter Gewohnheit nach ihm und wollte das Haus kehren. Doch schnell besann sie sich ihrer neuen Stellung und richtete sich auf, das Gesicht leicht gerötet. Wer konnte ihr jetzt noch Befehle erteilen, warum sollte sie sich nicht ruhig an Hochmut und Wohlleben gewöhnen?

Eine Wespe steckte den Kopf in eine sich öffnende Rose, um Nektar zu schlürfen, dann flog sie an Bongs Ohr vorbei mit einem Summen, das sie an die amüsanten Geschichten erinnerte, die sie unter der Decke zu hören bekommen hatte, ohne sie zu verstehen. Sie blickte auf das Tierchen und fing es mit einer Handbewegung ein. Auf einmal fühlte sie einen schmerzhaften Stich, die Wespe aber war bereits in weiter Ferne und malte übermütig eine lange Reihe von Fragezeichen in die Luft.

»Was machen Sie denn hier? Schon so früh aufgestanden?« fragte der Bordelldiener sie freundlich und wischte sich die Augen.

»Nichts, mein Herr. Darf ich noch nicht hinaus?«

»Lassen Sie doch das ›Herr‹! Ruhen Sie sich aus, besuchen Sie uns am Abend wieder.«

Sie nahm ihren Korb, trat lächelnd vor die Tür und gönnte auch dem Diener einen aufreizenden Blick.

Die Straße vor ihren Augen schien ihr eine Straße der Freiheit und des Glücks, angefüllt mit fröhlichen Geräuschen. Sie sah nicht die Wasserpumpe, vor der sich Scharen von kleinen Jungen mit scheppernden Eimern drängten. Sie hörte nicht, wie sich auf dem Trottoir zwei Gemüsehändlerinnen um einen Kunden zankten. Sie ging geradewegs dem ungetrübten großen Frieden entgegen.

Auch als sie schon vier, fünf Nächte in jenem prächtigen, reinlichen Haus ein und aus ging, lernte sie immer wieder neue wunderliche und angenehme Dinge kennen. Sie dankte dem himmlischen Buddha, der ihr so viel mehr Glück als anderen Menschen beschert hatte, und war voller Mitleid für ihre Schwestern, die sich weiter an ihr trauriges Los klammerten.

Nachdem sie nun täglich mit klugen und erfahrenen Leuten zusammentraf, merkte sie, wie sich ihr Verstand allmählich aufhellte. Sie hielt ihre ältere Schwester Cu für verschroben, weil die noch immer die Gesetze der weiblichen Tugend befolgte. Sie konnte nicht begreifen, welcher Heilige so hinterlistig gewesen war und jene Sittenregeln aufgestellt hatte, die es den Mädchen untersagten, ein wenig leichtsinnig und kokett zu sein, und den Frauen vorschrieben, ihre Tugend zu behüten. Diese Vorschriften kamen ihr vor wie ein Gürtel, der den Körper fest und schmerzhaft zusammenschnürt und den man von Zeit zu Zeit ablegen muß, um sich ein wenig Linderung und Bewegungsfreiheit zu verschaffen. Sie ärgerte sich über diese Cu, die gestern abend auf ihren Rat nicht hatte hören wollen und sie obendrein Flittchen genannt hatte. Sie hatte die Schwester böse angefunkelt und giftig geantwortet: »Die Menschen sind allesamt käuflich. Ich verkaufe mich wenigstens vor aller Augen, das ist immer noch besser als die Ehe der Frau Bürovorsteherin, bei der du dienst und die nie im Leben ein paar Fetzen zum

Anziehen bekommt, weil sie ihrem Mann die Treue hält. Ich fürchte nur, sie wird dir deine Ergebenheit mit Fußtritten und Faustschlägen danken, vielleicht bist du dann zufrieden.«

Dennoch betrübte es sie, daß sie keine vertraute Seele hatte, der sie ab und zu ihr Herz ausschütten konnte.

Doch schon bald wurden ihre hochfliegenden Träume Wirklichkeit. Nachdem sie einen bangen Moment im Untersuchungszimmer eines Arztes überstanden hatte, durfte sie eines schönen Tages ein eigenes Zimmer in einem ordentlichen Haus im Zentrum der Stadt beziehen.

Mit der Zeit hatte sie es gelernt, sich den Mund zu schminken und die Wangen rosig zu färben. Sie ließ sich bunte Kleider nähen, die auf der Schulter geschlossen wurden, und zog sich nicht mehr so nachlässig wie früher an. Sie wurde mit Menschen der unterschiedlichsten Hautfarbe – weiß, schwarz, gelb und grau – und aller Sorten und Typen vertraut. Sie wußte, daß die Herren Sekretäre schlapp und feige sind, die Chinesen lüstern und waghalsig, die Schwarzen kräftig und grob und die Weißen gierig und von schwierigem Charakter. Viel Freude machte es ihr, wenn die Stoffhändler und die Puderverkäufer sie mit »gnädige Frau« anredeten. Denn sie hätte nie gedacht, daß jemals irgend jemand diese Worte ihr gegenüber gebrauchen würde. Bong war sehr glücklich.

Eines Abends erinnerte sie sich an ihre alten Feinde, denen sie es heimzahlen wollte. Sie steckte zwei Hao ein und mietete für eine Stunde eine Rikscha. Es war noch hell. In den Lüften flatterten leichtsinnige, rotgeränderte Wolken. Nachdem sie durch ein paar der breiten Straßen gegondelt war und ein wenig von ihrem Lächeln und ihren Blicken verteilt hatte, ließ sie sich von dem Kuli langsam am Haus ihrer früheren Herrin vorbeifahren. Da erblickte sie den Koch, der mit zwei Eimern Wasser holen ging. Sie ließ die Rikscha anhalten und stieg aus, sich kokett in den Hüften wiegend.

Der Koch pfiff vor sich hin, seine Hände schlugen auf den Eimern den Takt. Er hatte sie noch nicht entdeckt.

Schnell näherte sie sich ihm von hinten und hüstelte. Vier Augen starrten einander an: zwei vor Staunen weit aufgerissen, zwei in hochmütiger Herablassung. Mit erhobenem Kopf schritt sie dicht an ihm vorbei, spuckte aus, streckte verächtlich das Kinn vor und rief mit schriller Stimme: »Rikscha!«

Sofort umringten sie drei oder vier Fahrzeuge. Sie stieg in das erstbeste ein und gab mit einem Fingerzeichen das Signal zur Abfahrt. Noch einmal spie sie aus, wölbte die feuchten Lippen, die rot waren wie eine noch blutende Wunde, und warf dem verdutzten Koch einen triumphierenden Blick zu.

Bong war überaus zufrieden. In ihrem neuen, eleganten Leben hatte sie ihre Feinde weit hinter sich gelassen. Sie hatte ihren Weg gefunden. Sie betrieb ein sehr einträgliches Gewerbe: das eines Freudenmädchens.

»Guten Tag, Herr Professor. Haben Sie ... schon lange gewartet?«

Herr Ninh schrak leicht zusammen und hob den Kopf. Bevor er sich zum Lesen hingesetzt hatte, hatte er mit Bedacht das Fenster weit geöffnet. Von seinem Arbeitstisch aus blickte er direkt auf den Gang, so konnte er jeden, der die Treppe heraufkam, sofort sehen. Aber dieses Mädchen, wie lange stand sie wohl schon da? Unschlüssig verharrte sie auf der Schwelle, den Blick scheu gesenkt.

»Sie wollen zu mir?«

»Ja, ich komme von der Touristen-Agentur ... Sind Sie Professor Ninh vom archäologischen Institut in Hanoi?« fragte sie, den Blick weiter auf ihre weiße Handtasche gesenkt.

»Ah, ich erinnere mich. Ja, kommen Sie herein. Ich dachte allerdings, daß man mir einen jungen Mann schicken würde.«

Sie trat ins Zimmer. Auch jetzt waren ihre Schritte leicht und geräuschlos. Ihre Haare hatte sie im Nacken hochgesteckt, sie trug eine einfache weiße Bluse und eine dunkelblaue Hose. Dazu Sandalen mit hohen Absätzen und tiefschwarzen Riemen, aus denen rosige Zehen hervorlugten. Ihrem Aussehen nach konnte sie aus jedem beliebigen Ort sein, aber etwas in ihrer Haltung und in ihrem Gang verrieten sofort: Das war ein Mädchen aus Hue.

Herr Ninh stand auf und schenkte Tee ein. Das Mädchen setzte sich schüchtern an den Tisch.

»Fangen wir an. Wie heißen Sie?«

»Ton Nu Thieu Phuong. Sie können mich auch einfach Phuong[1] nennen.«

---

1 Phönix

Es war jetzt eine Woche her, daß Herr Ninh die Einladung zu einer Forschungsarbeit über die Architektur der Grabmäler und der alten Kaiserstadt von Hue angenommen hatte. Die örtlichen Behörden hatten alles Erforderliche in die Wege geleitet und versprochen, einen Führer bereitzustellen. So war heute das Mädchen gekommen.

Nach ein paar Sätzen kam Herr Ninh sofort zum Thema: »In welcher Weise können Sie mir bei meiner Arbeit behilflich sein?«

»Ich weiß nicht genau... das bestimmen Sie. Ich weiß so einiges über die Kaiserstadt, die Grabmäler, die Pagoden und über viele Sehenswürdigkeiten in Hue. Ich führe Sie hin und erläutere sie Ihnen... so wie ich sonst die Touristen führe.«

Herr Ninh dachte einen Moment nach. Was den Touristen erzählt wird, wußte er wahrscheinlich alles schon. Welchen Nutzen konnte also die Anwesenheit dieser Führerin für ihn haben?

»Also gut. Wann können wir beginnen?«

»Wann Sie wollen. Gleich heute...«

Ihre Stimme wirkte mit einemmal nicht mehr verzagt. Ihre schwarzen Augen blickten ihn mit einem seltsamen Ausdruck darin direkt an – ganz anders, als der scheue Blick zu Beginn.

Aber gleichzeitig hob sie die Hand und strich sich ein paar widerspenstige Haare aus der Schläfe. Eine sehr weiche Bewegung, die in Herrn Ninh wieder den ersten Eindruck wachrief: eine uralte Geste der Mädchen aus Hue.

Unversehens wurde etwas in ihm angerührt. Er stand auf und schüttelte den Kopf: »Schon gut, Phuong. Eine solche Eile ist nicht nötig, warten wir bis morgen. Kommen Sie um die gleiche Zeit hierher, dann beginnen wir mit den Forschungsarbeiten in der Kaiserstadt.«

Sie verabschiedete sich und ging. Wieder waren ihre Schritte völlig geräuschlos. Herr Ninh wandte sich ins Zimmer und lächelte versonnen, ein Lächeln, weder traurig noch froh. Ein Vogel strich am Fenster vorüber und verschwand, ein Zwitschern hinterlassend, in einer Weide.

Vor Herrn Ninhs Augen, unter der Brüstung des Balkons, zog sich breit zwischen zwei Reihen Platanen mit geschwungenen, ineinander verschränkten Ästen die Le-Loi-Straße dahin. Herr Ninh murmelte: »Früher war das die Jules-Ferry-Straße.«

Und in ihm erstand aufs neue seine Schulzeit. Ein kalter Morgen in Hue; die fröstelnden Schüler mit frischgeschorenen Köpfen nebeneinander auf der Fähre sitzend, die gemächlich über den Duftfluß schaukelt. Dicker, weißer Nebel über dem Wasser; das Boot scheint auf einer geheimnisvollen Wolkenscheibe dahinzutreiben, kein Hafen in Sicht ... der Fährhafen Thua Phu ... irgendwo weit entfernt singt unter einem Baum ein blinder Bettler zum Klang des Monochords von der feindlichen Besetzung Hues ... Violette Rockschöße auf der Jules-Ferry-Straße, die unter den zwei Reihen Platanen im Nebel versinkt. Und vor alles schob sich der Schatten von Boi Hoan, dem Mädchen aus dem Nachbarhaus seiner Kindheit. Ein Bild, unscharf, wie von Rauch überweht, doch tief in die Seele eingegraben: Wird so jede kleine Kindheitserinnerung bewahrenswert?

Bis heute konnte er sich sehr deutlich der lesend am Fenster der Dachkammer verbrachten Nachmittage erinnern. Der Blick des Schülers fiel auf einen Garten, von einer Mauer umgeben, auf jedem Pfeiler des Tores saß ein Porzellan-Einhorn. Auf der Veranda war ein Bett aufgestellt worden, auf dem ein junges Mädchen saß, die schwarzen Haare fielen ihr auf die himmelblaue Seidenbluse, sie formte behutsam hübsche, kleine, runde Kuchen. Wenn es Frühling wurde, stach sie Löcher in Ingwerscheiben, aus denen Süßigkeiten hergestellt wurden; ihre zehn zarten Finger hielten ein winziges Nagelbrett, mit dem sie die glänzend gelben Ingwerscheiben bearbeitete. An ihrem schmalen Handgelenk zitterte leuchtend eine Bernsteinkette. Von Zeit zu Zeit blickte sie auf: Wenn sie dem Blick von dort oben begegnete, senkte sie schnell den Kopf und lächelte, ein Lächeln, als hielten die Lippen eine Nadel fest, mit zwei süßen Grübchen...

Dieses Lächeln und die Grübchen hatten sich Herrn Ninh unauslöschlich eingeprägt, waren zu einem Teil seiner angenehmen Erinnerungen an jene ferne Vergangenheit in Hue geworden.

Am nächsten Tag, im schnell dahinfahrenden Auto, stiegen die alten Erinnerungen wieder in ihm auf.

»Herr Professor, warum sind Sie Archäologe geworden?« Phuongs Frage holte ihn in die Wirklichkeit zurück.

»Warum?... Ich habe dieses Gebiet vor dreißig Jahren gewählt. Damals beschäftigte ich mich gern mit allem, was zur Vergangenheit gehört. Alles Vergangene war für mich schön.«

Das Mädchen nickte und lächelte still. Ein höfliches Lächeln, auch das Nicken drückte nichts Bestimmtes aus. Warum hatte sie genickt? Zustimmung, Gleichgültigkeit, oder verbargen sich dahinter zu viele Gedanken, die er nicht erraten konnte?

»Und Sie, warum haben Sie diesen Beruf gewählt?«

»Weil ich allen Menschen das Schöne nahebringen will«, antwortete sie leise und höflich.

»Sie stammen aus Hue?«

»Ja.«

»Ah«, Herr Ninh stieß einen beifälligen Laut aus, ein wenig schwebend und eine Spur spöttisch. Das bedeutete: Ah, wenn das so ist, dann paßt dieser Beruf schwerlich zu Ihnen, meine Kleine.

Während der langen Zeit, die er in Hue gelebt hatte, hatte er sich ein Urteil gebildet: Die Menschen in Hue sind eher träumerisch und gedankenvoll als geschwätzig und kontaktfreudig. Warum? Wegen des dichten Nebels, so dicht, daß zwei Menschen in einem Boot gegenseitig ihr Gesicht kaum erkennen konnten? Wegen der Tage voll feinen Nieselregens, der einen dazu verleitete, lieber seinen eigenen Stimmungen nachzuhängen, als mit anderen zusammen zu schwatzen und zu scherzen? Oder weil die Atmosphäre von Kultur und traditioneller Bildung den Menschen dazu bringt, sich ständig nach uralten Grundsätzen zu verhalten? Früher, als er noch in Dong Ba zur Schule gegangen war, hatte er oft das Nachbarhaus besucht. Jedesmal hatte der Schüler auf einer mit Intarsien − Aprikosenblüten und Kraniche − geschmückten Bank dem pensionierten Beamten gegenübergesessen. Immer hatte er das Gefühl gehabt, daß irgendwo, hinter dem gestickten Vorhang oder hinter den Säulen aus Ebenholz, zwischen denen Bänder mit goldenen chinesischen Schriftzeichen gespannt waren, noch jemand war. Aber er hatte niemals herausfinden können, ob dieses Gefühl ihn trog oder nicht, niemals hatte er deutliche Schritte oder Stimmen gehört. Später, in den bewegten Tagen nach der Augustrevolution, war er Boi Hoan oft bei den Bildungskursen oder auf den Kundgebungen, die vor Menschen wimmelten, begegnet. Jedesmal war er sehr dicht an sie herangetreten, um die Grübchen auf der weichen, feinen Haut genauer anzuschauen, doch jedesmal hatte sie den Kopf gesenkt und den Arm gehoben, um ein paar Haare aus dem Gesicht zu streichen. Jedesmal, und so waren ihm als letzter Eindruck nur die leicht im Wind flatternden Schöße eines fliederfarbenen Ao Dai geblieben.

»Wir fahren in die Kaiserstadt, oder?« wandte sich der Fahrer fragend zurück, Herr Ninh nickte. Das Auto bog auf der Kreuzung ab und fuhr auf die Brücke Phu Xuan. Das Mädchen saß noch immer still neben Herrn Ninh, das zierliche Kinn über dem geöffneten Hemdkragen leicht vorgeschoben.

»In Hue tragen jetzt wenige Frauen einen Ao Dai, sehr schade«, stellte Herr Ninh fest.

»Normalerweise, wenn ich Touristen führe, trage ich

ihn. Aber weil Sie gesagt haben, wir gehen heute zu Untersuchungen in die Kaiserstadt, habe ich mich entsprechend anders angezogen. Vielleicht müssen wir auf die Mauer klettern, dort oben gibt es viele Dornen, und es wäre schade, wenn ich mit einem Seidenkleid daran hängenbliebe . . . !«

Herr Ninh lachte auf. Dieses Mädchen war ja sehr vorausschauend.

»Wer verlangt von Ihnen, auf die Mauer zu klettern? Wenn es sein muß, dann kann ich auch allein da hinaufsteigen. Führen Sie mich nur, als würden Sie einen Touristen führen, das reicht völlig aus.«

Phuong machte ein unzufriedenes Gesicht: »Aber ich soll Sie ja nicht zu einer Besichtigung begleiten! Man hat mich doch zu Ihnen geschickt, damit ich Ihnen bei der Arbeit behilflich bin! Wie könnte ich Sie arbeiten lassen und selbst danebenstehen, unmöglich!«

In ihren Augen leuchteten Trotz und Entschiedenheit auf, so daß Herr Ninh nur mühsam ein Lachen unterdrücken konnte. Wieder hatte er ein eigenartiges Gefühl. Es war wirklich sonderbar, wenn sie still dasaß oder leise redete, kam sie ihm sehr vertraut vor und rief unzählige Erinnerungen wach. Wenn aber dieser entschlossene Ausdruck erschien, begann seine Vorstellung ins Wanken zu geraten. In dem Mädchen gab es einen Widerspruch, der ihn irritierte.

Das Auto hielt direkt vor dem Osttor. Herr Ninh und Phuong stiegen aus. Der Fahrer wendete und stellte das Auto unter einem Banyan-Baum ab. Phuong hängte sich die Tasche über die Schulter und blickte auf die Uhr: »Wir haben an der Kreuzung fünfzehn Minuten im Stau gestanden. Wir müssen uns beeilen, Herr Professor.«

Sie beschleunigte ihren Gang. Auch jetzt waren ihre Schritte geräuschlos, jedoch zügig und bestimmt. Herr Ninh erinnerte sich plötzlich an Boi Hoans graziösen Gang. In früheren Zeiten gingen die Mädchen von Hue, ohne die Erde zu berühren, durch allgegenwärtigen

Nebel... sie nahmen Zeit und Raum um sich herum nicht wahr, sie lebten in der Atmosphäre der Legende.

»Langsam, Phuong. Wir brauchen uns nicht so zu beeilen«, sagte Herr Ninh. Und unvermittelt stellte er die Frage noch einmal: »Sie stammen wirklich aus Hue?«

»Wie bitte, Herr Professor...?« Phuong drehte sich verwundert um.

Viele Freunde hatten nach einem Besuch in ihrer Heimatstadt zu Herrn Ninh gesagt: Hue gibt es nicht mehr. Die Luc-Bo-Straße hat ein neues Gesicht. Die Kreuzung Am Hon ist zwar noch da, ist aber nur noch schwer wiederzuerkennen. Die ganze Atmosphäre und die Menschen haben sich völlig verändert: Hue gibt es zwar noch, aber das Wesen von Hue ist verschwunden!

Herr Ninh hatte sich das angehört, es aber nicht geglaubt. Zwar war diese kleine Stadt nicht seine Heimatstadt, aber sie war für ihn Kindheit, Liebe und die schönste Zeit der Jugend. In einer geschichtlich bewegten Zeit hatte er alles aufgegeben und war fortgegangen. Doch in all den Jahren in Hanoi hatte es keinen Sommer gegeben, in dem er sich nicht an die leuchtendroten Flamboyants in der Nähe der Bach-Ho-Brücke und an das Zirpen der Zikaden unter dem tiefblauen Himmel erinnert hätte. Später, als sein Beruf ihn an sehr viele verschiedene Orte führte, hatte er entdeckt, daß es wohl nirgends so viele schwermütige Zikaden gibt wie in Hue.

Während nun fast dreißig Jahren hatte er viele Festungen im Norden des Landes untersucht: Co Loa, Hoa Lu, die Residenz der Ho, die Residenz der Bau... Er hatte sich voll Leidenschaft dem Thema Festungen in Vietnam gewidmet. Zu Beginn seiner Laufbahn hatte er undeutlich gespürt, eines Tages würde er zurückkehren, würde die Zitadelle von Hue erforschen, und das erst würde die Krönung seines Werkes sein.

Nun war er kein siebzehnjähriger Schüler mehr. Er hatte eine Familie gegründet, das Schicksal schenkte ihm eine gute Frau. Sie kam im mörderischen Krieg um; die zwei Söhne studierten jetzt im Ausland. Wenn er an Boi Hoan dachte, dann nicht mehr voller Hoffnung und Sehnsucht wie vor dreißig Jahren. Jedesmal, wenn er zurückdachte an jene ferne Vergangenheit, wünschte er, daß die Menschen, die er gekannt hatte ein friedliches Leben gefunden hatten, und daß das Glück ihnen günstiger gesonnen war als ihm. Dennoch — die Erinnerungen an die Heimat, die Schulzeit, die ersten Sehnsüchte... schienen ein Teil seiner Seele geworden zu sein. Je mehr Zeit verstrich, desto tiefer senkten sie sich in ihn. Sie erschienen ihm niemals klar und fest umrissen, doch sie flüsterten ihm zu: kehre zurück!

Und schließlich war er zurückgekehrt.

Eine Dienstreise hatte ihn in die alte Stadt geführt. Er hatte das Haus mit den zwei Einhörnern auf den Torpfeilern wieder aufgesucht.

Der Weg vom Tor zur Haustür war von feuchtem Moos überwachsen gewesen. Alles andere jedoch hatte sich nicht verändert: der Wandschirm, das Gartenfelsenwerk, das auf der angenehm kühlen Veranda aufgestellte Bett. Mehr als dreißig Jahre waren vergangen, aber alles schien nur gealtert, nichts von seinem Platz fortgerückt worden zu sein. Kein Mensch war zu sehen, keine Stimme zu hören gewesen.

Nachdem er zweimal geklopft hatte, hatte er drinnen ein leises Geräusch gehört. Dann war die mit einem schweren Schloß versehene Tür geöffnet worden. Eine kleine Frau in einer kurzen blauen Bluse war auf der Schwelle erschienen.

Ein mageres, bleiches Gesicht, das noch die frühere Schönheit ahnen ließ, hatte zu ihm hochgeblickt und hatte ihn aufmerksam gemustert. Doch in den Augen war kein Zeichen des Wiedererkennens aufgetaucht. Nur ein vollständiges Vergessen... Um die Verlegenheit zu überbrücken, hatte sie ihn mit einer Handbewegung ins Haus gebeten. Eine magere, trockene Hand, um deren Gelenk eine Bernsteinkette geschlungen war. Zusammen mit dem schattenhaften, höflichen Lächeln waren auf den Wangen zwei tiefe Falten erschienen: Das waren einmal zwei sehr süße Grübchen gewesen...

Er hatte erfahren, daß Boi Hoan drei Jahre, nachdem er in den Norden gegangen war, geheiratet hatte. Ihr Mann war Provinzgouverneur in Tuyen Duc gewesen und später bei einem Autounfall ums Leben gekommen. Ihren großen Sohn hatten sie nach Frankreich zum Studium geschickt, und er hatte dort gleich 1975 um Asyl gebeten. Die achtjährige Tochter war die einzige, die mit ihrer Mutter zusammen noch in diesem Haus wohnte.

»Wie geht es ihr... Boi Hoan? Darf ich sie sehen?«

»Gerne, mein Herr. Sie ist mit ihren Freundinnen irgendwohin gegangen. Erst wenn es dunkel wird, kommt sie zurück. Es ist ein Jammer, die Kleine ist ständig krank, wir haben sie ja von klein auf immer vor jedem Wind und vor der Hitze behütet.«

»Machen Sie sich keine Sorgen, sie wird sich daran gewöhnen. Allmählich macht es ihr dann gar nichts mehr aus«, hatte er ihr zugeredet.

»Ja, man muß sich an alles gewöhnen, das Schicksal hat es so bestimmt... man muß es nehmen, wie es kommt.«

Ein ergebenes und bitteres Lächeln war über ihre Lippen gehuscht. Sie hatte Tee in die Porzellantassen eingeschenkt: »Bitte, trinken Sie, leider kann ich Ihnen keinen Lotosblütentee anbieten, wie ihn mein Vater früher immer trank. Aber es ist schon ein Glück, daß wir überhaupt noch Tee haben, wer weiß, was in einigen Jahren sein wird!«

Herr Ninh hatte schweigend einen Schluck Tee getrunken. Zwischen den beiden war etwas wie ein Mißklang aufgetönt.

Was war das gewesen? War das wirklich die Begegnung gewesen, auf die er dreißig Jahre lang gewartet hatte?

Alles hatte sich verändert. Konnte sich jemand, während er die Grübchen auf den Wangen einer Frau liebte, vorstellen, daß diese sich eines Tages in tiefe, wie mit dem Messer eingeschnittene Falten verwandeln würden?

Herr Ninh hatte seitdem seine Forschungsarbeit über die Kaiserstadt halbfertig liegenlassen. Er wollte die Arbeit fortsetzen, aber jedesmal, wenn er wieder beginnen wollte, schien ihn eine beängstigende Leere zu überfallen; er fühlte die eisige Kälte der Zeit, ihre zerstörende und verwüstende Macht.

Wahrscheinlich wäre er niemals wieder nach Hue zurückgekehrt, wenn sein Institut ihm nicht diese Untersuchung angetragen und die Provinz Binh Tri Thien nicht einen Spezialisten für die Erforschung der alten Architektur angefordert hätte. Er war gefahren, aber im Innersten glaubte er nicht daran, daß er so ausgezeichnete Arbeit leisten würde wie bei den Festungen des Nordens acht Jahre zuvor. Man glaubt immer, daß nur ein Künstler für seine Arbeit Leidenschaft benötigt. In Wahrheit gilt auch in der Wissenschaft, hat man die Hingabe an sein Fach verloren, wird die Arbeit zu einem Joch.

Jetzt saß er an der Mauer der Verbotenen Stadt, um ihn herum stand dichtes Gras, und Schwertlilien wiegten sich im Wind.

Hinter ihm erklang helles Lachen. Phuong versuchte übermütig, eine Grasmücke zu fangen, die sich soeben ins hohe Gras gerettet hatte.

»Vorsicht, Phuong. Reitgras zerkratzt die Hände.«

»Sehen Sie nur, wie süß, bestimmt hat die Sonne sie geblendet ...«

Phuong setzte sich auf einen großen Stein neben ihn.

»Wie alt sind Sie?«

»Zwanzig.«

»Arbeiten Sie schon lange als Touristenführerin? Bestimmt haben Sie gerade erst angefangen?«

»Ja. Ich arbeite erst seit zwei Jahren, seit ich die Schule abgeschlossen habe.«

»Warum studieren Sie nicht?«

Phuong schwieg lächelnd. Sie blickte Herrn Ninh an, als wollte sie sagen: »Wie kann ich das wissen? Es gibt so viele Gründe, die ich nicht beeinflussen kann.«

Ein paar Sonnenstrahlen fielen auf den kleinen Fleck Gras zwischen ihnen.

»Macht Ihnen die Arbeit Spaß?«

»Ja, großen Spaß. Ich führe die Touristen und erläutere ihnen die Sehenswürdigkeiten. Zum Grabmal des Kaisers Minh Mang und zum Hon-Chen-Tempel fährt man mit dem Drachenboot, das ist besonders schön. Manchmal kommen viele ausländische Touristen, dann habe ich keinen Tag Pause.«

Herr Ninh betrachtete sie aufmerksam. »Phuong...hatten Sie die Arbeit schon mal...satt?« fragte er plötzlich und dachte dabei an seine eigene Arbeit und seine Situation in den letzten Jahren.

»Manchmal ist es sehr anstrengend. Wenn ich ständig unterwegs bin, wie viele Kleider ich mir auch kaufe, nie reichen sie aus. Aber satt hatte ich es noch nie, nein, ich hatte es noch nie satt.«

Während sie sprach, pflückte sie eine Schwertlilie. Unvermittelt fiel ihr ein, daß die feinen Härchen am Stiel der Blume auf der Haut Juckreiz hervorrufen, schnell warf sie die Blume fort, holte ein Taschentuch hervor und wischte sich sorgfältig die Hände ab.

Sie wirkte jetzt nicht mehr ängstlich oder eigenartig. Ein Nachmittag gemeinsamer Arbeit hatte sie offen und natürlich werden lassen: »Wissen Sie, Herr Professor, als ich noch zur Schule ging, war ich sehr schüchtern. Ich ging in die Dong-Khanh-Schule, dort hatte ich nur Freundinnen, und wir Mädchen spielten immer nur zu zweit oder zu dritt. Ich hatte große Angst, wenn um mich herum viele Menschen waren. Als ich dann zu arbeiten anfing, bin ich am Anfang vor Angst fast vergangen, wenn ich vor den Touristen stand. Wenn ich reden mußte, habe ich immer auf meine Zehenspitzen gestarrt...«

Sie hielt inne und lachte, ein sprödes Lachen.

»Und jetzt?«

»Ich mußte viel üben. Ich habe mich sogar zu Hause vor den Spiegel gestellt und meinen Vortrag geprobt. Jetzt habe ich keine Angst mehr. Nur am Anfang bin ich immer noch aufgeregt, erst wenn ich richtig ›drin‹ bin, wenn ich in Schwung gekommen bin, schlägt mein Herz wieder ruhiger.«

»Wie lange müssen Sie normalerweise sprechen?«

»Die Texte, die wir von den Museen bekommen, sind je Sehenswürdigkeit nur etwa fünf Minuten lang. Aber ich füge immer viele Einzelheiten aus der Geschichte und volkstümliche Legenden hinzu. Außerdem benutze ich lieber meine eigenen Worte, das ist interessanter.«

Ihre Sprache war mit einemmal frei und fließend geworden. Ist dieses Mädchen nun mutig oder ängstlich, verschlossen oder offen, fragte sich Herr Ninh lächelnd. Jetzt sah er deutlich die beiden Seiten des Widerspruchs, der ihn an diesem Mädchen so irritiert hatte: Ihr Wesen und die Forderungen der Wirklichkeit standen offenbar im Konflikt miteinander, doch beide existierten gleichzeitig . . . Sie saß dort, den Blick auf das Mittagstor gerichtet. Hell spiegelte sich der Nachmittagshimmel in ihren Augen. Alles an ihr, von ihrem Blick über ihre Sitzhaltung, bis zur geschwungenen Linie ihrer hochgesteckten Haare, die von einer Haarnadel aus Platanenholz, deren Ende eine gedrechselte Lotosknospe bildete, zusammengehalten wurden, war erfüllt von einer eigenen Harmonie.

Auf dem Rückweg fuhren sie wieder über die Phu-Xuan-Brücke. Der Duftfluß umspülte mit sanften Wellen schmeichelnd die Brückenpfeiler. Der Fahrtwind wehte kühlend durch die geöffneten Fenster.

»Herr Professor, als Sie heute Mittag im Waschraum waren, habe ich heimlich ein paar Manuskriptseiten auf Ihrem Schreibtisch gelesen. Ich glaube, daß viele Angaben darin nicht stimmen.«

»Ach, wirklich? Woher wollen Sie das wissen?« Herr Ninh runzelte die Brauen.

»Sie haben zum Beispiel notiert, daß bei der Errichtung des Zehntausendjährigen Grabmales[2] im Bereich der Grabanlage täglich dreitausend Fronarbeiter beschäftigt waren. In Wahrheit dürften es eher dreißigtausend gewesen sein.«

»Woher haben Sie diese Zahl?«

»Sie stammt aus einer Überlieferung. Es gibt ein Versepos aus der Zeit, worin es heißt: › ... die Steine waren herbeigeschleppt, nun mußte der Kalk gestoßen werden, dreißigtausend Menschen in Armut und Elend.‹ Ich suche noch nach einem Dokument, das die exakte Zahl enthält. Aber bei dreitausend Leuten wäre es ganz bestimmt nicht zum Chay-Voi-Aufstand[3] gekommen. Die hungrigen, abgerissenen, entkräfteten Menschen konnten es nur wagen, mit nichts als Kalkstößeln bewaffnet, in die Verbotene Stadt einzudringen, weil sie sich in einer so großen Überzahl wußten.«

»Das ergibt Sinn«, antwortete Herr Ninh kurz, zufrieden mit ihrer Schlußfolgerung. Bei dem Wort »Touristenführer« dachte er automatisch an einen bunt gekleideten Menschen, der nur eine Karte und ein paar auswendig gelernte Texte im Kopf haben mußte und keinerlei Fremdsprachenkenntnisse benötigte, weil sowieso immer ein Dolmetscher dabei war. Dieses Mädchen jedoch war geschmackvoll gekleidet, unaufdringlich, und sie zeichnete sich durch einen Kopf, der zu denken verstand, aus.

»Diese Zahlen hat man mir gerade erst geliefert, ich bin noch nicht dazu gekommen, sie zu überprüfen. Also gut, von jetzt an werden Sie mir behilflich sein, indem Sie alle Materialien auf Fehler durchsehen. Einverstanden? Wer

2 Andere Bezeichnung für das Grabmal des Kaisers Tu Duc (1847–1883).

3 »Kalkstößel-Aufstand«, Rebellion der Fronarbeiter am Grabmal des Kaisers Tu Duc, 1866 niedergeschlagen.

weiß, vielleicht werden Sie mir eine größere Hilfe sein, als zu erwarten war.«

»Wirklich, Herr Professor? Oh, wunderbar!« rief Phuong aus, und das Oval ihres Gesichts leuchtete in kindlichem Stolz auf.

Das Auto brachte Phuong nach Hause in die Ly-Thuong-Kiet-Straße und fuhr dann zum Gästehaus der Provinz.

An diesem Abend sah Herr Ninh seine ersten Manuskriptseiten noch einmal durch und entdeckte auf den ersten Blick eine ganze Reihe zweifelhafter Angaben. Während er einen Schluck Tee trank, schalt er sich stirnrunzelnd selbst, daß ihm diese Stellen nicht sofort aufgefallen waren. Ließen seine geistigen Kräfte etwa schon nach? War das ein Zeichen des Alterns? Aber nein, um die Fünfzig war man in der Wissenschaft noch keineswegs alt.

Von nun an kam Phuong täglich und wurde zu seiner Mitarbeiterin. Es zeigte sich, daß sie nicht allzuviel beisteuern konnte, aber ihre Begeisterung belebte die Arbeit und gab ihr neuen Sinn.

»Herr Professor, wissen Sie, warum mir vor ein paar Tagen die Zahl der Fronarbeiter am Zehntausendjährigen Grabmal aufgefallen ist?« fragte Phuong, mit ihrem tiefschwarzen Blick aus einem Stoß Materialien aufsehend. »Weil mich alles, was mit dem Chay-Voi-Aufstand zusammenhängt, sehr interessiert. Wenn ich das Grabmal des Kaisers Tu Duc erläutere, führe ich den Touristen immer erst das Bild eines kieferbestandenen Hügels vor Augen. Dann kommt ein Kaiser und beschließt, hier seine letzte Ruhestätte zu errichten. Das Volk wird zum Frondienst gepreßt, sie schleppen hungernd, zerlumpt, mit bloßen Händen jeden einzelnen Stein aus der Ebene herauf, von den Bergen herunter. Die Arbeit ist äußerst schwer, sie rebellieren ... Blut fließt ... und das alles ist vollständig in Vergessenheit geraten. Nur die Steine bezeugen noch den Schweiß und die Tränen zehntausender Menschen. Das ist meine Art, das Grabmal zu erläutern. Ich bin der

Meinung, wenn ich alles über die leblosen Steine sagen will, muß ich mit dem Leben derjenigen, die sie errichtet haben, beginnen.«

»Auch eine Auffassung!« Herr Ninh nickte. Er zollte ihrer Sichtweise Bewunderung, wollte sie aus Zurückhaltung heraus jedoch nicht direkt loben.

Phuong lächelte und strich sich ein paar Haare aus der Stirn. Diese uralte, scheinbar von einer Generation zur nächsten weitervererbte Geste rührte ihn. Es gibt winzige Bestandteile der Gegenwart, die mit gewaltiger Kraft Vergangenes heraufbeschwören können: Ihm wurde zum erstenmal deutlich bewußt, wie sehr dieses junge Mädchen der Boi Hoan von vor dreißig Jahren glich.

Ja... Die gleichen Augen, das gleiche Lächeln, und die weiche Bewegung, wenn sie sich über die Haare strich. Herr Ninh wurde von einem leichten Schwindel erfaßt und trat schnell ans Fenster.

Warum nur war sie Boi Hoan so ähnlich? So fragte er sich. Vor dem Fenster floß grünschimmernd über moosbewachsenem Grund der An-Cuu-Fluß dahin. Eine sehr sonderbare Übereinstimmung... Aber Boi Hoan erinnerte ihn irgendwie an einen Weidenzweig, während er bei Phuong an ein Büschel junger Kiefernnadeln denken mußte. Als Boi Hoan vor zwei Jahren nach Frankreich gegangen war, war sie nur noch ein Schatten gewesen, ein Schatten, so verblaßt, daß er nur noch im Traum und nicht mehr im Leben existieren konnte. Doch mitten im Leben stand ein junges Mädchen mit sehr eigenartigem Blick. Die Zeit trug den Tod in sich, und sie brachte auch Entfaltung und Blüte hervor...

»Nein, es ist nicht allein die Zeit. Es ist auch die Kraft des Menschen, sich zu erheben, sich selbst dem Tod entgegenzustellen oder dem Leben«, sagte Herr Ninh zu sich selbst. Und er sah die grünen Bäume zu beiden Ufern des Flusses dichtgedrängt in die Höhe wachsen, einander umschlingend, ihre Wipfel schienen sich in den Himmel recken zu wollen.

Er hörte leise Schritte. »Herr Professor ... ich gehe. Sie sehen krank aus.« Herr Ninh drehte sich um und sah, daß Phuong ihre Tasche nahm. Auf ihrem Gesicht lag ein Anflug von Traurigkeit.

»Nein, nein, ich bin gesund. Es ist nichts«, beteuerte er hastig. »Sie nehmen mir doch nichts übel? Ich bin manchmal ... etwas seltsam, nicht wahr?« fragte er, mit einer Spur Selbstironie in der Stimme.

»Nein, bestimmt nicht, Herr Professor. Ich habe nur Angst, Sie könnten zu erschöpft sein. Sie arbeiten zu hart.«

»Das macht mir nichts aus, ich fühle mich zur Zeit besser als je zuvor.« Er wollte sie zurückhalten, doch ohne zu wissen, warum, sagte er wie gewohnt: »Es ist gut. Sie können nach Hause gehen. Für heute haben wir genug gearbeitet.«

Der letzte Untersuchungstag war gekommen. In drei Tagen würde Herr Ninh nach Hanoi zurückkehren, ein Telegramm aus dem Institut rief ihn zu einer dringenden Angelegenheit zurück. In etwas mehr als einem Monat hatte er über dreißig Kulturdenkmäler in Hue untersucht und mehr als 400 Seiten Material gesammelt. Die Arbeit war außergewöhnlich schnell vorangekommen – zum Teil natürlich dank Phuongs Mitarbeit.

Die Frangipani-Bäume auf dem Gelände des Tu-Duc-Grabmals standen an diesem Nachmittag in blühenden Reihen und präsentierten leuchtendweiße schlanke Zweige. Ein zarter Duft. Der gepflasterte Weg war mit herabgefallenen Blüten übersät, es herrschte Stille, die von keinem Geräusch unterbrochen wurde.

Herr Ninh und Phuong machten einen Rundgang durch die Grabanlage. Sie begegneten zwei ausländischen und einer vietnamesischen Touristengruppe, die den Ehrenhof besichtigten. Da sie nicht hineingehen wollten, solange es darin voller Menschen war, wandten sie sich hinunter zum See der Bescheidenheit und schlenderten müßig an der moosbedeckten Brüstung entlang.

An diesem Nachmittag trug Phuong einen rauchfarbenen Ao Dai. Das durch die Zweige der Frangipani fallende Nachmittagslicht spielte mit den Ornamenten in ihrem Strohhut.

Herr Ninh ging mit gesenktem Kopf und betrachtete die schweren Steine aus Thanh Hoa, er dachte daran, wie man diese von sehr weit her mit bloßen Händen hatte transportieren müssen. Phuongs Worte über den Aufstand vor etwa hundert Jahren fielen ihm ein. Er drehte sich um und sagte: »In ein paar Tagen fahre ich nach Hanoi zurück, ich werde Ihnen von dort aus eine Ausgabe des ›Heldenliedes‹ von Doan Trung schicken.«

»Ja ... Und wenn Ihre Abhandlung über Hue fertig ist, schicken Sie mir dann bitte auch ein Exemplar?«

»Eigentlich müßte Ihr Name mit auf der Titelseite erscheinen. Wären Sie nicht gewesen, ich bin gar nicht so sicher, ob ich es überhaupt geschafft hätte. Das ist die Wahrheit.«

»Oh, nein, nein!« protestierte Phuong energisch, »sagen Sie das nicht ... Ich bin zufrieden, wenn ich lesen darf, was Sie geschrieben haben. Ich bin überhaupt keine Wissenschaftlerin, keine Archäologin.«

»Archäologe wird man, wenn man anfängt, so zu denken wie Sie. Wenn Sie wollen, helfe ich Ihnen, in dieser Fachrichtung anzufangen. Eines Tages arbeiten Sie dann im Institut. Das ist nicht schwer.«

Phuong schüttelte den Kopf. An diesem Nachmittag trug sie ihre Haare offen. Kleid und Haare zeichneten weiche Linien, doch unmittelbar in dieser Anmut erinnerte wieder etwas an ein Büschel junger Kiefernnadeln.

»Die Archäologie interessiert mich sehr, aber arbeiten möchte ich nur als Touristenführerin. Wenn ich mich mit Archäologie beschäftige, dann nur, um eine bessere Touristenführerin zu werden.« Sie hielt einen Moment inne und sagte dann: »Denn ich möchte allen Menschen das

Schöne nahebringen. Ich glaube, wenn man etwas Schönes betrachtet, wird man ein anderer, ein besserer Mensch.«

Sie erhoben sich und gingen. Die Sonne flirrte über dem See. Die Touristen waren verschwunden, es war an der Zeit, den Ehrenhof zu besichtigen.

»Ich muß sagen, jemanden wie Sie habe ich noch nie getroffen. Wenn ich mir etwas wünschen dürfte, dann, daß ich immer bei Ihnen arbeiten könnte. Schade!« Bei diesen Worten blickte Phuong traurig zu den Ästen der Bäume hinauf.

Herr Ninh schüttelte den Kopf. Seine Augen brannten, als hätte er Rauch hineinbekommen.

Fünf Uhr nachmittag. Der weiße Jeep fuhr den Hang hinunter, Herr Ninh und Phuong darin hatten das Gefühl, in einer zwischen zwei Kiefern schwingenden Feenschaukel zu sitzen.

Einen Moment später tauchte die Brücke hinter dem Nam Giao auf. Dann die Le-Loi-Straße mit den Platanen. Über Phuongs Schulter hinweg sah Herr Ninh eine Gruppe Kinder mit roten Halstüchern einander an den Händen haltend in das Kinderkulturhaus gehen. Lachen und kindliche Stimmen drangen ihm angenehm als pausenloses Zwitschern in die Ohren.

Unwillkürlich erinnerte er sich an eine indische Sage, die er vor langer Zeit gelesen hatte. Darin wurde erzählt, daß der Phönix, wenn er alt geworden ist, auf einen sehr hohen Baum fliegt und sich dort ein Nest aus Zimtzweigen und Anissaft baut. Er legt sich nieder und stirbt mit dem letzten Sonnenstrahl. Seine Leiche verwandelt sich in Asche... Aus der Asche jedoch entsteht eine buntschillernde Raupe. Wenn es Frühling wird, häutet sich die Raupe und wird zu einem jungen Phönix, herrlich und doppelt so kühn wie sein Vorgänger.

Herr Ninh lächelte. Was ihm eben eingefallen war, regte ihn an. Er würde diese Legende in seiner Abhandlung erwähnen. Eigentlich hätte diese Abhandlung längst fertig sein können. Er hätte nur, als er zurückgekehrt war, um Boi Hoan wiederzufinden, sie nicht in jenem ehrwürdigen Haus mit den zwei Einhörnern auf den Torpfosten suchen sollen. Sondern im April-Licht, im überfließenden Leben der Menschen in Hue.

Und so hatte er Hue wiedergefunden – es gab diese Stadt noch, wenn auch nicht in den Süßigkeiten aus Ingwer und den violetten Rockschößen der Vergangenheit.

(Vung Tau, 16. 4. 1982)

Wir sind drei. Drei Mädchen in einer Höhle am Fuße eines Hügels. Vor uns führt eine Straße eine Anhöhe hinauf, um irgendwo in der Ferne zu verschwinden. Eine Straße, von Bomben durchlöchert, bedeckt mit rötlichen Erdklumpen und einem kreidigen Belag. Zu beiden Seiten keine Spur von Grün, nur abgeschürfte, verkohlte Stämme, die kreuz und quer durcheinanderliegen, die Wurzeln in die Luft gereckt. Gewaltige Steinblöcke. Ein paar alte Gewehrschäfte und Karosserieteile, verbeult, von Rost zerfressen, halb im Boden vergraben.

Unsere Arbeit besteht darin, hier auszuharren. Wenn oben Bomben gefallen sind, müssen wir schnell hinaufklettern, die Größe der zuzuschüttenden Krater abschätzen, nach Blindgängern suchen und sie gegebenenfalls sprengen. Man nennt uns die »Gruppe der Straßenaufklärer«. Ein Name, der Heldentaten vermuten läßt. Unsere Arbeit ist tatsächlich nicht einfach. Oft genug sind wir von herabprasselnder Erde zugeschüttet worden. Wenn wir dann den Hügel hinablaufen, sind nur unsere Augen zu sehen und unsere Zähne, die weiß in den lächelnden, erdverschmierten Gesichtern schimmern. In solchen Augenblicken nennen wir einander »schwarzäugige Teufelin«.

Unsere Einheit trägt uns auf Händen. Das beste, was sie hat, »das ist für unsere Aufklärerinnen, die sind ganz allein da oben«.

Das ist begreiflich. Die Einheit betritt die Straße erst nach Einbruch der Dunkelheit, manchmal freilich bleibt sie dann die ganze Nacht draußen. Wir dagegen zotteln den lieben langen Tag über den Hügel. Und am hellichten Tag auf dem Hügel, das ist kein Zuckerlecken, denn der Tod scherzt nicht. Er versteckt sich im Innern der

Bomben. So habe ich zum Beispiel eine Wunde am Oberschenkel, die noch immer nicht verheilt ist. Natürlich bin ich nicht ins Lazarett gegangen. Jedes Ding hat auch seine gute Seite, nicht? Sag mir doch einer, wo man das alles beisammen findet: rauchende Erde, zitternde Luft, abschwellendes Brummen sich entfernender Flugzeuge. Die Nerven sind zum Zerreißen gespannt, das Herz klopft wie rasend, die Beine rennen, obwohl man weiß, daß überall Blindgänger lauern, die jeden Augenblick in die Luft gehen können ... Sicher ist, sie gehen in die Luft, was auch geschehen mag. Dann, wenn die Arbeit getan ist, einen letzten Blick zurück auf die Straße, ein tiefer Seufzer der Erleichterung, und schnell wieder in die Höhle. Draußen dreißig Grad Hitze, drinnen eine andere Welt. Die Kälte läßt einen erschauern. Den Kopf nach hinten gebeugt, trinkt man in großen Zügen aus dem Becher oder gleich aus der Feldflasche. Gesüßtes Quellwasser. Danach streckt man sich auf dem feuchten Boden aus, die Augen halb geschlossen, lauscht der Musik, die aus einem stets mit Batterien versehenen Transistor sickert. Oder man hört nicht hin, man kann zuhören oder träumen ...

Es sieht so aus, als ob wir eine großangelegte Offensive einleiten. Nacht für Nacht wälzt sich ein endloser Strom von Fahrzeugen über die Straße. Sonst konnten wir nachts schlafen. Jetzt nicht. Alle drei klettern wir auf die Höhe, wir schippen, wir hacken, rufen nebenbei den Fahrern ein Scherzwort zu. Nein, nicht alle drei: Eine kann nicht mitlachen, sie muß in der Höhle bleiben – Telefonwache.

Es ist Mittag. Ungewohnte Stille. Ich sitze, gegen die Felswand gelehnt, und summe vor mich hin. Ich singe gern. Einfach so, zu irgendeiner Melodie denke ich mir einen Text aus. Ungereimtes Zeug, manchmal so drollig, daß ich vor mich hin kichere.

Ich bin aus Hanoi. Häßlich bin ich wohl nicht, glaube ich. Geschmeidiges und dichtes Haar, ein Schwanenhals.

Und von meinen Augen sagen die Fahrer: »Wie verträumt sie in die Ferne blicken!«

In die Ferne? Wohin? Na, ist nicht wichtig, Tatsache ist, ich betrachte meine Augen gern im Spiegel. Sie sind schmal, mandelförmig, mit brauner Iris, die Lider oft ein wenig gefältelt, als blinzelte ich in die Sonne.

Keine Ahnung, warum sich die Artilleristen und Fahrer so oft nach mir erkundigen. Über Dritte oder auch in langen Briefen, als ob wir kilometerweit voneinander getrennt wären, obwohl sie sich doch ringsum aufhalten und wir uns jeden Tag sehen können. Ich bin nicht gerade unternehmungslustig. Wenn meine Kameradinnen darin wetteifern, mit irgendeinem wortgewandten Soldaten zu schäkern, halte ich mich meist abseits, schaue mit verschränkten Armen und zusammengekniffenen Lippen zu. Natürlich ziere ich mich bloß. In Wirklichkeit glaube ich, daß diese Jungen mit dem Stern an der Mütze alle miteinander die hübschesten und tapfersten der Welt sind.

Selbstverständlich habe ich niemandem etwas davon erzählt. Aber die Jungen, die auf der Straße vorüberkommen, sprechen immer herzlich und respektvoll mit mir.

»Das versteht sich... Du kannst singen, bist hübsch und zerstörst überdies die Bomben wie eine Teufelin«, so erklären es mir meine Gefährtinnen. Natürlich stimmt das überhaupt nicht.

Draußen herrscht noch immer bedrückende Stille. Seit zehn Stunden kein Flugzeugschatten über der Anhöhe. Sie bombardieren weiter südlich – dort dröhnt die Luft. Und eben dieses Dröhnen in tiefer Stille läßt nichts Gutes ahnen. Die Sonne brennt heiß. Der Wind ist trocken geworden. Aber in der Höhle ist es kühl.

Nho stickt einen Kissenbezug. Jedem sein Steckenpferd, Nho stickt, Thao schreibt Liedertexte in ein Heft auf ihrem Schoß. Sie plaudern, ich habe nicht von Anfang an zugehört. Aber plötzlich bin ich von ihren Worten betroffen. »Wann hört das bloß auf?« fragt Nho.

»Was denn?« Thao hat die Augen nicht gehoben, aber ihre Stimme verrät Erstaunen.

Nho gähnt und sagt nichts mehr. Aber ich weiß, was sie gemeint hat. Wenn der Krieg vorbei ist, wird sie sich um eine Stelle in einem Wasserkraftwerk bewerben. Sie wird Schweißerin werden, und sie wird in der Volleyballmannschaft des Werkes spielen, mit ein bißchen Hoffnung, daß sie – kann man es wissen? – für die Nationalmannschaft ausgewählt wird.

Thao dagegen möchte Medizin studieren. Ihr Mann soll Kapitän sein, mit Bartschmuck, oft auf großer Fahrt. Sie will ihren Mann nicht ständig auf dem Hals haben, weil sie meint, daß dann die Liebe rasch ihre Würze verliert.

Auch ich spreche gern von meinen Zukunftsplänen. Große Pläne, aber wofür soll ich mich nun entscheiden? Architektin? Ausgezeichnet. Vorführerin in einem Kinderkino, Lorenfahrerin in einem Kohlehafen oder Chorsängerin? Das Glück ist überall. Überall könnte ich Eifer und Initiative beweisen, wie jetzt hier auf dieser Anhöhe, der Wiege – wenn man das so sagen kann – unserer Träume und Pläne.

Aber all das ist für später. Für die Zeit nach dem Krieg, wenn die Straße, die wir heute schützen, schön eben und ordentlich geteert sein wird, wenn die Hochspannungsleitungen durch den tiefen Wald ziehen, in dem Tag und Nacht die Sägewerke arbeiten ... Daran glauben wir alle drei, ohne jeden Zweifel.

Nho stickt, ein bißchen fahrig, grellfarbige Blumen auf ihr kleines weißes Kissen. Fäden so dick wie Stricke. Sagt jemand etwas dazu, macht sie weiter, als habe sie nichts gehört. Wird die Kritik ein wenig nachdrücklicher, zieht sie mit ihren gutgewachsenen Zähnen am Faden und zischt durch die zusammengekniffenen Lippen: »Na und, so sieht man sie wenigstens!«

Ziemlich einmalig, dieses Mädchen. Sanft, fröhlich und doch starrköpfig wie ein Maulesel. Keine gegensätzlichen, sondern einander ergänzende Charakterzüge einer recht ungewöhnlichen Persönlichkeit. Seit meiner Ankunft hier leben wir zusammen. Damals erschien mir alles eigenartig. So staunte ich mächtig, als man mir sagte, ich solle Erde tragen.

»Wie denn«, protestierte ich, »sieht so die Freiwillige Jugend aus? Erde tragen!« Ich glaubte damals, die jungen Freiwilligen müßten, das Gewehr geschultert, in tiefer Nacht den Wald von ihrem Gleichschritt erzittern lassen und nur bisweilen knappe, energische Worte wechseln, die wie Losungen hallten.

Ich bin dennoch Erde tragen gegangen, und ich habe mich daran gewöhnt.

Oft genug hatten wir kaum etwas Suppe zum Essen. Um den Reis hinunterzuwürgen, tranken wir einfach frisches Wasser dazu. Als die Jungen das sahen, stimmten sie ein jämmerliches Gezeter an. Bei den ersten Bomben wurden manche ohnmächtig.

Aber inzwischen haben wir uns auch daran gewöhnt.

Ich bin nach Nho in die Einheit gekommen. Ein bißchen geistesabwesend legte ich an jenem Tag mein Bündel auf einen Baumstamm hinter dem Quartier. Nho stieg mit triefenden Haaren aus dem Wildbach, Tropfen auf Stirn und Nase. An Wasser scheint es hier nicht zu mangeln, dachte ich. Vielleicht kann man schwimmen... Bei meinem Anblick erstarrte Nho eine Sekunde lang, dann trat sie langsam und wortlos näher und wrang dabei ihr nasses Handtuch aus. Sie schüttelte den Kopf, musterte mich von Kopf bis Fuß, bis zu meinen Bastschuhen, die ich gegeneinanderrieb, um den Schlamm abzustreifen.

»Von welcher Einheit kommst du? Aus welcher Gegend? Wie heißt du?«

Ich hörte auf, meine Schuhe zu säubern, und nahm Haltung an. Bei der vormilitärischen Ausbildung in der Schule hatte ich einiges über die Selbstverteidigung gehört. Die Arme an den Seiten, in Habachtstellung, fragte ich mich: Soll ich ihr eins mit der Faust geben?

Und wohin zuerst? Und wenn sie zurückschlägt, drücke ich ihr eine Ader ab, ein kurzer, ganz leichter Druck auf einen bestimmten Punkt der Hand genügt.

Aber sie hatte sich schon umgedreht und betrat, die Hände in die Hosentaschen vergraben und abermals den Kopf schüttelnd, den Gefechtsstand, wohin ich ihr nur zu folgen brauchte.

Natürlich behielten wir uns seit jenem Tag im Auge. Im Laufe der Zeit haben wir uns näher kennengelernt und sind nun, wer weiß wie lang schon, dicke Freundinnen. Wir sind beide gerade sechzehn. Daß die Rangältere die Neue ein wenig von oben herab behandelt hat, ist nicht mehr erwähnenswert. Ich habe sie wirklich liebgewonnen. Ein wunderbarer Charakter. Die Jungen wissen, daß sie ihr nicht zu nahe kommen dürfen, obwohl sie sich gern necken läßt.

Genauso wie ich. Nho möchte frei leben. Wir sagen uns: Lieben, o ja, gewiß, aber heiraten? Nie! Welch ein Graus! Babywäsche, Bettdecken, Moskitonetze, Kochen und was sonst noch alles! Keine Zeit mehr zum Bummeln... Der Liebste dagegen wird uns ins Kino führen, klein beigeben, wenn wir schmollen, und lesen können wir, soviel wir wollen...

Nho hat schon einen Liebsten, einen jungen Maschineningenieur, der ihr regelmäßig endlos lange Briefe schreibt. »In Hanoi hat man trotz allem mehr Zeit als in der vordersten Linie«, so erklärt er ihr die Sache. Er trägt ein Bild von ihr bei sich, es zeigt sie als Zweijährige, als kleines Mädchen mit Trägerhosen und schwarzer Schürze, einen breitkrempigen Leinenhut auf dem Kopf, einen Feldblumenstrauß in der Hand, am Fuße eines hundertjährigen Baumes. Hier eine Probe seiner Prosa, von der ich so manches gelesen habe: »Mir geht es gut. Ich spiele viel Fußball, habe mächtige Muskeln! Ich betrachte dein Foto und kann mir nicht vorstellen, wie du jetzt aussiehst. Ich sage mir: Das bist du, ganz klein, mit Blumen in der Hand. Ich würde dich auf den Arm nehmen und mit dir spazierengehen, dir Süßigkeiten kaufen und dich fragen: Wohin möchtest du, meine Kleine, sags mir, der Onkel bringt dich hin...«

Komische Ideen! Aber wir machen uns nicht darüber lustig. Mit schwerem Herzen blicken wir nach Norden. Dort liegt Hanoi, das wir vor langer Zeit verlassen haben. Ja, auf diesem Hügel hier wachsen wir auf, aber unser Hanoi können wir keinen Augenblick vergessen.

Ich wohnte in einem kleinen Zimmer im ersten Stock eines baufälligen Hauses am Ende einer kleinen Straße. Auch die Bäume, die sie säumten, waren alt und vom Staub grau gefärbt. Nachts, wenn ich am Fenster saß und die dunklen, wogenden Dächer betrachtete, sang ich ein Lied nach dem anderen. Fröhlich und laut. Mein Nachbar, ein Arzt, der schwer einschlief, machte Licht und klopfte überaus höflich dreimal gegen die Wand. Das geschah jeden Monat mindestens zwanzigmal. Ich hörte auf zu singen, wartete, bis er eingeschlafen war, und hielt mir frohgelaunt eine kleine Verteidigungsrede: »Ich allein kenne die Durchsichtigkeit und die Unermeßlichkeit der Nacht über der Stadt. Wie soll der Doktor in seinen schweren Träumen je ein so hübsches Bild erblicken wie das, was ich vor Augen habe?« Meine Sangesfreudigkeit ging so weit, daß ich einmal um ein Haar aus dem Fenster gestürzt wäre. Mit zitternder Hand an den Fensterflügel geklammert, im Kopf noch schwindlig, warf ich einen Blick in die Tiefe. Da unten war ein kleiner Wasserhahn, aus dem es die ganze Nacht hindurch in einen Bottich tropfte. Das Gluckern klang so, als ob das Wasser zu meinem Fenster hinaufsteigen wollte. Vorsichtig zog ich die Beine nach innen. Ich sang weiter, aber leiser, und lauschte, ob es vielleicht gegen die Wand klopfte.

Das Tischchen in der Ecke des Zimmers hatte meine Mutter in zwei Mittagspausen basteln lassen. Wenn ich etwas schreiben mußte, kramte ich alle Bücher aus der Schublade und der Aktentasche hervor und breitete sie auf Tisch und Bett aus. Stets verlor ich mich in diesem

Wust von Papier, ohne daß ich irgend etwas fertig-
brachte oder zu ordnen verstand. Vor Wut, dem Heulen
nahe, rief ich laut nach meiner Mutter. Sie stand von
ihrer Nähmaschine auf und kam zu mir, um murrend
alles wieder in Ordnung zu bringen. Sie verwünschte
mich manches Mal, freilich nicht im Ernst: »Das will
ein Mädchen sein? Wenn du erst verheiratet bist, wirst
du windelweich geprügelt… windelweich!« Deshalb
habe ich mir schon zu Hause geschworen, niemals zu
heiraten.

»Nun, seid ihr bereit?«

»Wie?« Ich springe auf. Seit einer Weile habe ich nichts
getan, als zu trällern und zu träumen.

Nho steckt flink den zusammengerollten Kissenbezug
in ihren Tornister. Thao läuft zum Eingang der Höhle
und blickt hinaus. Tatsächlich, ein Aufklärer zieht über
den Himmel. Das Leben hier hat uns gelehrt, was Stille
bedeutet und wie unnormal die Stille seit diesem Morgen
ist. Und da zeigt sich auch schon das Ungewöhnliche.
Das näselnde Surren des Aufklärers. Und das Heulen der
Düsenmaschinen, die hinter ihm herjagen. Beide Geräusche drohen uns die Ohren zu zerreißen und lassen uns
erschauern.

»Es geht los!« Nho dreht sich um und setzt den Helm
auf. Thao holt einen Zwieback aus der Tasche und kaut
ihn langsam. Wenn sie weiß, daß das, was uns erwartet,
kein Zuckerlecken sein wird, trägt sie immer eine irritie-
rende Gelassenheit zur Schau. Aber sie verdreht die
Augen, wenn sie Blut oder einen Blutegel sieht. Ihre
Unterwäsche ist bunt bestickt, und sie zupft die Augenbrauen zu einem schmalen Strich. Bei der Arbeit aber ist
sie kühn und entschlossen.

Das alltägliche Ereignis: Flugzeuge heulen, Bomben
detonieren auf dem Hügel, etwa dreihundert Meter von
der Höhle entfernt. Der Boden zittert unter unseren
Füßen. Selbst unsere Handtücher auf der Wäscheleine
zittern. Alles hier zittert, wie von einem Fieberschauer

geschüttelt. Rauch wälzt sich vor den Eingang der Höhle. Weder Himmel noch Wolken sind zu sehen.

Thao nimmt mir das Bandmaß aus der Hand, während sie genießerisch an ihrem Zwieback knabbert.

»Du bleibst hier, Dinh«, sagt sie. »Diesmal haben sie wenig abgeworfen. Zwei genügen.«

Und sie zieht Nho am Ärmel und geht, die Schippe bereits auf der Schulter, zum Ausgang. Ihr Gesicht strahlt vor Anmut.

Ich habe nicht zu widersprechen. Ihr kommt es zu, die Aufgaben zu verteilen. Die Zeit beginnt sich zu dehnen. Meine Nerven auch. Vergangenheit, Zukunft – nichts zählt mehr. Wie soll man sich ablenken? Wenn nun meine Kameradinnen nicht zurückkommen?

Das Telefon. Der Kompaniechef verlangt Bericht. Ich antworte, ein wenig gereizt: »Aufklärerinnen noch nicht zurück.«

Weshalb ich so gereizt bin, weiß ich nicht. Noch eine Ladung Bomben, der Rauch dringt in die Höhle. Ich fange an zu husten, schnappe nach Luft. Jetzt muß es auf der Anhöhe trostlos sein: nur meine beiden Kameradinnen und die Bomben. Und ich hier in der Höhle. Von der anderen Seite des Hügels antwortet die Flak. Nichts vereinsamt und ängstigt mehr als das Krachen der Bomben ringsum, wenn es auf dem Boden ohne Antwort bleibt. Schon ein einziger Gewehrschuß verleiht einem ein Gefühl des Schutzes, der Solidarität, als könne man sich selbst nicht verteidigen. Ungeduldig verlasse ich für einen Augenblick die Höhle. Ringsum Rauch. Ich beginne, mir Sorgen zu machen. Plötzlich höre ich von der benachbarten Anhöhe ein 12,7-Millimeter-MG schießen. Das ist die Pionierkompanie, gerade rechtzeitig. Sie eilt der Flak und uns zu Hilfe. Ich könnte schreien vor Freude. Wie viele Leute rings um unseren sonst so verlassenen Hügel! Die Flak, die Nachrichtentruppen und die Pioniere haben uns sehr gern. Wenn wir um Verstärkung bitten müssen, brauchen wir nur in die Luft zu schießen, und schon kommen sie herbei.

Eine halbe Stunde später ist Thao zurück. Ohne mich anzusehen wirft sie mit erschöpfter, zornbebender Stimme hin: »Mehr als tausend Kubikmeter!«

Sie setzt sich auf die Erde, trinkt aus der Feldflasche. Das Wasser rinnt ihr über Kinn und Jacke. Ich rufe die Einheit an.

»Ja? Danke, Kameraden!«

Der Kompaniechef liebt höfliche Ausdrücke wie »danke«, »Verzeihung«, »viel Glück«. Er ist jung, mager, hat Rheumatismus und schreibt Verse für die Wandzeitung. Wahrscheinlich ist er auch aus Hanoi.

Nho kommt vom Bach zurück, sie hat dort gebadet. In diesem Bachabschnitt lauern oft Zeitzünderbomben. In ihren nassen Sachen setzt sie sich hin und bittet um Bonbons. Ich stöbere in meiner Tasche und finde zufällig zwei übriggebliebene Drops, klebrig und voller Sand.

»Vier Zeitzünderbomben. Nichts Besonderes.«

Sie lehnt sich zurück, stützt die Hände auf. Ich hätte Lust, sie mit ihrem rundlichen Hals und den winzigen Jackenknöpfen auf den Arm zu nehmen. Sie kommt mir so leicht und frisch vor wie Sahneeis. Der Kompaniechef fragt, ob wir Verstärkung brauchen. Ich verneine. Wie immer werden wir es allein schaffen.

»Das ist gut, danke, Kameraden.« Schon wieder! »Die ganze Kompanie ist damit beschäftigt, für ein Raketenbataillon eine Straße durch den Wald zu bahnen. Seit heute früh keine Pause! Tut alles, was in euren Kräften steht, Kameraden, und viel Glück!«

Wir werden also heute nacht auf die Straße hinausgehen. Wie gewöhnlich...

Ich kümmere mich um die Bombe auf dem Hügel. Für Nho bleiben die beiden auf der Straße. Thao beschäftigt sich mit der, die am Unterstand neben dem alten Schlagbaum liegt.

Eine Einöde, so still, daß man erbebt. Ab und zu einige kahle Baumstämme. Der Boden ist warm. Rauchschwaden hängen in der Luft, versperren den Blick. Ob die

Kameraden von der Flak uns sehen? Bestimmt. Sie haben Feldstecher, mit denen sie die ganze Gegend überblicken können. Ich pirsche mich an die Bombe heran, spüre, wie sie mich belauert. Jetzt habe ich keine Angst mehr, gehe nicht mehr krumm. Sie mögen es nicht, wenn man sich geduckt anschleicht, besser, man geht mutig und aufrecht auf sie zu.

Die Bombe thront gleichsam auf einem trockenen Strauch, den Kegel in den Boden gerammt, und zeigt zwei zitronengelbe Streifen. Ich mache mich daran, die Bombe mit meinem kleinen Spaten zu untergraben. Der Boden ist zu hart. Zu beiden Seiten werfe ich steinige Erde auf. Manchmal stößt der Spaten gegen die Bombe und verursacht ein metallisches Geräusch, so schrill, daß es mir durch Mark und Bein geht. Mich schaudert, und plötzlich habe ich das Gefühl, ich komme zu langsam voran. Schneller! Die Bombe ist warm, ein schlechtes Zeichen. Warm von innen oder von der Sonne?

Thao pfeift. Zwanzig Minuten sind also um. Vorsichtig lege ich die Sprengladung in die gegrabene Vertiefung, zünde die in Windungen ausgelegte Schnur an. Und renne zum Deckungsloch.

Ein zweiter Pfiff. Ich presse mich an den kleinen Erdwall, schaue auf die Uhr. Kein Windhauch. Mein Herz hämmert. Nur dem Uhrzeiger scheint alles ringsum völlig gleichgültig zu sein. Leicht und ruhig kreist er über das endlose Zifferblatt, während dort die Flamme die Zündschnur entlangkriecht und sich gleich ins Innere der Bombe fressen wird.

Unser tägliches Brot. Fünf Bomben müssen jeden Tag gesprengt werden, an Glückstagen drei. Manchmal denke ich an den Tod. Aber ungenau, verschwommen. Wichtig ist jetzt nur, ob die Sprengladung explodieren, die Bombe in die Luft gehen wird. Wenn nicht – wie soll man sonst mit ihr fertig werden? Und man muß darauf achten, sich schön flach zu machen, denn ein Bombensplitter im Arm, das wäre ärgerlich. Ich bin schweißgebadet. Im

Mund ein salziger Geschmack und das Knirschen von Sandkörnern.

Plötzlich dröhnt mir der Kopf von einem schrecklichen Getöse. Die Luft bleibt mir weg, die Augen schmerzen, ich brauche lange, bis ich sie wieder aufbekomme. Der Pulvergeruch dreht mir den Magen um. Noch drei Detonationen kurz hintereinander. Hochgeschleuderte Erdbrocken hageln herab und prasseln auf das Gesträuch. Splitter zerreißen die Luft und pfeifen uns um die Ohren.

Mit dem Handrücken streife ich den Staub von meiner Jacke, reiße die Augen auf, spähe durch die Rauchschwaden und eile Thao entgegen. Sie muß hier vorbeikommen, wenn sie Nho treffen und mit ihr zusammen zurückkehren will. Vor mir läuft Nho, die Fallschirmseide auf ihrem Rücken flattert und bläht sich im Wind.

Sie stolpert und stürzt, ich helfe ihr auf. Aber sie entgleitet mir wieder, ihre weit geöffneten Augen trüben sich und wirken plötzlich leblos. Was ist los? Ich begreife nichts. Sie packt meine Hand und zieht mich auf einen Erdhügel, grau vom Pulver der Bomben.

»Nho, wo bist du verwundet? Wo, Schwesterchen?«

Sie weint nicht, aber die Worte bleiben ihr in der Kehle stecken. Mit den Händen glätte ich die Erde, bette Nho auf meinen Schoß. Das Blut quillt aus ihrem Unterarm, fließt über den Boden, der es gierig aufsaugt. Die Haut ist totenblaß, die Augen geschlossen, die Kleidung verschmiert. Die Bombe ist explodiert, und das Dach des Unterstandes hat sie unter sich begraben.

So also ist es passiert!

Mit abgekochtem Quellwasser säubere ich Nhos Wunde, lege einen ordentlichen weißen Verband an. Die Verletzung ist nicht sehr tief, nur eine Fleischwunde. Aber die Bombe ist in unmittelbarer Nähe detoniert, daher der Schock. Ich gebe ihr eine Spritze. Sie öffnet ein wenig die Augen, fühlt sich wohl besser, hoffentlich hat sie keine allzu starken Schmerzen.

Thao läuft draußen auf und ab wie ein Tiger im Käfig, weiß nicht, was sie tun soll, obwohl sie sich unbedingt nützlich machen möchte. Sie kann kein Blut sehen.

Erst als Nho gut versorgt auf der Pritsche aus dicken Vierkanthölzern liegt, kommt Thao herein.

»Wollen wir nicht die Einheit anrufen?« fragt sie.

»Ach was, ich werde nicht daran sterben«, antwortet Nho.

»Außerdem ist die Einheit unterwegs. Nicht nötig, die anderen zu beunruhigen. Wozu regst du dich so auf, meine Liebe?«

»Das ist immer so. Die Heilgebliebenen leiden mehr als die Verwundeten, psychisch jedenfalls.«

Thao wendet sich zum Eingang und trinkt aus der Feldflasche. Nho bedeckt die Augen mit dem anderen Unterarm. Sie weiß, daß sie im Augenblick nichts trinken darf. Ich mache einen Becher Milch für sie zurecht.

»Tu viel Zucker hinein! Damit sie richtig dickflüssig wird«, rät Thao.

Nachdem Nho die Milch getrunken hat, schlummert sie ein. Das Dröhnen eines Aufklärers zerreißt die Stille über dem Hügel. Thao lehnt sich gegen die Wand, verschränkt die Hände hinter dem Nacken und sagt, ohne mich anzusehen: »Sing etwas, Dinh. Sing dein Lieblingslied.«

Ich liebe Musik. Die Marschlieder, die die Soldaten auf ihrem Weg zur Front singen, unsere zarten und melodischen Volkslieder, ›Katjuscha‹ von der Roten Armee. Gern sitze ich so, die Knie bis ans Kinn gezogen, und träume. ›Als ich herkam, war mein Haar noch schwarz‹ — ein neapolitanisches Volkslied, gefühlsreich und melodisch, das man in sehr tiefer Stimmlage singen muß. Thao fällt mir ein wenig auf die Nerven, aber ich weiß, welche Gefühle sie bewegen. Pausenlos starrt sie Nho an, zupft am Kragen und am Revers ihrer Jacke, streicht sich über das Haar. Aber sie weint nicht: Sie mag keine Tränen. Niemand auf diesem Hügel mag Tränen.

Weinen würde die Selbstachtung verletzen, wir müssen uns fest aufeinander verlassen können.

Worte sind überflüssig, wir brauchen nur einen Blick zu wechseln, um unsere geheimsten Gedanken zu lesen.

Dann beginnt Thao zu singen: »Hier ist Thang Long, hier ist die Hauptstadt des Ostens – Hanoi.« Sie singt falsch, ihre Stimme ist schrill, und kein einziges Lied kennt sie vollständig. Deshalb sammelt sie die Texte, schon drei Hefte hat sie vollgekritzelt. Und sie macht weiter. Das ärgste ist, sie schreibt auch auf, was ich mir ausgedacht habe.

Draußen ballt sich eine große Wolke zusammen. Noch eine, immer mehr, immer rascher. Der Zipfel Himmel, der von der Höhle aus zu sehen ist, verdunkelt sich. Ein Gewitter. Staubwolken. Die Windstöße fahren in die verkohlten Zweige. Verwelkte Blätter tanzen Sarabande. Das alles kommt so plötzlich, daß einem das Herz stillsteht. So ist es im Wald zu dieser Jahreszeit. Es regnet – nein, es hagelt. Ich habe es nicht gleich bemerkt. Am Himmel grollt Donner, etwas Spitzes zerhackt die Luft. Die windgepeitschten Wangen schmerzen und werden naß.

»Hagel! Es hagelt!« Ich kehre in die Höhle zurück und lasse eine Handvoll Hagelkörner in Nhos ausgestreckte Hände fallen. Närrisch vor Freude, stürme ich wieder hinaus.

In dem Jahr, als ich mich auf die Prüfung vorbereitete, hatte es auch gehagelt. Die Hagelkörner prasselten gegen die Mauern, ein Geräusch wie von Kastagnetten. Ich riß die Tür auf, rannte über den Korridor, klopfte an alle Türen und schrie wie eine Verrückte: »Schnell, steht auf, es hagelt!« Dabei sagte ich mir: In einem solchen Moment können nur Tote ruhig im Bett bleiben. Der Doktor, obwohl lebendig, erklärte feierlich: »Wenn Sie nicht sofort mit diesem sinnlosen Spektakel aufhören, werden wir gezwungen sein, Maßnahmen zu ergreifen.« Die andere Nachbarin, eine Lehrerin, seufzte herzzerreißend: »Liebe Mutter, kann man denn nicht mal in

Ruhe schlafen?« Nur der Fahrer aus dem Erdgeschoß blieb mit mir diese ganze wunderbare Nacht hindurch wach. Später wurde er Freiwilliger, ein heldenhafter Soldat. In seinen Briefen an mich erwähnt er oft diesen Hagel und nennt ihn »eine Erinnerung an die Vergangenheit.«

Auch hier auf diesem mit Bombensplittern gespickten Hügel hagelt es. Meine Kinderfreuden erwachen wieder und berauschen mich. Hier hat niemand Zeit, hinter mir herzuschreien. Thao ist mit gekrümmtem Rücken damit beschäftigt, irgend etwas von der Erde aufzulesen. Nho richtet sich plötzlich hoch, sagt mit leicht geöffnetem Mund: »He, gib mir ein paar!«

Aber der Hagel ist so rasch vorbei, wie er gekommen ist. Ich bin noch außer Atem, es tut mir leid, daß er so schnell aufgehört hat. Nicht, daß ich mir viel aus diesen Hagelkörnern mache. Natürlich muß Regen wieder aufhören. Aber sie erinnern mich an irgend etwas, irgend jemanden, an meine Mutter wahrscheinlich, an mein Fenster, an die großen Sterne am Himmel der Hauptstadt. Ja, bestimmt an all das, an eine andere Welt. Die Straßenbäume, die Kuppel des großen Theaters, die Eisverkäuferin, die, von einem kreischenden Kinderschwarm bestürmt, ihr Wägelchen schiebt, auf dem die mit Eis am Stiel vollgestopften Gefäße stehen. Die geteerten Straßen, die nachts, nach dem Regen, länger und breiter wirken und in denen sich die Lichter wie in einem schwarzen Fluß spiegeln. Die Glühlampen über dem Platz, die wie lebendige Märchensterne schaukeln. Die Bälle, die von spielenden Kindern straflos durch die engen Straßen geschossen werden. Der Morgenruf der Klebreisverkäuferin, die ihren Korb auf dem Kopf trägt.

Nun ja, vielleicht handelt es sich um all das. All das, was jetzt sehr fern ist − und ganz plötzlich, nach dem Hagel, wieder auflebt und mir wild durch das Herz und den Kopf wirbelt.

Wir wurden gehänselt, ob wir, die Mädchen aus Hanoi, es ganze drei Tage so weit weg von zu Hause aushalten könnten. Nun, drei Jahre sind wir jetzt auf diesem Hügel. Artilleristen und Fahrer kennen unsere Vornamen. Das beruht auf Gegenseitigkeit: Wir wissen, wer von ihnen schon sein Herz an eine verschenkt hat, wer mutig ist und wer griesgrämig. Nachts, wenn wir die Straße ausbessern, werfen sie uns im Vorbeifahren Tuben mit Zahnpasta, parfümiertes Briefpapier und saure Drops zu. Meist erkennen wir sie nicht, weil sie mit Höchstgeschwindigkeit über unsere Höhe hinwegbrausen müssen. Aber wir rufen einander zu: »Ein Konvoi aus Hanoi!«

Denn solche Sachen gibt es nur in Hanoi. Dort haben wir sie kaum beachtet. Aber wie schön ist es hier, wenn man einen dünnen, parfümierten Bogen in den Umschlag stecken und an Freunde schicken kann, die noch weiter weg sind als wir.

»Hinlegen!« schreit Thao.

Bevor ich mich hinwerfe, krümme ich mich zusammen, als hätte ich einen Stoß in den Leib bekommen. Es kommt mir vor, als wären die Aufschlaggeräusche der Bomben zu hören, bevor sie explodieren. Aber aus der Nähe läßt sich das schlecht unterscheiden. Nur die Erde zittert wie ein bibbernder Riese.

Es ist, als tanzten Tausende Flugzeuge über unseren Köpfen. Thao kriecht in die Höhle. »So ein Pech, sie lassen uns nicht mal Luft schnappen«, knurrt sie. Sie ist schlank, gut gewachsen, das Haar fällt ihr über die Schultern, ihre Narbe ist im Halbschatten nicht zu sehen. Sie richtet sich wieder auf, sucht mit der Hand Halt an der Wäscheleine. Wirklich, wenn ihre Stimme nicht wäre, könnte sie zum Theater gehen. Sie sähe gut aus auf der Bühne. Aber was für eine Stimme! Sie tut den Ohren weh. Das gibt sie übrigens bereitwillig zu.

»Bringt mir das Telefon«, sagt Nho und winkt mit dem Finger.

Ich bringe es ihr, greife dann nach der Feldflasche und gehe mit Thao hinaus.

Durch das viele Laufen beginnt meine Wunde am

Oberschenkel zu stechen. Bloß nicht humpeln! Thao bekäme es fertig, allein auf den Hügel zu steigen, mutig genug ist sie.

So viele Bombentrichter! Wir messen sie aus, rufen uns die Ergebnisse zu und rechnen alles zusammen. Thao schreibt die Summe ins Wachbuch. Keine Zeitzünderbomben diesmal, aber unzählige Krater, mehr als 2000 Kubikmeter müssen zugeschüttet werden. Plötzlich ein heftiger Stoß in meinem Rücken. Thao stürzt herbei, drückt mich an sich und zieht mich zu Boden. Eine gewaltige Erdmasse prasselt auf uns nieder. Große, feuchte Klumpen, vermischt mit Resten trockener Erde aus den Bombenkratern. Das Ganze heiß serviert. Ein ungeheures Gewicht lastet auf meinem Kopf. Ich strampele mit den Beinen und versuche, mich hervorzuwühlen. Endlich kriege ich Luft. Aber Sand verstopft die Nase. Ich schüttele den Kopf. Erde regnet herab. Alles grau in grau, bleierne Luft, dicke Rauchwolken.

Thao ist nicht zu sehen. »Thao!« Ich will sie rufen, so laut ich kann, aber die Kehle ist mir wie zugeschnürt. Der Mund ist voller Erde, ich spucke sie aus. Zufällig streift meine Hand Thaos Haar. Rasch ziehe ich sie zurück, werfe den Körper mit voller Wucht nach vorn und grabe mit beiden Händen wild drauflos. Thao, schlaff wie eine Stoffpuppe, atmet schwach. Sie klammert sich an meinen Hals und steht mühsam auf.

Nho verzieht wie ein maulendes Kind das Gesicht. »Schon wieder?«

Thao lächelt seltsam und beruhigt sich nach und nach. »Pech gehabt. Aber gebrochen ist nichts.«

Pech, was sie nicht sagt! Ihr Körper hat bereits sieben Narben, große und kleine, und Nhos fünf. Ich habe weniger, nur vier. Eine davon im Bauch, ziemlich böse, drei Monate habe ich deshalb im Hospital zubringen müssen. Sich so verschüttet wiederzufinden, das kommt alle Tage vor...

Ich betrachte meine Kameradinnen. Thao ist totenbleich. Nho ist aufgestanden, bringt ihr frisches Wasser und zupft ihr mit den Fingerspitzen die Erdkrümel aus dem Haar. Dabei beginnt sie plötzlich zu philosophieren: »Das kommt davon, wenn man auf einer strategischen Höhe sitzt.«

Thao platzt beinah vor Lachen und dreht sich zu mir. »Schreib das auf, schnell, daß wirs bloß nicht vergessen!«

Ich kurbele am Telefon. Thao tritt zu mir. »Vergiß nichts, aber sag auch, daß wir durchhalten.«

Nicht der Kompaniechef, sondern sein Nachrichtenoffizier ist am Apparat.

»Wo ist denn der Kompaniechef?«

»Unterwegs. Das Raketenbataillon ist gleich durch. Aber es ist schon später Nachmittag, bis jetzt konnte keiner schlafen. Und wie geht es euch?«

»Wir sind ziemlich erledigt. Mehr als 2000 Kubikmeter Erde. Bis zum Abend haben wir noch zu tun. Aber wir werdens schon schaffen.«

»Wenn es schlimmer wird, schießt, um Hilfe herbeizurufen, einverstanden? Ihr wißt doch, daß sich die Einheit immer zuerst um euch kümmert, nicht wahr? Die Kommandos kommen dann sofort.«

Bis zum Abend sind Thao und ich noch dreimal auf den Hügel gegangen. Acht Bomben gesprengt. 3200 Kubikmeter Erde. Jedesmal denke ich mir etwas anderes aus, damit Thao in der Höhle bleibt. Aber sie läßt sich nicht zum Narren halten, dazu ist sie zu schlau. Sie ist die erste, rennt, bis ihr die Luft wegbleibt. An ihren Schläfen und Händen schwellen die Adern an. Ich habe Angst, daß sie zusammenbricht. Jedesmal, wenn wir wieder hinaus müssen, runzelt Nho die Augenbrauen und murrt: »Thao, Thao!«

Aber nicht Thao, sondern ich krieche beim drittenmal auf den Knien in die Höhle zurück. Thao hilft mir hinein. Ich versuche, die Augen zu öffnen, aber die Lider sind verklebt.

Bin ich müde! Ich höre meine eigene Stimme wie durch Watte. Die Kühle der Höhle dringt in meinen Schlaf.

Das Kommando, das wir zu Hilfe gerufen haben, kommt direkt vom Straßenbau im Wald zum Hügel, bevor es zum Abendbrot in die Quartiere zurückkehrt. Wie von weit her höre ich jemanden husten. Jungenstimmen. Thao antwortet. Nho wird gehänselt, sie braust auf, lacht aber gleich danach, irgendwer summt vor sich hin.

Haare streifen meine Wange, warmer Atem hüllt mich ein. Mir ist, als wäre ich im Schoß meiner Mutter geborgen.

»Die Hanoier kommen!«

Ich erkenne die Stimme des Nachrichtenoffiziers und bin sofort hell wach. Er ist auch aus Hanoi. Sein Vater ist Elektriker, seine Mutter Konfektionsarbeiterin. Er hat oft die Schule geschwänzt und haufenweise schlechte Zensuren geerntet. Hier hat er es einmal fertiggebracht, fünf Bomben in den Abgrund zu werfen, dort explodierten sie, und die Straße war gerettet. Er ist ein Lebenskünstler, in die Kompanie verliebt, mag aber weder Zigaretten noch uns Mädchen. Wir hänseln ihn, wann immer wir können. »Sagen Sie, wenn Sie mit Ihrer Herzliebsten ausgehen, muß sie kurzes Haar, einen Anzug und Herrenschuhe tragen?« Dann weiß er nicht ein noch aus, kratzt sich am Kopf, errötet bis zu den Haarwurzeln. »Jede Regel hat ihre Ausnahmen. Übrigens habe ich noch keine Liebste, soviel ich weiß.«

Ich öffne die Augen. In der Höhle ist es schon dunkel. Das Lämpchen auf der Munitionskiste flackert. Onkel Hos Porträt hebt sich von dem Hintergrund aus weißer Pappe ab. Unter dem Bild steht ständig eine Granathülse mit frischen Blumen. Die Farben der Blütenblätter sind im Dämmerlicht kaum zu unterscheiden, es muß ein Strauß sein, den uns jemand geschenkt hat. Schön, nicht wahr? Der Nachrichtenoffizier kocht Wasser ab. Ich sehe nur seinen Rücken im Spiegel. Wenn er aufsteht, wirkt sein Körper schmal. Lebendig und sympathisch wie ein Tennisspieler. Von draußen ist ein Surren zu hören. Der aufregendste Augenblick des Tages naht! Ich muß hinaus!

Ich stemme die Füße gegen die Wand, beide Hände nach hinten aufgestützt. Ich setze mich auf, im Schenkel sticht es, Schmerzen im Kopf und in den Gelenken. Aber ich schaffe es trotzdem, die Füße auf die Erde zu stellen. Der Offizier kommt mir zu Hilfe. »Sind Sie verrückt? Wenn man müde ist, muß man schlafen.«

»Ich will hinaus auf die Straße.«

»Auf die Straße!« Er lacht laut, zeigt zwei Reihen gleichmäßiger Zähne zwischen schmalen Lippen und runzelt die buschigen Augenbrauen. »Nirgends gehen Sie hin! Erst mal ein Schläfchen!«

»Ein Schläfchen! So ein Unsinn.«

Ich murre und taste mich wie eine Blinde zum Ausgang. Die Verrücktheit hat nicht nur mich gepackt. Nho ist verschwunden. Thao hat es noch schlimmer erwischt. Ich höre sie auf dem Hügel laut lachen.

Nho erkenne ich an der Stimme, inmitten einer Gruppe von Pionieren. Sie erzählt mir, daß es fast Mitternacht ist und der Konvoi bald vorbeikommen wird. Während ich geschlafen habe, sind noch ein paarmal Bomben auf den Hügel gefallen. Aber dank dem Kommando ist alles gutgegangen.

Vom Hügel her hören wir das Brummen der Planierraupen, Hacken klirren, Lachen und Stimmen. Ab und zu explodiert eine Sprengladung. Über unseren Köpfen flimmern die Sterne. Sehr ferne Sterne, klar wie jadegrüne Wassertropfen, über das ganze Himmelsgewölbe verstreut. Unermeßlich ist das Firmament. Plötzlich fällt mir ein Gedicht ein, das uns ein Artillerist bei der Durchfahrt einer Kolonne zugeworfen hat. Ein Gedicht, das uns gewidmet war und uns Sterne auf dem Hügel nannte. Strahlende Sterne, wie es sich gehört, aber warum ferne Sterne? Wir haben uns darüber unterhalten und herausgefunden, daß es so schöner klingt. Gern würde ich den Verfasser des Gedichtes sehen, aber er ist weit weg.

Punkt zwölf Uhr erscheint die Spitze der Kolonne. Triumphierendes Brummen der Motoren. Die Straße belebt sich und dröhnt. Der Fahrer des fünften Wagens bemerkt uns. »Na, ihr Hanoierinnen? Euch fehlt wohl die Mama?«

»Das könnte Thang vom Regiment Quang Trung sein«, tuschelt Nho mit ihrem weißen Verband am Unterarm und lehnt sich an mich. »Sie wollten mich überreden, ins Lazarett zu gehen. Kommt nicht in Frage! Jeden Tag Spritzen, Tabletten, Fleischbrühe, o weh, und essen muß man da auch noch — wie ein verhätscheltes kleines Mädchen. Da haben sie sich aber getäuscht, ich lasse mich nicht ins Lazarett schaffen. Ich könnte mich jetzt noch schütteln, brrr!«

»Brrr«, sagt sie zu mir, als ob ich sie mit Gewalt in die Ambulanz schleppen wollte. Dann wendet sie sich einem Pionier zu, und sie reden über Sternschnuppen, über dem Wald fällt gerade eine.

Ich stehe ein wenig abseits, die Arme vor der Brust verschränkt, und achte nicht auf die Jungen, sondern auf ein Auto, das sich nähert. Mein übliches Benehmen. Aber ich bin nun mal so. Schließlich kann ich doch jetzt nicht zu den Soldaten laufen, die hier auf dem Hügel sind, und vor Freude und Glück zu weinen anfangen. Denn jugendliche Freude und Glück erfüllen mein Herz, das vor Liebe zerspringen möchte. Ein unbeschreibliches, starkes Gefühl, das nur jemand nachempfinden kann, der ähnliches erlebt hat.

Die Kolonne wälzt sich mit gelöschten Lichtern die Straße entlang. Das Tarngrün läßt jeden Lastwagen doppelt so groß erscheinen. Für mich nehmen diese Kolonnen kein Ende. Eine endlose Schlange von Fahrzeugen.

»Heute nacht sind bestimmt einige aus Hanoi dabei«, flüstert mir Nho ins Ohr. Ihr geht es wie mir, sie strömt über vor Liebe, der großzügigen und uneigennützigen Liebe eines Soldaten in vorderster Linie. Ich lege meinen Arm um sie. Wir schweigen. Fest umfasse ich ihre biegsame, schmale Schulter. So steht sie neben mir, mutig und sanft, ein Mädchen aus der Hauptstadt wie ich, in dieser Nacht, auf unserem mit Bombensplittern gespickten Hügel, an der Straße zur Front.

Wir verstehen uns, einmütig genießen wir in vollen Zügen unser Glück.

Nach fünf Jahren speziellen Studiums der männlichen Muskelfasern hatte es Bong gelernt, ihre Schönheit gewinnbringend einzusetzen.

Ihr Herz war kein roter, pulsierender, fühlender Muskel mehr. Es hatte sich in eine gepanzerte, mit einem Blitzableiter versehene kleine Kammer verwandelt, in der die Hoffnungen von wer weiß wie vielen dummen Jüngelchen begraben lagen, die auf das Leben wie durch das Fenster ihrer Schule blickten, mit einem Stapel Bücher unter dem Arm herumliefen und in einem fort vor sich hin brabbelten: »Die Frauen sind das schwache Geschlecht.«

Eines Tages im Theater, im Dunkeln, hatte sie ihr kostbares Herz lächelnd einem verwitweten Phu-Präfekten dargebracht, hatte es ihm kokett in den Schoß gelegt und damit einen großen Schritt auf ihrem Weg zum Rang einer gnädigen Frau getan.

Der Himmel scheint eine besondere Form bereitzuhalten, mit deren Hilfe er die großen Damen gießt. So dauerte es nicht lange, und die Phu-Präfektin entsprach genau diesem Modell. Schon ihr Gesicht hinterließ einen gewaltigen Eindruck. Man hätte es für einen runden Hochzeitskuchen halten können, in dessen Mitte eine Banane prangte, mit zwei Tomatenstreifen am unteren Ende. Wenn sich diese Tomatenstreifen teilten, um im Verein mit den halbgeschlossenen Augen den Mandarin ins Nirwana zu geleiten, blickte man in einen schier unergründlichen Abgrund, tief wie die Seele einer Frau.

Der Mandarin dagegen war völlig anders geformt. Alles an ihm war krumm und schief — vom Nasenbein bis zum Gewissen, von seinem Rücken bis hin zu seinen Regierungsmethoden. So alt er auch war, er liebte die

Jugend. Als er daher diese Perle in der Stadt eingekauft hatte, die ihm nun Tag und Nacht zur Verfügung stand, war er überaus zufrieden. Er beschloß, von nun an auch das kleinste Bestechungsgeschenk nicht zu verachten, um immer genügend Geld für die Geliebte zu besitzen.

In der abendlichen Dämmerung, wenn sich ein glänzendschwarzer, diamantener Vorhang auf die Welt herniedersenkte, pflegten der Mandarin und seine Gattin im trauten Gespräch wie ein Liebespaar im Blumengärtchen vor der Villa zu sitzen.

»Nun, wie steht es? Morgen ist Vollmond, haben Sie schon alles für den Gang zum Tempel vorbereitet, Gnädigste?«

»Wie könnte ich das vergessen, wo ich mich doch dem Heiligen geweiht habe. Aber wissen Sie, diesen Zweiten Chinh habe ich weggejagt. Was war der schon für ein Zeremonienmeister, triefäugig und schmutzig wie ein Gespenst. Manchmal konnte ich es mitten in der Séance nicht mehr aushalten und mußte den Geist entweichen lassen.«

»Wer soll denn dann morgen für Sie singen, wenn Sie ihn davongejagt haben?«

»Die Frau des Dorfältesten hat schon vor einem guten halben Monat Meister Bai als Ersatz holen lassen. Das ist ein richtiger Zeremoniensänger. Beherrscht sein Instrument hervorragend, singt gut, ist aufgeweckt und helle. Der Bursche ist auch kräftig und besitzt Charme, ist nicht so klapperdürr wie der verdammte Kerl vor ihm.«

»Dann bin ich ja wohl auch so ein verdammter dürrer Kerl?«

»Bewahre! Wie können Sie sich mit einem Zeremoniensänger vergleichen! Warum sagen Sie so etwas Einfältiges? Seit ich Ihnen dienen darf, fühle ich mich wie ein Mensch, der nach einer weiten Reise endlich heimgekehrt ist. Ich benötige keine Scharlachpaläste oder Purpurgemächer, um in meinem Schicksal Erfüllung zu finden. Ich erhoffe mir nur zwei Dinge für mein Leben: ein liebendes Herz und eine Hütte aus Stroh.«

»Zur gänzlichen Zufriedenheit fehlt aber wohl noch ein Röllchen Silberpapier«, fügte der Mandarin hinzu. Er lachte wollüstig und umarmte seine Gnädigste fest – ein Laubfrosch, der sich an eine Gurke klammert. »Seien Sie mir nicht böse. Lieben Sie mich denn?«

»Hören Sie auf! Das ist doch kindisch! Daß den Männern immer nur solche Fragen einfallen, auf die wir Frauen uns dann eine Antwort ausdenken müssen. Ja doch! Na und?«

Der Mandarin stand auf, faßte seine Gattin bei der Hand, führte sie ins Haus und verriegelte sorgfältig die Tür. Dann ließ er unter dem Schnurrbart, der wie ein Hütchen auf seinem Mund thronte, ein zahnloses Lächeln erblühen. »Nun dann... worauf warten Sie noch?«

Die Gnädigste zierte sich, drohte ihrem Gatten schelmisch mit den Äuglein und girrte: »Es ist doch viel zu kalt.«

Fünf Minuten später erschien sie im Licht der Zimmerlampe im Naturzustand, rosig wie ein soeben von der Hebamme durchgewalktes Neugeborenes.

Jeden Abend wurde diese Szene einer heißen Liebe zwischen erkalteten Seelen von neuem aufgeführt, so daß die Eidechsen in der Umgebung vor Eifersucht mit ihren langen Zungen schnalzten.

So verging die Zeit, und schon lange dachte der Phu-Präfekt in seinem Rausch nicht mehr an das schmutzbefleckte frühere Leben seiner Gattin. Mit ein und derselben Hand zeichnet die Zeit Falten auf die Stirnen der Menschen und wischt alles Schlechte und Unreine aus ihren Gesichtern, bis schließlich einem jeden nach seinem Tod die ihm Nahestehenden eine Leichenrede halten, in der alle seine Verdienste und Tugenden aufgezählt werden.

Und dann kam ein stürmischer Tag.

Der Regen strömte. Der Wind heulte. Auf der Jagd nach Glücksspielern plantschte der Mandarin bis in die tiefe Nacht durch die Pfützen, bevor er endlich heim zu seiner Residenz kam. Als er auf die Terrasse seines Hauses trat, erfüllte ihn Vorfreude auf sein weiches Bett und seine Wärmflasche aus Fleisch und Blut und ließ ihn die durchstandenen Mühen vergessen. Es goß noch immer, der Wind heulte, der Sturm tobte immer stärker.

Plötzlich schlug eine Windbö gegen die Türflügel, schleuderte einen schwarzen Schatten dahinter hervor und schnellte ihn pfeilgeschwind in Richtung des Gartens, hinein in das undurchdringliche Dunkel.

Trotz dieses Schrecks war die Seele des Mandarins nicht zu den Wolken emporgestiegen; er fand den Mut, ins Haus hineinzulaufen.

Die Tür zum Zimmer der Gnädigsten stand einen Spalt offen, Licht fiel heraus. Hastig stieß der Mandarin sie auf – o weh! Die Windbö war über jede Erwartung stark gewesen. Der Sturm war ins Zimmer gedrungen, hatte Decken und Matratzen auf dem Bett durcheinandergeworfen, das Haar der Gnädigsten gelöst und sogar ihre Kleider hinweggetragen. Nur ein Hemd war zurückgeblieben auf ihrem Körper wie von Elfenbein und Perlen.

Draußen regnete es noch immer. Der Wind pfiff.

Auch der einfältigste Mensch hätte wohl erraten, was sich vor kurzem in diesem warmen und gemütlichen Zimmer abgespielt hatte, um so mehr der Mandarin, diese »allwissende Leuchte des Himmels«. Er dachte nicht mehr an seine nasse Kleidung, er stemmte die Ellbogen in die Hüften und starrte wutentbrannt seine Gattin an.

Die zeigte nicht das geringste Schuldbewußtsein; gelassen wickelte sie sich in ihre Decke und streckte sich auf dem Bett aus.

Der Mandarin war nicht in der Lage, seinen Zorn noch länger zu beherrschen; er trat näher, hob seinen runzligen Finger und kreischte: »Ah, so etwas erlaubt sich dieses Stück also! Mich nimmst du wohl überhaupt nicht für voll? Kaum bin ich mal eine Woche weg, gleich empfängst du irgendwelche Kerle...«

Sie sah ihn herausfordernd an und fiel ihm ins Wort: »Zu schade, daß Sie das erst so spät erfahren. Wenn Sie mich erst jetzt erwischt haben, sind Sie ganz schön dumm. Das geht doch nun schon länger als einen halben Monat so.«

»Du reizt mich noch! Ich bringe dich ins Kittchen!«

Sie stand auf, blickte ihm offen ins Gesicht und lachte schallend. »Huch, wie schrecklich! Als ob das so einfach wäre! Ich bitte Exzellenz sich abzuregen. Affentheater!«

»Ich lasse deine ganze Familie festsetzen, dir werde ichs zeigen. Ich habe dich doch nicht dafür rausgefüttert, daß du dich jetzt derartig entpuppst.«

»Sie haben mich rausgefüttert? Habe ich Ihnen vielleicht nicht dafür bezahlt? Der eine kauft, der andere verkauft – welches Recht haben Sie, noch weitere Ansprüche zu stellen? Sie müssen wissen, daß Sie mir meine Freiheit geraubt haben...«

»Deine Freiheit? Das ist mir ja was! Habe ich dich etwa eingesperrt und nicht aus dem Haus gelassen, daß du von verlorener Freiheit faselst?«

»Freilich haben Sie nicht die Tür verschlossen und mir nicht verboten wegzugehen, aber Sie haben meinen Körper in diese mit Geldscheinen und Reis tapezierten vier Wände gezwängt, merken Sie das nicht?«

»Wer hat denn verlangt, daß du dich reinzwängen sollst?«

»So danken Sie mir also, daß ich Ihnen Freude verschafft habe, die Sie ohne mich bis an Ihr seliges Ende nicht zu kosten bekommen hätten? Ich habe Ihnen ganz neue Wege eröffnet, und auf einmal wollen Sie das nicht mehr wahrhaben. So was Undankbares!«

»Dieses Frauenzimmer hat wirklich keinen Funken Respekt.«

»Ich habe Ihnen doch angeboten, daß Sie mich benutzen können, um schneller aufzusteigen, aber Sie haben ja nichts kapiert. Da mußte ich eben Sie ausnutzen. Wer in diesem Leben eine günstige Gelegenheit ungenutzt verstreichen läßt, ist ein Trottel.«

»Na so was! Jetzt willst du mir wohl noch Moral beibringen?«

»Ich werde Ihnen noch viel mehr beibringen. Machen Sie mir bloß keinen Ärger. Sonst laufe ich gleich jetzt in die Kaserne und auf die Straße, klopfe an die Türen und verkünde: Steht auf, kommt und seht, die Präfektin schläft direkt vor der Nase des Mandarins mit ihrem Liebhaber.«

»Ich verbiete dir, so zu reden!«

»Wie wollen Sie das verbieten? Ich habe Ihnen nur mein Fleisch verkauft, nicht meine Freiheit.«

Diese widerspenstige Rede dämpfte die Wut des Mandarins ein wenig. Wenn sich der Haarknoten in seinem Nacken von allein hätte bewegen können, wäre er sicher aufgegangen und hätte sich in Form eines Fragezeichens in Richtung Himmel gehoben.

Die Gnädigste nutzte ihren Vorteil und fuhr fort: »Mein scheinbares Glück ist nur eine leere Hülle, genau wie dieses bunte Seidenhemd, von dem niemand weiß, daß es einen befleckten Körper bedeckt. Für den sogenannten ›Anstand‹, den Sie allen Leuten predigen, sollte man lieber ›Nötigung‹ sagen, besser noch ›Auspressen‹, das träfe eher den Kern. Ich werde reden. Und dann gehe ich zu allen Ihren Bekannten und Freunden und sage ihnen: Mehr als zehnmal hat die Präfektin mit ihrem Liebhaber geschlafen, direkt im Zimmer des Phu-Präfekten.«

Der letzte Satz, den sie langsam und jedes Wort betonend gesprochen hatte, tat seine Wirkung. Dem Mandarin war zumute, als hätte ihn jedes Wort wie ein Hammerschlag auf einen empfindlichen Körperteil getroffen. Schnell hielt er ihr den Mund zu. »Kannst du nicht leiser reden?«

»Warum sollte ich? Zu flüstern braucht man nur bei Lügen und Liebesbeteuerungen. Die nackte Wahrheit muß man doch nicht leise sagen.«

»Aber wenn es nun die Dienerschaft erfährt...?«

»Dann wird man sagen, daß Sie ein blinder Trottel sind.«

»Wollen Sie etwa zulassen, daß ich derart beschimpft werde?«

»Wessen Schuld ist es denn? Wer hat denn angefangen?«

Der Mandarin lenkte ein. »Das war in der ersten Hitze, etwas unbedacht, da dürfen Sie nichts darauf geben.«

»Haben Sie Ihren Fehler eingesehen?«

»Ja, das habe ich.«

»Das ist noch nicht alles: Sie müssen ihn auch noch wiedergutmachen. Sie müssen einen Stöpsel finden, mit dem Sie mir den Mund stopfen können.«

»Und woraus soll der sein? Aus Papierchen mit einem Dreifuß?«

»Kein Bedarf!«

»Aus Brillanten?«

»Davon habe ich genug.«

»Vielleicht aus Jade?«

»Daran fehlt es mir auch nicht.«

»Ja, woraus denn dann?«

»Können Sie es wirklich nicht erraten? Erinnern Sie sich denn nicht an den vorigen Sonntag, an unseren Ausflug nach Hanoi, als ich Ihnen einen Ford gezeigt und mich beschwert habe, daß wir als Phu-Präfekten den anderen soviel nachstehen? Na, da haben Sie den Stöpsel.«

»Was? Sind Sie übergeschnappt? An so etwas zu denken, wo soll ich die Mittel dafür ausgraben?«

»Aus den Eingeweiden Ihrer Untergebenen natürlich, woher denn sonst! Haben Sie vielleicht vergessen, daß Ihre Autos nicht mit Benzin betrieben werden, sondern mit dem Schweiß und den Tränen des Pöbels? Sie sind aber auch gar zu dumm, ein Jammerlappen!«

»Wenn ich nicht so erbärmlich wäre, würde ich Ihnen doch nicht nachgeben.« Er wollte sie umarmen, doch sie stieß ihn zurück. »Entsetzlich! Naß wie eine Ratte. Also, sind Sie einverstanden?«

»Einverstanden, und nun?«

»Na gut. Aber heute werde ich Sie bestrafen. Diese Nacht lassen Sie mich allein. Dieser Schelm vorhin hat mich ganz kaputtgemacht... Nicht wie Sie...«

Sie führte den Mandarin an der Hand hinaus und schlug hinter ihm die Tür zu. Undeutlich hörte sie noch, wie er eine letzte Frage stellte: »Warten Sie doch. Was haben Sie gesagt, wie oft Sie das gemacht haben?«

»Siebzehnmal«, antwortete sie aufs Geratewohl, in Gedanken sich schon das Auto vorstellend, wie es die blinkenden Nickelzähne in seiner Schnauze fletschte, um sich über den Mandarin lustig zu machen, der sie zu noch weit größerem Reichtum und Ansehen führen sollte...

(1934)

Am Siebenten verläßt das Regengestirn den Himmel

Am Dritten erscheint das Regengestirn am Himmel

Regen rauschte an- und abschwellend den ganzen Nachmittag. Sie saß am Fenster und betrachtete durch die Glasscheibe den Regen. Ich saß schräg hinter ihr und betrachtete sie.

»Diese Sonne war für die Eiche geschaffen, doch den ganzen Tag achtete sie dessen nicht. Sie tummelte sich an anderen Orten, auf Feldern, Flüssen, steingrauen Berghängen und Tälern. Erst als der Tag sich neigte, kehrte sie zurück. Da war der Mond aufgegangen...«

Die dünne, durchsichtige Glasscheibe schützte sie vor den herabstürzenden Regenmassen. Zerspränge diese plötzlich, brächen unzählige Wassertropfen über ihre kleine Gestalt im dünnen weißen Kleid herein, und sie würde sich im Handumdrehen auflösen wie ein Stück Eis in einem Glas Zitronensaft. Ich verspürte den starken Wunsch, sie auf meinen Armen vom Fenster wegzutragen, aber ich blieb sitzen und hörte sie mit ihrer sanften Stimme zurückfragen: »Du meinst, die Sonne treibt sich herum?«

»Ich weiß nicht. Sie ist irgendwo den ganzen Tag umhergewandert.«

Unvermittelt spürte ich von sehr tief drinnen etwas wie einen Vorwurf aufsteigen. Ich schalt mich selbst: »Elender!« Vielleicht hatte der Regen mich verwirrt, mir den Verstand getrübt.

Ich erhob mich. Sie hielt mich zurück.

Am Fuß der Treppe traf ich auf ihren Mann, der gerade völlig durchnäßt von draußen kam und sich geräuschvoll den Regenmantel abstreifte. Als er mich sah, ergriff er verstört meine Hand. Er achtete nicht auf die Tropfen, die ihm aus den Haaren auf die Wangen fielen. »Ich habe den Arzt angetroffen. Zum Glück ist er schon aus Saigon zurück. Ich habe ihm die Krankheit meiner Frau beschrieben, er sagt, es müsse nicht unbedingt Krebs sein. Wenn die Knoten gutartig sind, dann ist nichts zu befürchten.«

Ich wollte ihm nicht ins Gesicht sagen, daß er sich und mich nicht belügen muß.

»Ich hoffe, es ist nichts Schlimmes.«

»Zum Glück... Wo ist meine Frau? Habt ihr schon gegessen?«

»Sie noch nicht, sie wartet auf dich.«

»Wie dumm, ich konnte nicht früher kommen. Ich ziehe mich nur schnell um, dann können wir essen.«

»Ich habe schon gegessen. Du entschuldigst mich.«

Ich betrat mein Zimmer, schloß die Tür und lauschte seinen ungeduldigen Schritten die Treppe hinauf.

Dann ließ ich mich in den kleinen Sessel vor dem Schreibtisch sinken. Wenn ich mich an diesen Schreibtisch setze, werfe ich jedesmal als erstes einen Blick auf die drei hölzernen Affen. Sie sind alte Freunde von mir. Um was es auch geht, ich frage sie immer nach ihrer Meinung. Jeden meiner Gedanken, auch den unbedeutendsten, trage ich ihnen vor. Einmal, als ich verzweifelt erst am Morgen nach Hause zurückkehrte, nachdem ich die ganze Nacht ziellos durch die Straßen gezogen war, ohne einen Grund für meine weitere Existenz zu finden, da retteten sie mich durch ihr Schweigen. Für mich sind diese Holzfiguren mehr als ein hübsches Spielzeug, sie besitzen eine erschreckende geistige Kraft. Und so saßen sie auch jetzt vor mir, einer hielt sich den Mund zu, einer die Ohren, einer die Augen, altes braunes Holz voller Trost. Sie wollen seit jeher nichts sehen, nichts hören, kein

Wort mit mir reden. Ob sie nun dem Übermaß des Leidens der Menschen ohnmächtig gegenüberstehen oder dieses Leid bis ins letzte verstehen, sie ignorieren uns.

Die Unruhe in meinem Herzen ebbte ab, ich ließ meinen Gedanken freien Lauf. Es gab in diesem Leben die drei hölzernen Affen und uns drei: mich, sie und ihn. Die Affen bildeten auf ihrem ebenen Holzbrett ein harmonisches Trio. Ich, sie und er bildeten die Eckpunkte eines Dreiecks. Die Jahre waren vergangen, während meine Gedanken unentwegt von einer Ecke zur anderen gewandert waren, um zu begreifen.

Mit Vierzig hatte ich meine erste Ausstellung. Es gab einen Besucher, der jeden Tag kam und das am Ende des Raumes aufgehängte Stilleben ›Aschenbecher eines Herbstnachmittages‹ betrachtete. Er war schlecht und nachlässig gekleidet. Nachdem er sich zaghaft dem Bild genähert hatte, stand er stundenlang davor. Schließlich konnte ich nicht mehr an mich halten, ich mußte zu ihm gehen und ihn fragen: »Gefällt Ihnen das Bild?«

Er hob den Blick, sah mich unwillig an und antwortete widerstrebend: »Ja, es gefällt mir sehr.«

»Ich möchte Ihnen das Bild schenken.«

»Warum?«

»Die Bilder in dieser Ausstellung sind alle von mir. Wenn Sie nichts dagegen haben, möchte ich Ihnen das Bild sehr gern schenken.«

Aus der freudigen Erregung über den Erfolg meiner Arbeit heraus hatte ich beschlossen, einen Besucher auszuwählen, dessen Haltung gegenüber den Bildern die größte Begeisterung für die Kunst verriet, und ihm das Bild, das ihm am besten gefiel, zu schenken. In den aufregenden ersten Tagen achtete ich besonders auf die jungen Mädchen, dann auf die schönen Frauen, und schließlich auf die Jugendlichen mit künstlerischem Aussehen. Aber ich hatte kein Glück. Meine Bilder wurden nur mit gleichgültigen Blicken bedacht. Vielleicht hätte ich mit meinem Pinsel lieber Strohhüte lackieren sollen?

Der Besucher erbleichte bei meinen Worten. Er schwieg und starrte mich an, seine hinter dem Rücken verborgenen Hände arbeiteten unruhig.

»Ich frage nicht, warum Ihnen dieses Stilleben gefällt, also zerbrechen Sie sich bitte auch nicht den Kopf darüber, warum ich Ihnen das Bild unbedingt schenken will.«

»Ja... wenn Sie wirklich...«

Ich nahm das Ölbild sofort von der Wand und gab es ihm. Er nahm es ohne jeden Widerspruch in Empfang.

»Vielen Dank. Vielen Dank.«

Ich drehte mich um. In der Glasscheibe vor einem Gouache-Bild sah ich, wie sein Schatten mit dem Bild in den Armen schnurstracks zur Tür hinausging.

Am Nachmittag ging ich nicht in die Ausstellung. Abends kam der Pförtner zu mir nach Hause und brachte mir einen in zerknittertes Zeitungspapier eingewickelten Gegenstand.

»Das hier hat jemand für Sie abgegeben. Er hat keine Adresse hinterlassen.«

Auf diese sonderbare Weise kamen die drei Affen ungerufen zu mir.

Und sie, sie hatte ich schon lange, und ohne daß daran etwas Sonderbares war. Ich war sehr eng mit Hoang, ihrem älteren Bruder, befreundet gewesen. Und ihre Mutter hatte ich seit langem wie eine eigene Mutter betrachtet. Zwei Kinder hatte sie zur Welt gebracht. Sie hatte ihren Lebensunterhalt als Händlerin verdient und es geschafft, ein zweistöckiges Haus mit sechs Zimmern zu bauen. »Zwei Zimmer für Hoang und seine Familie, zwei Zimmer für Hanh und ihren Mann und zwei Zimmer für mich selbst. Wenn du einmal heiratest, dann ziehst du hierher und wohnst bei mir. Wenn ich dann alt bin und sterbe, dann gehören beide Zimmer dir und deiner Frau!«

Als ich die Frau so reden hörte, lachte ich nur und stimmte ihr sehr eifrig zu, damit sie sich freute. Mit etwas über Dreißig zur Witwe geworden, sehnte sie sich verzweifelt nach Liebe.

Wer hätte gedacht, daß ihr mündliches Vermächtnis sich erfüllen würde. Nachdem ich geheiratet hatte, lebte ich äußerst beengt in einem Wohnblock. Eines Tages kam sie zu mir.

»Zieht doch zu mir. Hanh hat weit weg geheiratet und Hoang hat eine Stelle im Süden angenommen, er weiß noch nicht, wie lange er dort bleiben wird. Ich habe niemanden, auf den ich mich stützen kann, wenn meine Kräfte nachlassen. Obwohl ich dich nicht geboren habe und du auch nicht mein Pflegekind bist, hast du mich doch immer wie deine eigene Mutter angesehen, also ist es vom Schicksal so bestimmt.«

Sie weinte. Meine Frau weinte mit. Als ich die alte Frau in ihrem Haus besuchte, sagte Hoang bekümmert: »Mutter will das Haus nicht verkaufen und will auch nicht mit mir kommen. Wenn du mit deiner Frau hier wohnst, dann nimmst du mir damit eine Sorge. Später werden wir dann weitersehen. Außerdem will ich das Haus nicht aufgeben, ich werde bestimmt irgendwann zurückkommen.«

Ich bezog genau die zwei Zimmer, die die alte Frau früher einmal für mich vorgesehen hatte. Bis zu ihrer letzten Stunde war ich in ihrer Nähe, und sie starb in meinen Armen.

Sie starb, und vier Jahre später verließ mich auch meine Frau. Ich und die drei hölzernen Affen verblieben als vier einsame Seelen in einem ganz und gar verlassenen Haus. Was meine Frau betrifft, sie hoffte, sich ein zweites Mal zu verheiraten, damit der Himmel ihr vielleicht doch noch ein Kind schenkte. Ich wünschte ihr das von ganzem Herzen. Jetzt sind zehn Jahre vergangen, ich klage den Himmel an, daß er sie mutwillig quält und ihr dieses, einer Frau gemäße Verlangen nicht erfüllt. Gelegentlich besucht mich meine Frau noch immer, kauft für mich Reis, Öl und Fischsoße. Durch diese kleinen Gefälligkeiten zeigt sie mir ihre von Reue gefärbte Anteilnahme. Sie bedrängte mich viele Male, wieder zu heiraten. Ich wagte nicht, zu sagen, daß mir der eine Versuch reiche.

Jeder Mensch ist gut. Trotzdem ereignen sich endlos weiter Tragödien. Die Tragödien zwischen guten Menschen sind sogar besonders fürchterlich.

Vor etwa zwanzig Jahren, an einem Tag, an dem es ebenfalls stark regnete, hielt Hoangs Mutter mich davon ab, nach Hause zu gehen. Auch wenn sie es niemals sagte, verstand sie doch sehr genau, daß mein Leben als Waise im Haus eines reichen Onkels wenig glücklich war.

Wir drei saßen zusammen und schwatzten. Das Gespräch drehte sich um allerlei Belanglosigkeiten, wir unterhielten uns jedoch sehr angenehm. Als Hoang aus dem Zimmer ging, ergriff ich Hanhs Hand, die ungewöhnlich schlanke, jugendliche Hand einer gerade heranreifenden Frau.

»Wenn es dich nicht gäbe, könnte ich nicht leben.«

Der abgedroschene, ungeschickte Satz war heraus. Sie lachte leise. Ihre kleinen, weichen Finger drückten freudig meine Hand.

»Lach nicht. Ich kann nicht mit ›geflügelten Worten‹ reden. Verzeih mir.«

»Ich muß lachen, weil vor zwei Monaten jemand genau das gleiche zu mir gesagt hat. Er sagte, wenn ich ihn nicht erhöre, würde er auf der Stelle sterben.«

»Und?«

»Ich habe ›niemals‹ geantwortet.«

»Und?«

»Einen Monat später habe ich gehört, daß er eine andere liebt und so dem Tod entgangen ist.«

Sie lachte belustigt. Sofort ließ ich ihre Hand los. Irgend so ein Kerl hatte mich vernichtet. Ich nahm meine ganze Kraft zusammen und blickte ihr in die fröhlichen

Augen, braun und durchsichtig. Wer sich in diesen Augen verirrt, findet nie wieder ans Ufer zurück.

»Ich wurde geboren, um dir zu gehören. Und du wurdest geboren, um mir zu gehören. Früher oder später wirst du das erkennen.«

Ich wandte mich schnell ab. Ich fürchtete, in den braunen Augen oder in den sanften Mundwinkeln Amüsiertheit oder Spott aufblitzen zu sehen.

Wir schwiegen, jeder in eine Richtung gewandt, bis Hoang zurückkehrte.

»Der Regen hat nachgelassen, ich gehe nach Hause«, sagte ich.

Hoang war überrascht: »Oh, du machst mir Spaß, es regnet stärker. Zu Hause wartet doch nur dein Bett auf dich, oder?«

So war es. Ich sah mich schon in dem bei der Küchentür aufgestellten Bett liegen. Und auf die Decke starren, auf einen Fleck schimmligen Mooses, der aussah wie ein einäugiger, grinsender Narr. Wozu, auch dort würde ich nur über sie nachgrübeln, nur an sie denken.

Ich beharrte darauf, zu gehen. Hoangs Mutter gab mir einen Regenmantel und schalt mich: »Du bist ein Narr! Launenhaftigkeit bringt nur Leiden ein. Es regnet und stürmt, aber er will unbedingt nach Hause gehen...«

Wenn Hanh mich mit irgendeinem Wort oder einem heimlichen Wink zurückgeholt hätte! Aber nein, sie hielt sich lange mit dem Abräumen und Abwaschen des Geschirrs auf und kam erst, als ich den Regenmantel schon angezogen hatte, um die Tür zu öffnen und sich zu verabschieden.

Wir wurden von einem schneidend kalten Windstoß empfangen. Hastig drückten wir uns alle beide unter das Vordach.

»Geh rein, du wirst sonst völlig naß.«

Zögernd griff sie nach meiner Hand. Das heißt, sie ergriff den Ärmel des Regenmantels, meine Hand berührte sie nicht. Ihr vertrauensvolles Gesicht rückte dicht unter meine Augen, und sie fragte mich ernst: »Du bist mir nicht böse, nicht wahr? Warum? Du darfst das nicht auf dich beziehen. Es ist wirklich so gewesen, deshalb habe ich mich sofort daran erinnert...«

Ihre Lippen waren ganz nah, ihre Lippen, nach denen ich mich so sehnte. Ich konnte nicht mehr an mich halten und umarmte sie. Sie zuckte zusammen, stieß mich jedoch nicht zurück. Und ich, noch heute quält mich endloses Bedauern, und ich habe nie aufgehört, zu bereuen, ich küßte diese Lippen, die vielleicht nur darauf warteten, nicht. Ich wagte nur, meine Wange leicht an ihre Stirn zu drücken, dann machte mein Herz einen Satz, ich ließ sie hastig los und flüchtete in den Regen...

Auch jetzt noch, da ich alt geworden war und ihr Haar von silbernen Fäden durchsetzt war, war sie noch immer zu zart und zu zerbrechlich. Selbst in der Vorstellung konnte ich sie nicht fest an mich drücken.

Dann war er aufgetaucht, hatte mit feurigen Blicken unbekümmert gelacht und geredet. Täppisch und ungeschickt war sein großer, kräftiger Körper immer voller Eifer um sie herum gewesen, war ihr beim Stricken in die Wolle geraten, hatte mit schmutzigen Schuhen auf das Taschentuch, das ihr gerade entfallen war, getreten, die Glasvase, die ich ihr zum achtzehnten Geburtstag geschenkt hatte, zerbrochen. Ich verfolgte mit zusammengebissenen Zähnen stumm seine Schritte. Ich beobachtete Hanh sogar mit der Befriedigung eines boshaften Menschen. Nun, Fräulein Rührmichnichtan, wir werden sehen, wie das Fräulein mit diesem hervorragenden Vertreter des männlichen Geschlechts zurechtkommt!

Zunächst war sie verwirrt und entrüstet. Dann wich sie ihm aus und floh vor seinen brennenden Augen, so weit sie konnte. Aber er, hartnäckig und unermüdlich, folgte ihr wie der Lauf eines Jagdgewehres seiner Beute.

»Mein Buntbarsch, mein Goldfisch, meine Prachtbarbe...«

Das sollte ein Kompliment für die Farben ihrer Kleidung sein.

Um ihm einen Hieb zu versetzen, sagte ich ihm mit sehr frostigem Lächeln: »Mein lieber Herr grimmiger Haifisch, seit wann können Sie solch lyrische Arien für mein kleines Fischlein singen?«

Sie lachte erfreut und sah mich dankbar an. Ich war sehr befriedigt. Er aber freute sich noch mehr, denn schließlich hatte sie doch gelacht.

Damals, als sie sich zwei rivalisierenden Männern gegenübersah, hätte ich mir seine Verwegenheit zu eigen machen müssen, hätte ich ihr mein Herz eröffnen müssen, mein Schicksal auf ihre Knie zwischen die Buchseiten oder die Wollknäuel legen müssen. Doch der Himmel möge mich strafen, ich biß mir auf die Zunge, ihrer untrüglichen Sensibilität vertrauend. Ich dachte, mein Satz müßte sie wie ein Blitz getroffen haben, früher oder später müßte sie begreifen, daß aus ihm der Wille des Himmels sprach. »Ich wurde geboren, um dir zu gehören.«

Ich fuhr für vier Monate auf die Insel Bach-Long-Vi. Als ich zurückkehrte, hatte er sie geheiratet und zu der weit entfernten Stadt, in der er arbeitete, mitgenommen. Ja, er hatte sie geraubt, dieser grimmige Haifisch.

Viel später erst begriff ich. Ihre Seele, ihr Wesen war keinem Sturm gewachsen, auch dem Sturm der Liebe nicht. Sie unterwarf sich schnell und übte sich in schlichtem Erdulden.

Nachdem er ihr Mann geworden war, erdreistete ich mich nicht mehr, abfällig über ihn zu urteilen oder ihm gegenüber Feindschaft zu hegen. Natürlich rein verstandesmäßig. Zwanzig Jahre, sie bekamen vier hochgewachsene, kräftige Jungen, ganz und gar Ebenbilder des Vaters, junge Haifischchen. Sie erduldete und unterwarf sich also sogar in den Kindern, die ihr Körper gebar.

Als ihre Mutter noch lebte, kamen sie uns oft besuchen. Jedesmal, wenn ich sie wiedersah, noch zerbrechlicher geworden, an der Spitze eines Schwarms törichter, geräuschvoll naiver Haifische, konnte ich mich einer ungewollten Freude nicht erwehren. Ich packte das kleinste Haifischchen bei der Schulter, um durch ihn die geheimnisvolle Kraft seiner Mutter zu finden und zu begreifen. Der Vater-Haifisch lachte und sagte zu mir mit aufrichtiger Teilnahme: »Ihr werdet schließlich auch noch eine ganze Kinderschar bekommen. Es gibt Ehepaare, die sechs, sieben Jahre auf ihr erstes Kind warten mußten. Wenn ihr wollt, könnt ihr eines von meinen kleinen Teufelchen haben, um aus ihm einen anständigen Menschen zu machen.«

Ich brach ebenfalls in Lachen aus. Woher sollte er wissen, daß er nicht nur die Mutter, sondern auch alle seine Kinder mir geraubt hatte?

Dennoch dankte ich insgeheim dem Schicksal, daß es mich hier leben ließ, mich still atmen ließ, was sie war. Ich war dankbar für das Paar alte Hausschuhe, das sie bei einem Besuch hiergelassen hatte, für eine von ihr angebrochene Tablettenpackung, einen Papierfächer, der ihre Schriftzüge trug, ein Taschentuch, das auf der Leine hängengeblieben war. Ich hatte all das zusammengestellt, aufbewahrt und mit Schuldgefühlen systematisch unter meine Sachen gemischt.

Was sie betraf, so hatte ich an ihrem betont ernsten Gesicht, wenn wir beide zufällig einmal allein waren, daran, daß sie nur das Allernotwendigste sprach, erkannt, daß sie noch immer bebend in ihre Seele lauschte. Sie glich aufs Haar den drei kleinen Affen, die sich stumm den Anschein geben, als besäßen sie keine Seele...

Ein kräftiges Klopfen an der Tür, sicherlich das Klopfen des Haifischs.

»Herein!«

Die Tür wurde aufgerissen. Er erschien im plötzlich hereinfallenden diffusen Licht.

»Warum sitzt du im Dunkeln?«

Ich machte Licht. Er hat immer recht. Grelles weißes Licht erzeugt in einem das Gefühl, ganz unerträglich schamlos und nackt in der unvermittelt hereingebrochenen Wirklichkeit zu stehen. Etwas überrascht stellte ich fest, daß er fertig zum Ausgehen angezogen war und eine kleine Reisetasche in der Hand trug.

»Wohin willst du um diese Zeit?«

Er setzte sich neben mich, seine dicke, warme Hand ergriff die meine.

»Ich muß mit dem Nachtzug nach Hause fahren. Morgen mittag schicke ich den Jüngsten zu seiner Mutter. Meine Frau ist in sehr schlechter Verfassung, auch wenn sie sich nichts anmerken läßt. Ich bitte dich, bring sie morgen früh ins Krankenhaus und muntere sie ein bißchen auf.«

Seine geröteten, den Tränen nahen Augen blickten mich flehentlich an.

»Muß der Junge unbedingt gleich morgen herkommen? Ich denke, du solltest jetzt bei deiner Frau bleiben. Ich fahre morgen und hole den Jungen.«

»Erstens können die Kinder ihre Mutter besser aufmuntern als ich. Und zweitens fahre ich, um zu Hause ein paar Dinge zu regeln, damit sie beruhigt sein kann. Mein Zug fährt in einer halben Stunde. Ich verlasse mich auf dich ... O Gott, ich bin völlig aufgeregt, ich weiß nicht, was ich machen soll. Um aufrichtig zu sein, ich bringe nicht den Mut auf, jetzt bei meiner Frau zu sein. Ich habe keine Hoffnung mehr.«

Seine Schultern zuckten, die Hände suchten tastend in den Jackentaschen nach einem Taschentuch, er erhob sich mühsam mit zitternden Knien, sein ganzer großer Körper schwankte, als würde er jeden Moment zusammenbrechen.

»Wir müssen Ruhe bewahren. Du weißt doch, vielleicht sind die Geschwülste gutartig.«

»Nein, ich habe vorhin nicht die Wahrheit gesagt, der Arzt hat sie untersucht, er sagt ... es ist wahr!«

Von der oberen Etage drang ein schwaches Geräusch herunter, er verstummte und verharrte lauschend. Und deshalb bebte nur noch ich, von seinem Beben angesteckt. Ich haßte plötzlich meine Schwächlichkeit.

»Ich gehe«, flüsterte er und verließ hastig mein Zimmer.

Still saß ich in der wieder einkehrenden Ruhe. Mir wurde unklar bewußt, in den nächsten Stunden, den nächsten Tagen würde eine Tragödie geschehen. Doch warum sich fürchten? Ihr Tod war auch mein Tod. Weshalb also die Ruhe verlieren? Sollte der Tod nur kommen!

Ich richtete meinen Blick auf die drei Affen. Die drei Kerlchen gaben sich unbeteiligt. »Genug! Deine Sache! Deine Sache! Genug! Wir sind nicht verpflichtet, mit dir bis an den letzten Ort zu gehen.«

Sie trat ein, setzte sich auf den Platz, den ihr Mann eben noch eingenommen hatte, suchte lächelnd meinen Blick und betrachtete dann die drei Affen.

»Du besitzt sehr eigenartige Affen. Weißt du, immer, wenn ich an dich denke, muß ich sofort auch an sie denken. Ich weiß nicht... vielleicht weil du sie schon so lange auf dem Tisch stehen hast oder weil sie so bedeutungsvolle Posen einnehmen, daß ich sie nicht vergessen kann, was meinst du?«

Sie war auch ich, nur wußte sie es nicht. Genausowenig wie sie wußte, daß jedes meiner Bilder sie enthält. Sie war das mit klarem Wasser gefüllte Glas, der einsame junge Baum am Rand des langen, ausgefahrenen Weges, der am Deck des Schiffes klebende dünne Rauch, der feuerrote Streifen zwischen den Bäumen im Garten...

Ich hatte niemals gewagt, ihr das zu offenbaren. Von ihr gab es Hunderte Porträts, von denen nur ich etwas wußte.

Mancher hatte mich gefragt: »Warum tauchen in deinen Bildern niemals Menschen auf?«

»Doch, es gibt sie. In jedem Bild, auch wenn ich mich auf Landschaften spezialisiert habe.«

Man hatte geglaubt, ich scherze oder versuche bewußt tiefsinnig zu sein. Später hatte ich immer nur geantwortet: »Ja, ich habe mich auf Landschaften spezialisiert.«

»Woran denkst du?«

»Ich habe gerade daran gedacht, wie sinnlos mein Malerleben ist. Ich habe dich noch nie gemalt.«

»Dann male mich.«

»Jetzt gleich, ja?«

»Natürlich. Sonst... Ich habe sonst nie Zeit, um dir Modell zu sitzen.«

Sie hatte eigentlich sagen wollen, sonst würde ich in diesem Leben keine Gelegenheit mehr haben, sie anzuschauen. Mein Herz machte wieder einen Satz, wie damals, als ich sie in meinen Armen hielt und meine Wange an ihre Stirn drückte.

Die Komposition war klar. Sie saß da, eine sehr magere Hand stützte leicht den Kopf, die andere hielt die drei Affen, in deren Anblick sie versunken war. Auf den blassen Wangen lag ein flüchtiger Streifen Lampenlicht.

»Bleib genau so sitzen.«

Nach drei Minuten war eine weiße Leinwand aufgespannt, die Tuben mit den Ölfarben lagen bereit, ich hatte den Pinsel ergriffen, und meine Seele war von leidenschaftlicher Begierde erfüllt, ein Bild von ihr zu malen.

»Sprich nur. Wenn du müde wirst, machen wir eine Pause.«

»Weißt du, was heute für ein Tag ist?«

»Ich achte niemals auf das Datum.«

»Heute ist der dritte Tag des siebenten Mondmonats. Der Tag, an dem das Regengestirn am Himmel erscheint. Siehst du, regnet es nicht fürchterlich?«

»Warum gießt es gleich so in Strömen, eigentlich müßte es doch nur nieseln?«

»Ich weiß nicht. Dieses Jahr weint die Jungfrau zu sehr«, scherzte sie.

Ich wußte, sie war sehr müde. Sie jetzt Modell sitzen zu lassen, bedeutete, sie zu quälen. Doch wer weiß, wie lange es noch dauern würde, bis die Frau, die da vor mir saß, diese Welt für immer verlassen würde. Ich beeilte mich, ihre Züge und die wichtigsten Partien in wenigen Minuten zu skizzieren. Als ich in ihre aufmerksamen, weit geöffneten Augen blickte, entglitt der Pinsel meiner Hand. Diese Augen würden sich für immer schließen? Das war zu schrecklich.

Ich starrte auf den Grund des mit dem Alter mehr und mehr verblaßten Brauns ihrer Augen. Sie lächelte. Ihr Lächeln verbarg eine traurige Frage: »Was ist? Denkst du wieder daran?«

Hastig hob ich den Pinsel wieder auf, ein wenig blinzelnd, um den dünnen Film Wasser aufzulösen, zurückzudrängen, nach innen, dahin, wo er gerade entstanden war.

Sie sagte ruhig: »Ich bin jetzt mager wie ein Schatten. Trotzdem, male mich, wie ich bin.«

»Ich werde dir etwas erzählen, was du eigentlich niemals erfahren solltest. Es ist eine alberne Geschichte, aber sei mir bitte nicht böse.«

»Erzähle, du kannst mir alles sagen, aufrichtig und vertrauensvoll. Weil... du brauchst mir nichts zu verbergen.«

Wieder wollte sie eigentlich sagen, weil sie bald für immer scheiden müsse. Sie mußte erfahren, was ich, ein einsamer, zurückgezogener Mann, in einem verborgenen Winkel noch immer für sie bewahrte.

»Eines Mittags, Hoang und ich lernten gerade für die Prüfung, wurden wir plötzlich sehr schläfrig. Es war ein drückend heißer Tag. Als ich wieder erwachte, verspürte ich brennenden Durst. Ich ging auf den Hof und kletterte auf den Wasserbehälter, um daraus ein wenig Regenwasser zu schöpfen. Im selben Moment sah ich, wie du im Zimmer gerade deine Kleider wechseltest. Ich kehrte schnell ins Haus zurück und legte mich still neben Hoang, beschämt, als hätte mich jemand eines Diebstahls bezichtigt.«

Sie wechselte ihre Haltung, als wollte sie meinem Blick ausweichen. Diese Geste tat mir weh.

»Denk nicht gleich schlecht von mir. Was ich eigentlich sagen will, ich hatte danach das Gefühl, daß ein Teil deines Körpers in mich eingegangen war, in mir fortbestand. Bis heute…«

Ich verstummte. Ich wagte nicht, offen zu sagen, daß ich in diesem verwelkten Körper noch immer einen unberührten Teil entdeckte, genauso wie jene grauen Haare mir noch immer ein Stück unberührter, von keiner menschlichen Spur befleckter Seele, das sie unbewußt aufsparte, offenbarten. Vor über zwanzig Jahren war ich Zeuge gewesen, wie der Haifisch den Buntbarsch, den Goldfisch und die Prachtbarbe noch dazu verschlungen hatte, ohne daß er sie hatte entdecken müssen, ohne daß er auf den Grund ihrer Seele hatte blicken müssen. Sie hatte sich dieser lärmenden, geschäftigen, aufdringlichen Liebe unterworfen, so sehr unterworfen, daß sie sich in sich zurückgezogen hatte wie eine Schnecke, um sich selbst zum Verschwinden zu bringen. Oder anders ausgedrückt, seine überschießende Liebe hatte für beide gereicht, ihre Beteiligung war unnötig gewesen.

»Dann gibt es also einen Ort, an dem ich später weiterlebe? Wie wunderbar!«

Sie wandte ihren Blick ab und vergaß, daß sie gerade Modell für mich saß. Ich malte die drei Affen in ihrer Hand. Deren Bild kann ich auch mit geschlossenen Augen in allen Einzelheiten vor mir entstehen lassen. Ich war ihr dankbar, daß sie wegschaute.

»Daß du dich nicht entschließen konntest, ein zweites Mal zu heiraten, hat mir das Leben sehr schwer gemacht. Ich habe davon geträumt, dir ein Kind zu gebären. Aber ich brachte nicht den Mut dazu auf. Jetzt ist es zu spät«, sagte sie bedächtig und gelassen, als spräche sie über eine vorbeihuschende Fliege.

Ich saß wie gelähmt da und konnte den Pinsel nicht mehr rühren. Zum ersten Mal in ihrem Leben hatte diese

Frau sich die Freiheit genommen, einen sorgfältig versteckten, von der Welt als schwere Verfehlung betrachteten Gedanken offen zu äußern. Ist der Mensch nur im Angesicht des Todes mutig? Ich sah sie plötzlich von sehr fern, am Ende irgendeines Weges, sah eine völlig andere Frau als die, die zwanzig Jahre lang ihre Rolle gespielt hatte: eine kleine, zierliche, strenge Frau, Lehrerin von Beruf, mit einem idealen Familienleben. Ihr Gesichtsausdruck ernst, ihr Lächeln maßvoll, selbst die Fingernägel in geziemender Weise geschnitten...

Wie sonderbar ist das menschliche Leben!

Es hatte den Anschein, als läge die Schuld bei mir. Am Nachmittag hatte ich von Sonne und Eiche gesprochen. Nach einem ganzen Leben des Schweigens hatte ich die Verrücktheit eines Geständnisses begangen. Der Käfig des Verstandes ist sehr zerbrechlich. Aber der Tod kommt zu uns allen, warum also hielt ich die Tür dieses künstlich aufgerichteten Käfigs selbst jetzt, wo sie nur noch wenige Tage zu leben hatte, weiter fest verschlossen? Was für ein Widersinn! Ich würde kein Wort über ihre Krankheit verlieren, ich mußte von meiner Liebe sprechen, damit sie verstand. Der Tod war bedeutungslos, er konnte sie mir nicht rauben. Es regnete noch immer. Wir sahen den Regen nicht, doch er hatte sich mit »vagem Klang« zwischen unsere Stimmen geschoben. Jetzt, wo es still im Zimmer war, beherrschte er unvermittelt alles. Seine Herrschaft beunruhigte mich.

»Bitte, mal nicht weiter. Wie auch immer, das Bild bin doch nicht ich.«

»Ich male nicht weiter.«

Ich warf den Pinsel weg und stellte das halbfertige Bild mit dem Gesicht zur Wand ab. Sie stand müde auf und lächelte gezwungen: »Und vergiß, worüber wir eben gesprochen haben. Oder, am besten du vergißt, daß es diese Nacht jemals gegeben hat.«

Ich verspürte den Wunsch, sie zu umarmen, sie wie ein armes, krankes Kind nach oben zu tragen, ohne jedes

Begehren. Sie aber entzog sich mir und schlüpfte durch die Tür hinaus. Sie hatte ihr alltägliches Aussehen einer kleinen Maus zurückgewonnen. Ich stand und lauschte den schleppenden Schritten eines sehr leichten Körpers, Stufe um Stufe die Holztreppe hinauf.

Ich kehrte zum Schreibtisch zurück. Die drei Affen waren soeben Zeugen des Geschehens zwischen ihr und mir gewesen, jetzt wirkten die Hände, die Augen und Ohren zuhielten, maßlos heuchlerisch. Ich konnte es mir nicht verkneifen, sie anzulachen.

»Du freust dich? Du denkst, soeben hat sich eine Wandlung ereignet? Nein, das kommt nur daher, daß ihr soeben etwas tiefer eure Versklavtheit gefühlt habt. Sieh uns an, wir sind Weise, wir wissen so sehr um unsere Freiheit, daß wir uns selbst unsere eigene Freiheit beschneiden müssen.«

Ich schrak zusammen. Hatte ich das eben gedacht, oder hatten die drei Affen wirklich zu mir gesprochen? Ich starrte sie an, neugierig und erschrocken. Oder war der Zeitpunkt gekommen, wo sie zu Geistern aus den primitiven, verworrenen Geschichten meiner Kindheit geworden waren?

Zwei Tage später starb sie, genau in dem Zimmer, in dem sie aufgewachsen war... Der Goldfisch in der Gestalt eines neunjährigen Kindes wurde in einer stillen Beerdigung fortgetragen. Es gab nur Schluchzer von Männern, großen und kleinen. Weder ich noch der Schwarm törichter Haifische hatte sie retten können.

Heute nachmittag kehrte ich, nachdem ich die weißen Trauerbinden der hinterbliebenen Männer zum Bahnhof begleitet hatte, in das nach der Trauerfeier in Düsternis versunkene Haus zurück. Alles, was für sie hatte getan werden müssen, war getan, jetzt durfte ich still in meinem kleinen Sessel sitzen.

Ich schloß die Augen, ließ die Hände ruhen und versuchte angestrengt, ihre Stimme im Klang des Regens jener Nacht wiederzufinden. Aber es gelang mir nicht. Ich hörte nur das Tschilpen der Spatzen draußen auf dem Hof, wie immer an stillen Nachmittagen.

Nach der Lehre Buddhas ist es der Seele eines Verstorbenen vergönnt, noch hundert Tage im Diesseits, unter den Nächsten zu verweilen, ehe sie für immer hinuntergezogen wird in die Hölle U-Ti. Wie glücklich ich wäre, könnte ich daran glauben. Das Haus war leer. Ohne die Nacht abwarten zu müssen, hätte sie sofort zu mir kommen können. Erschiene sie, wäre ich kein bißchen erstaunt. Ich würde zu ihr sagen: »Von jetzt an gehörst du mir.«

Es läutete zaghaft an der Tür. Ich ließ es klingeln, ich wollte niemanden sehen. Etwa zehn Minuten wartete ich beharrlich darauf, daß der Besucher wieder ginge. Doch es klingelte unbeirrbar immer wieder. Schließlich gab ich auf. Mochte der Himmel den Störenfried strafen, sicher würde er nicht weichen, bis ich mich zeigte.

»Was wünschen Sie?« fragte ich mit abweisender Stimme den fremden Gast. Er war in meinem Alter, aber seine Haare waren bereits weiß. Als ich sah, daß er gepflegt und elegant gekleidet war, ärgerte ich mich noch mehr über sein vorsätzlich unhöfliches Verhalten.

»Ich möchte Sie einen Augenblick sprechen.«

»Wenn es nicht dringend ist, dann kommen Sie bitte ein andermal wieder.«

»Nein, es ist sehr wichtig, Herr Maler. Betrachten Sie mich als einen alten Freund. Weisen Sie mich nicht zurück.«

Seine dringliche Stimme und sein sorgenvoller Blick veranlaßten mich, ihn ins Haus zu bitten.

Während ich den Tee bereitete, stand er am Schreibtisch und betrachtete unverwandt die drei Affen.

»Bitte setzen Sie sich.«

»Ich dachte mir, daß Sie sie behalten würden.«

»Bitte, wen behalten?«

»Diese Affen. Genau wie das Bild ›Aschenbecher eines

Herbstnachmittags‹ seit fünfzehn Jahren bei mir hängt.«

Jetzt erinnerte ich mich. Der Mann, der vor mir stand, hatte mir damals die Affen geschenkt.

»Eigentlich wollte ich Sie nie wieder belästigen. Aber vor drei Tagen kam ich zufällig vorbei und sah, daß es im Haus einen Trauerfall gibt. Da ich weiß, Sie leben allein, machte ich mir Gedanken, wer die Frau auf dem Trauerfoto auf dem Sarg wohl sei. Sie gingen hinter dem Trauerwagen ohne Tränen, aber Ihr Gesichtsausdruck... Oh, ich bitte um Entschuldigung, aber ich kann Sie sehr gut verstehen. Ich sagte mir: Er kann diesen Verlust nicht ertragen.«

Ich senkte das Gesicht. Ich wollte von niemandem mit Aufmerksamkeit bedacht werden, auch nicht aus Anteilnahme oder Mitgefühl, ich wollte, daß er das Thema wechselte.

»Sicher hat Ihr Besuch einen bestimmten Grund?«

Er wurde unruhig. Sich zu den drei Affen umwendend und diese aufmerksam betrachtend, senkte er die Stimme: »Ja, vor allem möchte ich mit Ihnen über die drei Affen sprechen. Sie sind ein Erinnerungsstück meiner Frau. Meine Frau war ein wundervoller Mensch...«

Was sollte mir die Geschichte seiner Frau, nachdem eine Frau wie Hanh gestorben war? Trotzdem drang die Geschichte mir in die Ohren, denen die Kraft fehlte, sich zu widersetzen.

Seine Frau stammte aus einem kleinen Dorf. Ein Ort mit fünfzig, sechzig verstreuten Höfen, weitab von den großen Verkehrswegen. Seit undenklichen Zeiten wurde im Dorf nur ein einziges Handwerk ausgeübt: das Schnitzen von hölzernen Affen. Um jedoch das Berufsgeheimnis zu bewahren, mußte jede Frau, die in einen anderen Ort heiratete, vor dem Altar der Ahnen schwören, nie wieder das Schnitzmesser anzurühren. Als seine Frau seinen Heiratsantrag annahm und ihm in die Stadt folgte, erhielt sie von ihrem Vater diese von den Alten vor langer Zeit geschnitzten drei Affen.

»Bewahre sie gut, sie werden dir den Mann für immer festhalten.«

»Dann erlitt meine Frau einen tragischen Autounfall. Bevor sie starb, verlangte sie von mir, ich solle die drei Affen vernichten, damit ich sie vergessen könne. Ich brachte es nicht übers Herz. Vier Jahre lang behielt ich die Affen, und es ist nur zu wahr, sie ließen mich über den Schmerz um den Verlust meiner Frau nicht hinwegkommen. Von allen Seiten bedrängte man mich, wieder zu heiraten, um unserem Kind wieder eine Mutter zu geben, aber ich konnte mich nicht dazu entschließen... Sie werden gleich sehen... es ist sehr sonderbar.«

»Ich glaube Ihren Worten. Auch ich verberge Ihnen nicht, die Verstorbene stand mir sehr nahe...«

»Ich kann Sie sehr gut verstehen. Und genau deshalb sollten Sie die drei Affen vernichten. Ein halbes Jahr, nachdem ich Ihnen diese Holzfiguren geschenkt hatte, heiratete ich wieder, auch eine sehr glückliche Ehe.«

Er wandte sich mir voll zu und blickte mir mit entschiedenem und ein wenig furchtsamem Ausdruck direkt in die Augen. Ich riß mich zusammen und sagte mir, daß er wahrscheinlich ein bißchen verrückt sei. Was er mir erzählt hatte, deutete ohne Zweifel auf eine leichte Geisteskrankheit hin.

»Aber warum haben Sie mir die Affen vor fünfzehn Jahren geschenkt?«

»Als ich traurig umherwanderte, kam ich auch in Ihre Ausstellung. Das Stilleben ›Aschenbecher eines Herbstnachmittags‹ ergriff mich tief. Was für ein einsamer Mensch mußte das sein, der da saß und einen Aschenbecher voll Zigarettenkippen betrachtete. Jede Kippe erzählte ihre eigene Geschichte, ihr eigenes Leben. Da gab es Kippen, die sich unter der Kraft, mit der sie ausgedrückt worden waren, zusammengebogen hatten, Kippen, die teilnahmslos verloschen waren, Kippen, die in der Hand des Rauchers halb aufgeraucht und von selber ausgegangen waren, ehe sie weggeworfen wurden. Und dann diese angerauchte, von selbst herunterbrennende Zigarette, mit einem langen, noch nicht abgefallenen Ende Asche und einem dünnen Rauchfaden, der in einem Streifen herbstnachmittäglichen Lichtes aufstieg, wie endlos verlassen. Ihr Besitzer saß wahrscheinlich gedankenversunken irgendwo daneben und hatte seine letzte Zigarette völlig vergessen.«

»Wie interessant. Als ich das Bild malte, dachte ich nicht so tief.«

Er blickte erstaunt auf: »Das glaube ich nicht. Oder Sie waren sich selber nicht im klaren darüber, was in Ihnen vorging.«

Ich schwieg. Ein Streit mit einem Geisteskranken hätte keinen Sinn gehabt. Er fürchtete, ich könnte beleidigt sein, so sagte er zögernd: »Nun ja, manchmal kann der Mensch sich irren. Trotzdem hat das Bild in mir diese Gedanken ausgelöst. Doch ich erzähle Ihnen das nur, damit Sie verstehen, warum ich Ihnen die drei Affen geschenkt habe. Für einen so einsamen Menschen wären die drei Affen in ihrer Seelenverwandtschaft mit ihm sicher sehr gute und treue Freunde. Ein so hochherziger Mensch würde mein kleines Spielzeug lieben. Nur gute Menschen können mit Spielzeug etwas anfangen. Kinder sind ein Beispiel.«

»Ich danke Ihnen für diesen unerwarteten Beileidsbesuch.«

Er verstand, daß ich das Gespräch beenden wollte, weil ich es nicht länger ertragen konnte, und stand auf.

»Ich wage es nicht, Sie länger zu belästigen. Aber ich bitte Sie, eine Entscheidung zu treffen. Vernichten Sie die drei Affen, oder erweisen Sie sich noch einmal als edelmütig und geben mir die drei heimtückischen Kerlchen zurück. In unserem Alter erträgt man nicht mehr sehr viel.«

»Wie Sie wünschen.«

»Sie gestatten?«

Ich ergriff die drei Affen und reichte sie ihm. Er ging

mit eiligen Schritten schnurstracks hinaus, genau wie damals, als ich ihm das Bild geschenkt hatte. Das war das einzige, worin er sich nach fünfzehn Jahren gleichgeblieben war.

Es wurde Nacht. Ich fiel in einen tiefen, bewußtlosen Schlaf, ohne Regung, ohne Traum. Als der ganze Körper in tiefer Lähmung lag, erwachte ich. Mein erstes Gefühl im schemenhaften Dunkel war, daß es im Zimmer unnatürlich warm war. Ich war offenbar nicht allein. Irgend jemand anders erfüllte das Zimmer mit Wärme. Als wäre Hanhs Mutter wie in früheren Zeiten hereingekommen, um mit mir zu schwatzen und meine unordentlich verstreuten Sachen zusammenzusuchen. Als säße da meine Frau und kämmte sich die Haare, während sie mich heimlich beim Malen beobachtete. Als wäre Hanh ganz leise hereingekommen, hätte still eine Schüssel warme Suppe auf meinen Schreibtisch gestellt, den Deckel des kleinen Reistopfes geöffnet und beim Anblick des erkalteten Reises geseufzt. Als disputierten die drei philosophischen Affen noch immer wie gewohnt flüsternd mit mir.

Ich blickte zum Schreibtisch hinüber, zu der Stelle auf der Tischplatte, an der die drei Affen immer gestanden hatten, während mir zu Bewußtsein kam, daß ich auch sie nicht mehr besaß.

Doch was war das? Wie sonderbar! Sie standen ja dort! Sie waren es eindeutig, ihr vertraut schimmerndes Braun. Ich fuhr hoch. Wahrhaftig, da waren sie. Und neben ihnen zeichnete sich undeutlich Hanhs Gestalt ab.

»Träumst du? Hier sind wir doch! Deine Bestürzung sieht sehr komisch aus.«

Wie ein Schlafwandler näherte ich mich den drei Affen. Wo sie standen, hatte das zum Fenster hereinfallende, zwischen dem Blätterwerk im Garten hindurchblinzelnde Licht des abnehmenden Mondes einen hellen Raum in meinem Zimmer geschaffen.

Ich hatte vollständig vergessen, daß ich irgendwann einmal das halbfertige Bild aus jener Nacht dort hingestellt hatte.

Also gibt es in meinem Zimmer noch immer mich, sie und die drei Affen. Ich schluchzte auf vor Glück. Es war wunderbar!

(Hong-Bang-Hotel, 22.8.1986)

To Hoai
Das Ehepaar A Phou

Fremden, die nach Hong Ngai kamen, um Geschäfte mit dem Dorfobersten Chong Lau zu machen, fiel ein Mädchen auf, das häufig in der Nähe der Stalltür auf einem großen Stein saß. Was für eine Arbeit sie auch verrichtete – ob sie Bast flocht, Gras für die Pferde mähte, Holz hackte oder auf ihren Schultern Wassereimer aus dem Grund der Schlucht schleppte –, immer drückte ihr Gesicht hoffnungslose Traurigkeit aus. Die Familie Chong Lau war reich. Ihre Rays[1] waren nicht zu zählen, sie ernteten das meiste Opium im Dorf, und ihre Macht als Herrscher des Dorfes nutzten sie aus, andere zu unterdrücken. Woher sollte ihre Tochter die Sorge kennen? Wo konnte sie jemals wirkliche Not erlebt haben?

Später dann erfuhren die Leute, daß dieses Mädchen nicht Chong Laus Tochter war, sondern die Frau seines Sohnes A Su. Vor einigen Jahren war sie in Chong Laus Haus gekommen. In welchem Jahr, wußte sie nicht mehr, und auch niemand sonst konnte sich erinnern. Doch die armen Leute von Hong Ngai erzählten einander die Geschichte des Mädchens My.

Mys Vater war arm, und als er heiraten wollte, mußte er sich Geld vom Dorfobersten, dem Vater Chong Laus, borgen. Die Summe sollte er jährlich mit dem Ertrag eines Maisfeldes abzahlen. Er und seine Frau waren alt geworden, ohne daß sie die Schuld abtragen konnten. Als My, das erste Kind, erwachsen war, starb die Mutter. In diesem Jahr kam Chong Lau zu ihrem Vater und forderte: »Gib meinem Sohn deine Tochter, und wir wollen die Schuld löschen.«

Der alte Mann dachte daran, daß er mit dem jährlichen

1 Felder, die durch Abbrennen urbar gemacht werden.

Ertrag eines Feldes die Schuld nie würde bezahlen können. Aber er liebte seine Tochter und wußte nicht, was er antworten sollte. My bat ihn: »Ich kann selbst ein Maisfeld roden, Vater. Ich werde arbeiten, um die Schuld zu bezahlen. Verkauf mich nicht an den reichen Mann!«

So lehnte er das Ansinnen Chong Laus ab.

Das Tet-Fest kam mit all seinen Belustigungen. Jungen und Mädchen legten ihre besten Sachen an und trafen sich zum Ballspiel. Sie stellten sich um einen Bambusstab, an dessen Spitze ein Ring befestigt war, und die Jungen versuchten, den Ball durch den Ring zu werfen. Wenn ein Mädchen den Ball auffing, so bedeutete das eine Liebeserklärung an den, der ihn geworfen hatte. In Gruppen zogen die jungen Männer durchs Dorf. In den Häusern, wo ein Mädchen war, hörten die Hunde nicht auf zu bellen, und niemand konnte schlafen. Die ganze Nacht lang standen die jungen Männer vor dem Haus und sangen und bliesen Flöte. Auch zu Mys Haus kamen einige und setzten sich draußen auf einen Bambuszaun.

Eines Nachts hielt My ihre Hand durch die Zaunlücke und spürte, wie jemand zwei Finger durch den Spalt steckte. Sie berührte einen Ring, wie ihn der trug, den sie liebte. My löste den schweren hölzernen Riegel von der Tür. Eine Hand ergriff ihre und zog sie nach draußen, wo mehrere Männer standen, die sie fesselten und knebelten, ihr die Augen verbanden und sie wegschleppten.

Am nächsten Tag wußte sie, daß sie im Hause Chong Laus war. Man hatte sie eingeschlossen, und hinter einer Trennwand konnte sie das monotone Klicken hölzerner Stäbchen hören, den Rhythmus ritueller Gebete.

A Su war inzwischen zu Mys Vater gegangen. »Meinen respektvollen Gruß, Vater«, sagte er, »ich habe deine Tochter zur Frau genommen. Ich habe dem Hausgott ein Opfer gebracht und komme nur, es dir mitzuteilen. Was das Hochzeitsgeld betrifft, so sagt mein Vater, er habe es dir bereits gegeben.«[2]

Darauf ging A Su. Der alte Mann dachte daran, was Chong Lau zu ihm gesagt hatte: »Gib uns deine Tochter, und wir wollen nicht mehr über die Schuld sprechen.« Er hatte vor langer Zeit Geld von dem reichen Mann geborgt, und der nahm nun die Tochter dafür. Was konnte er tun?

My weinte monatelang. Eines Tages lief sie weg und ging zurück in ihr Elternhaus. Sie warf sich vor ihren Vater auf den Boden und brach in Tränen aus. Der Vater hatte Mitleid mit ihr und begann auch zu weinen. Doch dann sagte er: »Du kommst und wirfst dich vor mir nieder. Willst du sterben? Wenn du tot bist, werden sie zu mir kommen und fordern, daß ich die Schuld bezahle. Wer soll dann das Feld roden? Was soll ich dann tun? Es ist nicht möglich, meine Tochter, es ist nicht möglich!«

My hielt die Hände vors Gesicht und weinte. Dann warf sie eine Handvoll giftiger Ngou-Blätter weg, die sie im Wald gepflückt und an ihrer Brust verborgen hatte. Sie durfte nicht sterben, weil ihr Vater dann ein noch schwereres Leben haben würde als jetzt. Sie ging zurück zu den Chong Laus.

Die Jahre vergingen. Mys Vater starb. Aber sie dachte nicht mehr daran, sich das Leben zu nehmen. Sie hatte sich an ihr Elend gewöhnt. Was war sie schließlich? Nicht mehr als ein Büffel oder ein Pferd. Diese Tiere haben ihren Stall, sie werden von einem Haus zum anderen geführt, sie fressen ihr Heu und tun ihre Arbeit.

2 Nach der Meo-Tradition muß ein Mann, wenn er ein Mädchen aus dem Haus ihrer Eltern entführt, nur den Familiengöttern ein Opfer bringen, um das Mädchen zu seiner rechtmäßigen Frau zu machen. Dann informiert er die Eltern des Mädchens. Derartige Entführungen kommen auch bei Liebesheiraten vor, weil sie dem Paar ermöglichen, den Brautpreis zu senken. Wenn es jedoch eine Entführung ohne Einwilligung des Mädchens ist, passiert es oft, daß sie Selbstmord begeht.

My hielt ihren Kopf gesenkt und dachte über nichts mehr nach. Die eintönige, schwere Arbeit tötete jeden Gedanken ab. Es war immer wieder das gleiche: Nach dem Tet-Fest wurden die Mohnkapseln eingesammelt, im Mittsommer wurde Jute gewaschen, zur Erntezeit der Mais geschnitten. Und das ganze Jahr über wurde Holz gehackt, Mais gekocht oder Hanf zu Seilen gedreht. Die Pferde und Büffel hatten Ruhepausen, in denen sie nur mit den Hufen stampften oder fraßen. Die Frauen dieses Hauses arbeiteten Tag und Nacht.

Mit der Zeit verfiel My immer mehr in Schweigen, wie eine Taube, die man in einer dunklen Ecke gefangenhält. Sie schlief in einem fensterlosen Raum. Durch ein etwa faustgroßes Luftloch drang so wenig Licht, daß man nicht einmal sagen konnte, ob es regnete oder die Sonne schien. Manchmal dachte My, es wäre das beste, in diesem Verschlag zu bleiben und zu warten, bis der Tod käme.

An den Abhängen waren die Reis- und Maisfelder abgeerntet. Die Kinder waren hingegangen, um den roten Fruchtbrei aufzusammeln. Aus Übermut und um sich etwas aufzuwärmen, hatten sie die Hütten angezündet, von denen aus immer jemand das Feld bewachen mußte, um wilde Tiere fernzuhalten.

In Hong Ngai feierte man das Tet-Fest nach der Ernte anstatt, wie es Brauch war, im Mondmonat. Denn zu Frühjahrsbeginn mußten die Felder bestellt werden, und es war keine Zeit für Feste. So feierte man, wenn der Wind über die abgeernteten Felder blies, im kältesten Monat des Jahres. Überall in den Dörfern der Roten Meo hatte man die geblümten Festgewänder im Freien ausgebreitet, damit sie in der Sonne trocknen konnten. Wie farbenprächtige Schmetterlinge sahen sie aus. Die Mohnblüten hatten sich weit geöffnet und leuchteten in allen Schattierungen von Hellrot zu Scharlachrot, wurden dann dunkelbraun und schließlich violett. Die Kinder jagten wie wild in den Innenhöfen herum. Es war windig. In der Ferne verschwand die Spitze des Berges in den Wolken und tauchte wieder auf. Jemand hatte seine Flöte hervorgeholt und rief seine Freunde zu den Festlichkeiten. My lauschte der Melodie, die der Wind weitertrug, und ihr war, als hörte sie die Worte dieses traurigen Liedes:

Du, du hast schon einen Freund,
Und du gehst zur Arbeit in die Felder,
Ich, ich habe keinen Freund,
Und ich gehe, um meinen Liebsten zu finden.

Weit entfernt bellte ein Hund. Die Vorfrühlingsnächte hatten begonnen.

Überall im Dorf waren Plätze für die Tet-Spiele hergerichtet worden. Die Jungen und Mädchen spielten Ball und Federball, bliesen die Flöte und den Khen[3] und tanzten.

Die Mitglieder der Chong-Lau-Familie saßen beim Festmahl, nachdem sie zu den Hausgöttern gebetet hatten. Ein Zauberer bewegte sich zu den rasenden Rhythmen der Trommel. Als das Mahl beendet war, saßen alle am Feuer und tranken Schnaps, der aus Flaschenkürbissen ausgeschenkt wurde.

My schaute den singenden und trinkenden Menschen zu, aber ihre Gedanken waren in der Vergangenheit. Die Flötenmelodie hatte Erinnerungen geweckt. Sie war wieder ein junges Mädchen, saß mit den anderen am Feuer, trank, und ihre Finger glitten über die Flöte. Sie rollte ein Blatt zusammen, hielt es vor ihre Lippen und erzeugte damit Töne, schön wie die einer Flöte, die die Menschen in Träume versenkt.

My achtete nicht darauf, daß das Fest zu Ende ging und die Gäste das Feuer verließen. Lange saß sie noch in ihrem Winkel. Schließlich stand sie auf und ging in ihren Schlafraum. Seit ihrer Hochzeit hatte A Su ihr nicht

3 Musikinstrument, Mundorgel

erlaubt, am Tet-Fest teilzunehmen. Aber es machte ihr nichts mehr aus.

Sie saß auf dem Bett und starrte auf die kleine Öffnung in der Wand, durch die vages weißliches Licht drang. Wieder dachte sie an die Vergangenheit, und so etwas wie Freude oder Hoffnung kam in ihr auf. Sie war doch noch jung! Plötzlich verspürte sie den brennenden Wunsch hinauszugehen. Es war nichts Ungewöhnliches, daß verheiratete Frauen zum Tet-Fest allein weggingen. Warum sollte sie es nicht auch tun, sie, die A Su nicht liebte und doch ihr ganzes Leben an seiner Seite verbringen mußte?

Hätte sie jetzt ein paar Ngou-Blätter, sie würde sie schlucken und ihrem Leben ein Ende setzen. Was hatte es für einen Sinn, an frühere Zeiten zu denken? Es brachte nur Tränen. Die Melodie einer Flöte, der Ruf nach der Geliebten, drang in ihr Ohr:

> Ich warf den Ball,
> Du hast ihn nicht gefangen.
> Du liebst mich nicht.
> Der Ball ist heruntergefallen.

A Su machte sich fertig zum Ausgehen. Er wechselte die Kleider, legte zwei Silberketten an und setzte einen Turban auf. Er würde mehrere Tage und Nächte wegbleiben, würde sich in den umliegenden Dörfern vergnügen, würde helfen, andere Mädchen zu entführen. My hatte nie etwas dazu gesagt, und sie sagte auch jetzt nichts. Sie ging in einen Winkel des Hauses, steckte ein Stück Fett in ein Bambusrohr und legte es in eine flache Feuerschale, in der der Docht nur noch schwach brannte. Der Ton der Flöte ergriff immer mehr Besitz von ihr. Sie wollte hinaus. Sie nahm ein geblümtes Gewand, hing es über die Trennwand und suchte ihre beste Bluse heraus. A Su starrte sie verblüfft an. »Du willst also weggehen?« fragte er. Sie antwortete nicht, und er fragte nicht weiter. Er packte sie, hob sie auf und band ihre Hände auf dem

Rücken mit einem Gürtel zusammen. Dann holte er einen Korb mit Seilen und begann, sie an einen Pfeiler des Hauses zu binden. Ihr Haar hatte sich gelöst, und er band es auch an die Säule. My konnte nicht einmal mehr den Kopf bewegen. Als er fertig war, schlang er sich seine lange grüne Schärpe um die Taille, blies die Lampe aus, ging hinaus und verschloß die Tür. Halb bewußtlos stand My im Dunkeln. Der schwere Geruch von Alkohol drang in den Raum. Immer noch hörte sie die Flöte: »Du liebst mich nicht; der Ball ist heruntergefallen; du fängst nur den Ball auf von dem, den du liebst.«

Sie versuchte sich zu befreien. Doch ihre Arme und Beine waren so verkrampft, daß sie sich nicht rühren konnte. Nun hörte sie die Flöte nicht mehr, hörte nur noch das Pferd, das mit den Hufen gegen die Trennwand schlug. Das Pferd in seinem Stall war frei, es konnte Heu fressen und die Hufe bewegen. My war noch schlimmer dran als das Pferd.

Irgendwo bellte ein Hund. Vermutlich war es schon sehr spät. In dieser Stunde kamen die jungen Männer zu ihren Mädchen und baten sie, den Riegel am Zaun zu lösen und mit ihnen in den Wald zu gehen.

Und My mußte hier stehen, angebunden, die ganze Nacht. Mit der Zeit schienen die Seile noch enger zu werden und schnürten ihre Glieder ab. Mit schmerzhafter Deutlichkeit sah sie wieder ihre ganze Vergangenheit vor sich. Dieser schwere Alkoholdunst. Der Ton der Flöte. Das Hundegebell in der Ferne.

So verbrachte sie die Nacht. Zuerst war sie bei klarem Bewußtsein. Später, als der Morgen dämmerte, wurde sie ohnmächtig; sie kam wieder zu sich, als schwaches Tageslicht ins Haus drang. Hinter der Wand war es still. Sie konnte nicht einmal das Feuer unter dem großen Kessel mit Schweinefutter hören. Kein einziger Laut. Waren die Frauen der Brüder und Verwandten A Sus noch in ihren Schlafräumen? Hatte man ihnen gestattet auszugehen, oder waren sie auch angebunden? Sie wußte es nicht.

Alles, was eine Frau tun konnte, die man in eines der reichen Häuser von Hong Ngai verheiratet hatte, war, den Pferden ihres Mannes zu folgen, ihr Leben lang. Plötzlich fiel ihr eine Geschichte ein, die sich die Leute im Dorf erzählten: Einmal hatte ein Mann der Chong-Lau-Familie seine Frau drei Tage lang im Haus angebunden. Als er seine Augen wieder auf sie richtete, war sie tot. Panische Angst ergriff My. Sie versuchte sich zu bewegen, um zu fühlen, daß sie noch am Leben war. Ihre Knöchel und Handgelenke schmerzten unerträglich bei jeder Bewegung. Die Seile schnitten in das geschwollene Fleisch. Da hörte sie Lärm von draußen. Viele Leute mußten gekommen sein. Der alte Chong Lau sprang vom Pferd und befahl seinem Knecht, es in den Stall zu bringen. My hörte etwas schwer zu Boden fallen. Nach dem Geräusch zu schließen, hatten sie entweder ein Schwein oder einen gefesselten Mann gebracht. A Su betrat den Raum. Seine Kleidung war zerrissen. Der weiße Turban war in die Stirn gerutscht und zeigte Blutspuren.

A Su schleppte sich aufs Bett, ohne My anzusehen, die immer noch gefesselt an der Säule stand. Einen Augenblick darauf trat Chong Lau ein, hinter ihm sein übliches Gefolge: Oberste aus den anderen Dörfern, die oft kamen, um bei Chong Lau Schnaps zu trinken und Opium zu rauchen. Sie brauchten eine ganze Weile, bis sie My überhaupt bemerkten. Doch auch dann nahm niemand Notiz von ihr, alle liefen zu A Sus Bett.

Chong Lau hatte noch seine Peitsche in der Hand. My hielt die Augen gesenkt und wagte nicht aufzuschauen. Sie hörte, daß ihr Schwiegervater jemanden von draußen hereinrief, öffnete ein wenig die Augen und sah eine ihrer Schwägerinnen. Sie war noch nicht alt, aber ihr Rücken war gebeugt vom jahrelangen Schleppen schwerer Lasten. Sie band My los. Als die Seile nachgaben, fiel My vornüber auf den Boden. Ihre Schwägerin flüsterte: »Oh, My, geh schnell und sammle Heilkräuter für deinen Mann.«

Trotz ihrer Schmerzen stand My auf. Doch sie konnte

ihre Füße nicht bewegen und mußte sich auf ihre Schwägerin stützen. Im Wald, wo sie Heilkräuter sammelten, erfuhr My, wie A Su zu seinen Verletzungen gekommen war.

In der vergangenen Nacht war er zu einem Dorf gekommen und der Richtung nachgegangen, woher die Flöten und Khens zu hören waren. Dort hatten die Burschen der umliegenden Dörfer den ganzen Tag mit Spielen und Singen verbracht. Nun war es dunkel geworden, die Gäste hatten die Häuser verlassen, die Festlichkeiten waren vorbei.

Nur die jungen Männer dachten noch nicht an Aufbruch, sondern saßen vor den Häusern und spielten Flöte, um die Mädchen herauszulocken. In dem Haus, das A Su betreten wollte, waren die Eltern und die Dienerschaft bereits zu Bett gegangen, und man ließ ihn nicht herein. A Su fühlte sich ausgeschlossen und geriet in sinnlose Wut. Er versammelte eine Gruppe von Nichtsnutzen um sich, und sie warfen Steine gegen die Mauer, um die Burschen zu provozieren, die sich vor dem Haus versammelt hatten. Der Hausherr kam heraus und verfluchte die Ruhestörer. Als ihn ein Stein traf, verschwand er im Haus, holte sein Gewehr und gab zwei Schüsse ab. Nun war keinerlei Hoffnung mehr, das Mädchen zu sehen, aber die Burschen hatten keine Lust, nach Hause zu gehen. Sie zogen sich in die Häuser ihrer Freunde zurück und warteten den Morgen ab. A Sus Bande jedoch wollte es nicht bei der Plänkelei bewenden lassen. Früh am Morgen, als sich die Burschen am Dorfeingang trafen, kam ihnen die Bande entgegen. An der Spitze A Su, der stolz die Silberkette mit grünen und roten Fransen trug, die nur Söhne wohlhabender Familien anlegen durften.

Die anderen blieben stehen.

»Das ist der Störenfried von gestern nacht«, rief jemand.

»Gib es ihm, A Phou!«

Ein hochgewachsener Mann löste sich von der Gruppe, kam mit einer raschen Bewegung auf A Su zu und schlug ihm ins Gesicht. A Su hatte kaum Zeit, seinen Kopf mit den Händen zu schützen, denn schon packte der andere seine Silberkette, zog ihn zu Boden und bedeckte seinen Rücken mit einem Hagel von Schlägen. So begann der Kampf. Der Lärm lockte Leute aus dem Dorf herbei, und A Phou und seine Freunde flohen in den Wald. Einige Männer verfolgten A Phou, fingen und fesselten ihn. In diesem Moment erschien der alte Chong Lau. Seine Männer banden A Phou an einen Bambusstab, wie man ein Schwein fesselt, und trugen ihn zum Haus des Alten. Vor der Tür warfen sie ihn nieder. Das war das Geräusch, das My gehört hatte.

Als My mit den Heilpflanzen aus dem Wald zurückkam, waren noch mehr Gäste im Haus. Unter dem Pfirsichbaum im Vorgarten waren viele Pferde angebunden. My ging durch die Hintertür hinein und warf einen kurzen Blick in den großen Saal. In einer Ecke sah sie einen Mann knien und nahm an, daß es A Phou sein müsse. Am Eingang des Hauses wurde die Bärenfelltrommel geschlagen. Die schweren, gleichmäßigen Schläge verbreiteten im ganzen Hong-Ngai-Gebiet die Kunde, daß im Haus des Dorfobersten ein Fall verhandelt würde. Aus den umliegenden Ortschaften kamen die entscheidenden Leute, um der Verhandlung beizuwohnen und am Festmahl teilzunehmen.

In Chong Laus Haus waren fünf große Lager hergerichtet worden, an denen je eine Lampe stand. Schwerer Opiumgeruch drang aus den Fenstern. Auch aus A Phous Dorf waren eine Menge Leute gekommen. Die jungen Männer des Dorfes standen mit verschränkten Armen bei A Phou, denn sie wurden als seine Komplizen betrachtet. Die »Dorfaristokratie« dagegen lag bequem auf den Lagern, neben sich die Lampen auf dem Tablett mit dem Opiumbesteck. Chong Lau gab das Zeichen zum Beginn der Zeremonie: Er rauchte fünf Züge hintereinander, dann gab er seine Pfeife dem nächsten, der sie nach dem Rauchen seinerseits weitergab. So ging es, bis der letzte der Anwesenden geraucht hatte. Nur die Frauen, die sich nicht im Raum aufhalten durften, A Phou, der in der Ecke kniete, und die Burschen, die um ihn herumstanden, nahmen nicht an der Orgie teil.

Als die Opiumpfeife das erstemal rundum gegangen war, richtete sich Chong Lau auf und forderte: »Bringt mir diesen A Phou!« Man löste A Phou die Fesseln und führte ihn in die Mitte des Raumes, wo er wieder niederkniete. Die Burschen seines Dorfes folgten ihm und verbeugten sich vor Chong Lau. Dann begannen sie, einer nach dem anderen, A Phou zu schlagen. A Phou gab keinen Ton von sich, unbeweglich wie eine Statue nahm er die Schläge hin. Wenn jeder der Männer einmal zugeschlagen hatte, mußte A Phou sich verbeugen, und es folgte eine neue Serie von Schlägen. Schließlich war sein Gesicht völlig verschwollen, Blut rann von seinen Lippen und Augenbrauen. Die Burschen schlugen weiter, beschimpften A Phou und machten zwischendurch immer wieder Verbeugungen vor Chong Lau.

Währenddessen rauchten die Männer auf den Lagerstätten weiter ihre Pfeifen, der Opiumdunst wurde immer schwerer, betäubte die Sinne, und immer heftiger wurden die Schläge, immer lauter die Beschimpfungen.

My hörte die Geräusche durch die dünnen Wände. Sie mußte die ganze Nacht wach bleiben und den braun und blau geschlagenen Körper ihres Mannes mit Heilkräutern massieren. Ihre Handgelenke und Knöchel, abgeschnürt von den Stricken, schmerzten unerträglich. Sekundenlang fielen ihr vor Erschöpfung die Augen zu. Dann weckte A Su sie mit einem Schlag ins Gesicht. Sie fuhr mit einem leisen Schrei auf, griff wieder zu den Heilkräutern und massierte weiter A Sus Rücken.

Die Verhandlung endete am nächsten Morgen. Die Dorfobersten brachten eine Messingpfanne und einen Kessel heraus, um noch mehr Opium zu kochen. Chong Lau öffnete einen Kasten, nahm hundert Geldschnüre heraus und legte sie auf den Deckel.

»A Phou«, sagte er, »das Dorf verurteilt dich dazu, eine Strafe von zwanzig Geldschnüren zu zahlen an den, den du geschlagen hast; fünf Geldschnüre an die Richter; zwei Geldschnüre an jeden Dorfobersten und fünfzig Münzen an alle Boten, die die Standespersonen herbeirufen mußten. Du hast das Opium zu bezahlen, das die ehrenwerten Herren geraucht haben, und zudem ein Zwanzigkiloschwein für ein Festmahl zu spenden.

A Phou, du hast den Sohn eines Obersten geschlagen, und dafür gebührt dir der Tod. Aber wir zeigen uns großmütig und lassen dir das Leben unter der Bedingung, daß du die Strafe bezahlst. Alles in allem beträgt sie hundert Geldschnüre. Wenn du nicht zahlen kannst, wirst du dir das Geld von mir leihen und in meinem Hause dienen, bis es zurückgezahlt ist. Wenn du die Summe verdient hast, werde ich dich gehen lassen. Bis dahin aber wirst du arbeiten wie ein Büffel. Du, deine Kinder und Kindeskinder − ihr werdet arbeiten für mich, bis die Schuld bezahlt ist. Hast du meinen Spruch gehört, A Phou? Dann komm und nimm das Geld, das ich dir leihe.«

A Phou rutschte auf seinen zerschundenen Knien heran und zählte das Geld, während Chong Lau Räucherstäbchen verbrannte und Gebete murmelte, daß der Hausgott den Schuldner anerkennen möge. Als A Phou das Geld gezählt hatte, legte er es auf den Kasten, und Chong Lau nahm es und tat es wieder hinein. Vom Hof her konnte man das Quietschen des Schweins hören, das A Phou den Männern spenden sollte. Nachdem er das Geld zurückgegeben hatte, mußte er nicht mehr knien und erhielt auch keine Schläge mehr. Er nahm ein Messer, und mit unsicheren Schritten ging er hinaus, um das Schwein für das Festmahl zu schlachten. Im Hause begannen sie wieder zu rauchen.

Von nun an mußte A Phou im Hause Chong Laus arbeiten. Er hackte Holz und grub die Felder um, er jagte wilde Tiere, legte Tigerfallen, hütete die Rinder und Pferde. Das ganze Jahr war er draußen in den Bergen und Wäldern. Er war sehr stark, und die Arbeit machte ihm nichts aus. Es bestand keine Aussicht für ihn, je wieder in sein Dorf zurückzukommen, aber er hatte auch niemanden dort, an dem ihm etwas lag, und so bedauerte er nichts. Denn jenes Dorf war nicht A Phous Heimat. Seine Eltern hatten in Hang Bla gelebt. Als im Dorf die Pocken ausbrachen, starb A Phous älterer Bruder, darauf sein jüngerer Bruder, zuletzt die Eltern. Dann kam eine Hungersnot, und Nachbarn nahmen A Phou mit hinunter ins Tal und verkauften ihn an ein Thai-Dorf. Er war erst zehn Jahre alt, aber er war tapfer und eigensinnig. Er wollte nicht in der Ebene leben und lief weg in die Berge, bis er nach Hong Ngai kam. Dort verdingte er sich für Saisonarbeiten. Bald wurde er ein guter Pflüger und mutiger Jäger. Er war ein gutgewachsener, kräftiger Bursche, und manches Mädchen im Dorf hatte ein Auge auf ihn geworfen. Aber A Phou konnte nicht daran denken zu heiraten. Er war Waise, hatte kein Land und besaß kein Geld. Doch er war in dem Alter, in dem sich die jungen Burschen vergnügen wollen. Zum Tet-Fest hatte er sich deshalb den anderen angeschlossen, obwohl er nicht wie sie neue Kleider besaß, und sie zogen mit ihren Flöten, Bällen und Federbällen von Dorf zu Dorf auf der Suche nach hübschen Mädchen. So war er in die Schlägerei in Hong Ngai verwickelt worden.

A Phou arbeitete immer noch für Chong Lau, als eine Dürreperiode das Land heimsuchte. Tiger und Bären kamen zu den Feldern, trampelten alles nieder und raubten Pferde und Büffel.

Auf Chong Laus Besitz waren ein Teil der Pferde und Rinderherden in dem engen Stall zusammengepfercht, und Ziegen, Hunde und Schweine flohen in die Innenhöfe. Täglich jedoch wurden trotzdem ein paar Dutzend

Tiere auf die Weide gebracht, und da die Trockenheit die Raubtiere aus den Wäldern trieb, mußte A Phou die Herde von einer kleinen, auf Pfählen errichteten Hütte aus bewachen. Monatelang blieb er dort. Abends versammelte er die Tiere um seine Hütte, wo sie die Nacht über blieben.

Einige Tage baute er mit großem Vergnügen Igelfallen und hatte keine Zeit, seine Tiere zu zählen. Eines Morgens sah er Tigerspuren im Wald. Im Galopp ritt er zurück und trieb seine Tiere zusammen. Beim Zählen merkte er, daß ein Ochse fehlte. Er zählte immer wieder, doch es blieb dabei − ein Ochse war verschwunden. Er lief ins Unterholz und folgte den Tigerspuren. Neben einem kleinen Baum fand er schließlich die Überreste des Ochsen; der Tiger hatte erst den Kopf und die Vorderbeine gefressen. Es mußte ein mächtiges Raubtier gewesen sein, der Geruch lag noch in der Luft. A Phou packte die Fleischreste auf ein Pferd. »Ich werde mein Gewehr holen«, sagte er zu sich, »und den Tiger fangen.«

Zuerst brachte er den halben Ochsen bis zu den Pfirsichbäumen am Haustor. Chong Lau kam heraus und fragte: »Wie viele Ochsen hast du verloren?«

»Nur einen«, antwortete A Phou. »Ich komme, um mein Gewehr zu holen. Ich werde einen wundervollen Tiger töten.«

Aber Chong Lau schlug ihn und schrie ihn an: »Genug, daß du einen Ochsen verloren hast! Du bleibst hier! A Su, nimm dein Gewehr und töte diesen Tiger«, befahl er seinem Sohn. Dann wandte er sich wieder A Phou zu:

»Hol einen Pfahl und ein Seil. Ich werde dich hier vor dem Haus anbinden, und du wirst erst losgemacht, wenn der Tiger gefangen ist. Töten sie ihn nicht, wirst du an diesem Pfahl sterben.«

A Phou bat: »Laßt mich den Tiger töten und so meine Schuld gutmachen. Solch ein Tiger ist soviel wert wie mehrere Ochsen!« Doch Chong Lau befahl: »Geh und bring mir den Pfahl und das Seil!«

Schweigend ging A Phou zum Schuppen, holte einen Baumstamm und ein Seil und stieß eigenhändig den Pfahl neben einer der Säulen des Hauses in die Erde. Chong Lau und sein Sohn nahmen die Seile und banden sie um A Phous Körper. Nur Kopf und Hals wurden frei gelassen.

Wenn Frauen des Hauses vorbeikamen, senkten sie den Kopf und schauten weg. Keine wagte, ein Wort zu sagen.

Als die Nacht kam, versuchte A Phou die Fesseln durchzubeißen. Nach Stunden – der Morgen dämmerte schon – war es ihm gelungen, die Arme frei zu bekommen. Doch als es Chong Lau bemerkte, legte er ihm auch noch ein Seil um den Hals. Nun konnte A Phou nicht einmal mehr den Kopf bewegen.

Mehrere Tage blieb A Su im Wald, um den Tiger zu jagen, aber er hatte keinen Erfolg. A Phou blieb währenddessen angebunden am Pfahl, und man gab ihm weder zu essen noch zu trinken. Direkt neben ihm stand der große Kessel auf dem Feuer, und wenn die Hausbewohner zweimal am Tag zu den Mahlzeiten kamen, schloß A Phu die Augen, um den Reis nicht zu sehen.

In diesen langen Winternächten glaubte My, vor Kälte sterben zu müssen. Nachts stand sie auf, blies ins Feuer und wärmte ihre Hände. Oft stand sie dort, bis der Hahn krähte und die anderen Frauen des Hauses kamen.

Wenn A Phou hörte, wie sie ins Feuer blies, öffnete er die Augen. Im flackernden Licht fühlte My seine Augen auf sich gerichtet, und dies war das einzige Zeichen, daß A Phou noch lebte. My kam weiterhin jede Nacht, um sich zu wärmen. Selbst wenn der Mann am Pfahl tot wäre, würde sie kommen, ins Feuer blasen und ihre Hände wärmen. Einmal ertappte ihr Mann sie. Er schlug sie, und sie fiel gegen den Herd, doch in der nächsten Nacht kam sie wieder zum Feuer.

Eines Nachts, alles im Hause schlief, sah My Tränen in A Phous weit geöffneten Augen. Sie erinnerte sich daran, wie sie selbst im vergangenen Jahr gefesselt am Pfahl gestanden hatte. Tränen waren ihr übers Gesicht gelaufen, und sie hatte sie nicht abwischen können. Und nun hatte man diesen hier angebunden, und man würde ihn sterben lassen. Was für eine grausame Familie! Noch eine Nacht, und er würde tot sein, verhungert, erfroren. Was hatte A Phou Schlimmes getan, daß er so sterben mußte? Und sie selbst? Sie war nur eine arme Frau, man hatte sie geraubt, und nun war sie dazu verdammt, ihr ganzes Leben unter diesen Menschen zu verbringen. Was konnte sie tun? Wenn es A Phou gelang zu fliehen, würde die ganze Familie sie beschuldigen, ihn befreit zu haben. Und dann wäre es an ihr, seinen Platz einzunehmen und am Pfahl zu sterben.

Doch sie hatte plötzlich keine Angst mehr. Sie nahm ein kleines Messer aus ihrem Gürtel und begann, das Hanfseil durchzuschneiden. A Phou atmete geräuschvoll und unregelmäßig. War er bei Bewußtsein? Furcht überkam sie. Als endlich alle Fesseln zerschnitten waren, konnte sie nur flüstern: »Geh sofort ...«, dann schnürte es ihr die Kehle zu. A Phou fiel auf die Knie, im ersten Moment war er nicht fähig, einen Schritt zu tun. Doch die Todesfurcht brachte ihn schließlich auf die Beine, und er lief weg. My blieb schweigend im Dunkeln. Dann, plötzlich, rannte auch sie los. Sie rannte und rannte, und schließlich, am Fuße des Berges, holte sie ihn ein. »A Phou, laß mich mit dir gehen«, sagte sie. Und ohne ihm Zeit für eine Antwort zu geben, fuhr sie fort: »Wenn ich bleibe, töten sie mich.«

Mit einemmal verstand A Phou all das Elend dieser Frau, die ihm das Leben gerettet hatte. »Komm mit mir«, sagte er, und schweigend stiegen sie zusammen den Berg hinauf. —

Mehr als einen Monat gingen sie am Kamm des Gebirges entlang, ehe sie in der Ferne Häuser sahen, Felder, rote Flecken im Wald, Muster von Reisfeldern in einem Tal und die silberne Linie eines Flusses. Es dauerte Tage, ehe sie die ersten einsamen Hütten erreichten, die verschlossen waren.

Sie gingen, bis sie zu den Reisfeldern von Muong Quai kamen, wo die Thais lebten, wanderten von Nam Cat nach Chong Chia, von dort weiter über den Lung-Chong-Phung-Paß und erreichten schließlich die Ufer des Schwarzen Flusses an der Grenze zwischen den Gebieten Phou Yen und Mai Son. Auf der anderen Seite des Flusses war das befreite Gebiet, und es gab Pfade, die die Guerillazonen der Thai-, Man- und Meo-Völker verbanden. A Phou und My gingen weiter zu den Dörfern der Roten Meo von Phieng Xa. Sie waren jetzt so weit weg, daß der Dorfoberste Chong Lau sie nicht mehr zurückholen konnte. Mehr als einen Monat hatten sie nur wilde Früchte, Cu-Nam-Wurzeln und Pilze gegessen.

Als sie ankamen, hatte gerade die Regenzeit aufgehört. Hier wußte niemand, wer sie waren. Man hielt sie für ein Ehepaar, das aus einem der Dörfer auf der anderen Seite des Lung-Chong-Phung-Gebirges gekommen war, wo es keine Reisfelder gab und nicht alle satt wurden. Deshalb, so glaubten die Leute, hätten die beiden ihr Dorf verlassen, um woanders ihr Leben zu fristen. A Phou und My gaben sich also als Ehepaar aus, und das war nicht falsch, denn auf dem langen Marsch durch Berge und Täler waren sie Mann und Frau geworden.

Zum erstenmal fühlte My sich als Frau geachtet und beschützt. Nur manchmal, wenn sie an den bösen Gott des Hauses Chong Lau dachte, erinnerte sie sich daran, daß sie die Ehefrau von A Su war. Doch mit der Zeit wurde ihre Angst, er könnte kommen und sie töten, immer geringer, und schließlich vergaß sie ihn fast ganz. In Phieng Xa fragte niemand nach ihrer Vergangenheit.

Heute war seit langem, sicherlich seit dem Beginn der Sommerernte, der erste angenehm kühle Tag. Vom Fluß her blies ein kräftiger Wind. Am Teich raschelten die Zuckerrohrhalme und die Bananenstauden mit den großen, streifig eingerissenen Blättern, durch den Wind alle in eine Richtung geneigt.

Ebenfalls seit dem Beginn der Sommerernte war dies für May der erste Nachmittag, an dem es wenig zu tun gab. Nachdem sie die Wasserlinsen für die Schweine zerstoßen und ein paar Süßkartoffeln geschält hatte, um damit den Reis am Abend zu strecken, saß sie mit ausgestreckten Beinen vor der Küchentür und gab dem Baby die Brust. Der gerade sieben Monate alte, wohlgenährte Kleine, Hand- und Fußgelenke in wulstige Fettpolster gebettet, saugte nur wenige Male, gab dann die Brust frei und lachte seine Mutter an, mit weitgeöffnetem Mund, in dem gerade die ersten zwei Zähnchen wie zwei winzige Milchtropfen leuchteten.

»Mama! Mangoldblätter oder Kresse, was soll ich fürs Abendessen nehmen?«

Das war Dao, Mays älteste, etwa elf-, zwölfjährige Tochter, die mit einem flachen Korb auf der Hüfte im Garten stand, einem kleinen Garten voll Sommergemüse: Mangold, Spinat, Kresse, Wasserwinde... Gleich daneben stand ein Flaschenkürbisstrauch in voller Blüte, dessen dichte Zweige den Weg zum Steg am Teich überdeckten. Kleine Bienen schwirrten um das frische Gelb der Blüten, und halb im Gesträuch verborgen hingen einige junge Früchte.

»Mangold. Die Kresse ist doch kaputtgegangen, wie könnte man sie da noch essen.«

Bei ihren Worten streckte May die Hand aus und riß

ein paar Blätter von der Kresse ab, die sich an den Zaun-latten emporrankte, blaßgrüne, dicke, seidige Blätter, auf denen kreisrunde, gelbbraune, durchlöcherte Flecken zu sehen waren. Diese Kresse-Sorte vertrug unerklärlicher-weise den Rauch vom Brennofen nicht. Im letzten Monat, seit der Brennofen der Genossenschaft in Betrieb war, war in allen Gärten entlang des Weges, der vom Fluß heraufführte, die Kresse eingegangen. Und auch jetzt, während sie dasaß, wehte der Wind einen leichten Geruch nach Kohle und gebrannter Erde herüber. Von ihrem Platz aus konnte sie den Brennofen der Genossen-schaft sehen, vor ein paar Wochen noch graubraun, hatte er nach und nach die rosige Farbe von frischgebrannten Ziegeln angenommen, ein Anblick, der das Auge erfreute.

»Mama! Mama!«

May verzog das Gesicht: »Oh, dieses Kind! Was ist pas-siert, daß du so losschreien mußt?«

Dao lachte und entblößte dabei zwei Reihen Zähne, groß und grob wie bei einem Pferd: »Mama, Papa hat gesagt, daß er zum Essen kommt.«

»Das weiß ich schon. Mein liebes Kind, das hast du mir schon ein paarmal gesagt«, schalt May das Kind und betrachtete es bekümmert. Je älter Dao wurde, desto ähnlicher wurde sie ihrem Vater. Sie hatte dessen Kör-perbau und dessen grobe Gesichtszüge geerbt. Ihre Haut war von dem gleichen stumpfen Graubraun, und ihre milchig-weißen Augäpfel traten genauso hervor. Die Arme! Sie war sehr häßlich geraten, wer würde so eine Frau später heiraten wollen? Nur ihre Gutmütig-keit und ihre Arbeitswilligkeit sprachen für sie, ein Fleiß, den sie von ihrer Großmutter väterlicherseits geerbt zu haben schien.

»Oh! Tante Tuyet! Mama! Tante Tuyet!«

Ly, Mays zweite Tochter, sieben Jahre alt − sie trug noch die traditionelle silberne Halskette −, die sich gerade hinter dem Gartenzaun auf Zehenspitzen an eine

Libelle herangeschlichen hatte, um diese zu fangen, sprang plötzlich auf und rief jauchzend ihre Mutter.

Und da erschien auch wirklich schon Tuyet, Mays jüngere Schwester, an der Gartentür. May nahm den Kleinen schnell von der Brust, hob ihn hoch und stand freudig auf: »Oh, wie schön! Ich wollte es erst gar nicht glauben, als die kleine Ly deinen Namen rief. Wie kommt es, daß du heute Zeit findest, uns zu besuchen?«

Tuyet gab Ly ihren Strohhut und nahm den Kleinen aus den Armen ihrer Schwester entgegen: »Wo ist dein Mann?«

»Draußen beim Brennofen. Den ganzen letzten Monat ist er kaum noch nach Hause gekommen, der Ofen brennt doch noch nicht richtig.«

Tuyet blinzelte heftig, ihre Augen waren mit einmal gerötet: »Ich möchte ein paar Tage bleiben, geht das?«

May nahm ihre Schwester bei den Schultern, während sie eine besorgte Unruhe verspürte: »Wie schön. Ich freue mich, wenn du ein paar Tage bleiben willst, gar keine Frage! Aber was ist zu Hause los?«

Tuyet wandte sich ab und wich dem forschenden Blick ihrer Schwester aus: »Nichts, ich komme euch besuchen, was soll schon sein.«

May schüttelte den Kopf: »Mach mir nichts vor! Vor mir kannst du nichts verbergen. Wenn nichts passiert ist, wie kommt es dann, daß du so einfach alles stehen und liegen läßt, um für ein paar Tage jemanden zu besuchen?«

Tuyet setzte sich auf die Veranda und zupfte dem Kleinen ein paar Schmutzkrümel aus den Haaren: »Gar nichts ist passiert.«

Da May wußte, auch wenn man noch so sehr in sie dränge, würde Tuyet auf keinen Fall sofort mit ihrer Geschichte herausrücken, drehte sie sich um und sagte zu ihrer Großen: »Dao! Leg die Süßkartoffeln für morgen beiseite. Heute ist Tante Tuyet zu Besuch gekommen, da gibt es Klebreis mit grünen Erbsen! Darauf habe ich sowieso schon lange mal wieder Appetit.«

Tuyet protestierte energisch: »Nein! Ich esse nichts! Dao! Du brauchst für mich nicht mitzukochen.«

May starrte ihre Schwester an: »Wenn du schon keinen Klebreis willst, dann doch wenigstens gedünsteten Reis?«

»Nein, ich esse gar nichts.«

»Nun sei nicht albern. Du bist unser Gast. Also mußt du, wenn schon nicht viel, wenigstens etwas essen. Oder willst du allen Ernstes überhaupt nichts? Dao, hol aus der Kammer ein paar Maß Klebreis und wasch ihn. Und die Erbsen gib her, ich enthülse sie selber.«

Obwohl sie ihrer Schwester keine Fragen mehr stellte, kreisten ihre Gedanken doch unentwegt um sie, bis das Essen fertig war. Sie war das älteste von fünf Geschwistern. Die Zweitälteste war Sao. Sao hatte weit weg geheiratet, noch hinter Diem Dien im Kreis Thuy Anh. Dann kamen zwei Brüder, der eine arbeitete auf einer Baustelle, der andere war letzten Juli einberufen worden, und schließlich kam als Jüngste Tuyet. Als May geheiratet hatte, war Tuyet gerade drei gewesen, und sie hatte gerade erst sprechen gelernt. Als Kind war Tuyet klein und schmächtig gewesen. War irgendwo ein Essen zu Ehren der Ahnen veranstaltet worden, hatte die Mutter sie mitgenommen; ihr Handgelenk war immer mit einem roten Plastikarmreifen geschmückt gewesen. Vor ein paar Jahren war sie in die Pubertät gekommen, sie war plötzlich gewachsen, voller geworden, hatte sich verändert, kaum jemand hätte in ihr noch die kleine Tuyet von früher wiedererkannt.

Anders als May — die Älteste hatte es immer schwer —, die von klein auf den ganzen Tag hatte arbeiten müssen, war Tuyet verwöhnt worden, hatte viele Freiheiten genossen, durfte arbeiten gehen. Viel arbeiten gehen. Als May Anfang des Jahres mit ihren Kindern zu den Eltern zum Essen zu Ehren der Ahnen war, hatte sie Tuyet nirgendwo entdecken können. Erst gegen Mittag war sie nach Hause gekommen, mit erhitztem Gesicht, hatte hastig gegessen und war gleich wieder gegangen, ohne sich die Zeit zu nehmen, mit May und den Kindern ein paar Worte zu wechseln. Auf ihre Frage hatte May erfahren, daß Tuyet mit der Frauengruppe der Volksmiliz des Kreises Dämme befestigte und Erdnüsse pflanzte. Die alte Mutter war geschäftig hin und her geeilt und hatte sich beklagt: »Den ganzen Tag ist sie fort! Die häuslichen Angelegenheiten sind ihr offenbar nicht so wichtig wie die Arbeit da draußen, weiß der Himmel, was sie da zu tun hat.«

Doch Tuyet hatte goldene Hände, kam sie von der Arbeit, machte sie sich sofort in der häuslichen Wirtschaft zu schaffen, es gab keine Ernte, in der das Punkte-Soll für einen Drei-Personen-Haushalt nicht übererfüllt wurde. Gerade erst zur letzten Ernte hatten sie fast zwei Doppelzentner Reis verkaufen können, und die kleine Dao hatte von den Großeltern zwei Stöße weißes Schreibpapier geschenkt bekommen. Und da behauptete Tuyet, sie wäre heute einfach so zu Besuch gekommen, dabei klebte an Hemd und Hose noch der Schmutz. Bestimmt war zu Hause etwas vorgefallen, wahrscheinlich wollten die Eltern sie zu etwas zwingen, und sie war davongelaufen. Anders konnte es gar nicht sein!

Worüber sich May während des Essens den Kopf zerbrochen und was sie mehr oder weniger geahnt hatte, das erzählte ihr Tuyet danach schluchzend, sich von Zeit zu Zeit die Augen wischend.

May war die letzten Monate sehr beschäftigt gewesen und hatte nicht die Zeit gefunden, die Eltern zu besuchen. So konnte sie nicht ahnen, wie Tuyet litt. Sie litt, weil die Eltern sie zwingen wollten, Thang, den Sohn des alten Ngoi, der in der Kreisstadt ein Schneidergeschäft besaß, zu heiraten. Die beiden Alten waren von dieser Idee nur deshalb so besessen, weil die Frau des alten Ngoi geschickt zu reden verstand. Dazu kam, daß diese Frau immer eine blütenweiße Bluse trug und an ihren Ohren immer schwere, edelsteinbesetzte Ohrringe hingen. Deshalb glaubten die Eltern gleich, die Familie sei reich und sie könnten ohne weiteres als Brautgeschenk einen wertvollen Ring oder ein paar Ohrringe fordern. Zum letzten Markttag ließ die Mutter bei ihnen eine Hose nähen, sie nähten die Hose sehr gut und verlangten keine Bezahlung – was für ein gemeiner Trick, »man läßt den kleinen Fisch schwimmen, um den großen zu fangen«. Das war offensichtlich, wo doch dieses Geschäft früher, als es noch keine festgelegten Preise gab, in der ganzen Kreisstadt am meisten verlangte. Die Mutter trug die Hose nach Hause, prüfte wieder und wieder die Nähte und überschlug sich vor Lobreden: »Seine Eltern sind feine Leute, die verstehen was von den Menschen und vom Geld«, und weiter, »wenn man ihn reden hört, scheint er auch ganz anständig und nett zu sein. Besonders seine Haut ist ungemein weich und zart! Im ganzen Kreis findet man nicht einmal eine Frau mit so einer Haut.«

Daß die Mutter solche Lobeshymnen von sich gab, berührte Tuyet sehr peinlich. Selbst ein Mädchen möchte heutzutage nicht auf diese Weise gelobt werden, um so weniger ein Mann! Ein Mann muß aktiv sein, muß bei der Arbeit etwas leisten, muß der Gesellschaft nutzen; ist er schön, dann wegen seiner Stärke und Geschicklichkeit. Wie kann ein Mann nur ein Schwächling sein, sich nur im Hause herumdrücken und den Invaliden die Arbeit streitig machen.

Die Mutter argumentierte weiter: »Ich habe das schon mitbekommen. Dem Namen nach sind in der Genossenschaft alle gleich, aber wer besser näht, der hat mehr Kunden und verdient mehr Geld. Ich war nur kurz im Geschäft, aber schon kamen vier, fünf Kunden und brachten was zum Nähen. Ein Hemd, das die Tochter von Thuans abholte, ich habs gesehen, es war ganz klein, gerade mal so groß wie meine Hand, das hat einen Dong vierzig gekostet! Ich habe ihn auch gefragt, ob es lange dauert, bis man das Nähen gelernt hat. Er hat geantwortet, wenn jemand geschickt ist, dann braucht es nur ein halbes Jahr, das Schwere ist nur das Zuschneiden... Nähen ist kinderleicht... Der hat einen schönen Beruf, der Regen macht ihn nicht naß, er muß nicht in der Sonne schwitzen, das ist nicht so mühselig wie unser Bauerndasein...«

Die Mutter redete und redete, alles nur, um Tuyet dazu zu bringen, diesen Mann zu heiraten. Die Mutter meint, wenn man einen Mann kriegt, bei dem man gut versorgt ist, dann sei das schon ein großes Glück! Doch schon jetzt arbeitete Tuyet nicht gern auf dem kleinen anteiligen Privatfeld. Der Drei-Personen-Haushalt hatte viereinhalb Parzellen zugeteilt bekommen, Mutter und Tochter bauten nur ganz wenig Reis an, es lohnte sich kaum. Diese Art der Arbeit machte keinen Spaß, weil man sie für sich allein verrichtete, weil man sie nicht mit anderen teilte. Und nun wollte man Tuyet also dazu bringen, ihre vertraute Arbeit in der Genossenschaft, die ihr viel Freude brachte, aufzugeben, um sie an Nadel und Faden zu fesseln, mit einem Ehemann, den sie nicht liebte. Wie könnte sie ein solches Leben ertragen!

Man wollte Tuyet überreden. Tuyet willigte nicht ein, und die Eltern wandten ihre eigenen Mittel an, um sie kleinzukriegen. Ganz im stillen − von den Nachbarn kriegte keiner etwas mit − aber sehr konsequent. Seit mehr als einem Monat bekam Tuyet, wenn sie abends von ihren Versammlungen nach Hause kam, nichts zu essen. Die Mutter kochte nichts für sie, ließ ihr auch nichts übrig, selbst die Kruste aus angebackenem Reis am Boden des Topfes kratzte sie restlos aus und verfütterte sie an die Hunde. Ohne mit der Wimper zu zucken.

»Wenn du nicht mehr so halsstarrig bist, bekommst du wieder alles, was du willst, kannst wieder essen, worauf du Lust hast und wieder anziehen, was dir gefällt.« So die Mutter.

Und der Vater, der verkündete »endgültig«: »Von den beiden Mädchen vor dir, May und Sao, hat keine den Mann, den ich für sie bestimmt habe, ausgeschlagen. Lebt etwa eine von beiden jetzt nicht glücklich mit Mann und Kindern, wohnt etwa eine von beiden jetzt nicht in einem Haus aus Stein mit betoniertem Hof, muß etwa eine von beiden jetzt Not leiden? Nun bist du an der Reihe, noch leben wir und haben unser Recht, da kann auch ein Gesetz nichts dran ändern.«

Und er drohte: »Wenn du nicht gehorchst, werde ich dir einfach die Arbeit in der Genossenschaft verbieten, nichts darfst du dann mehr machen.« Das ging so bis heute Mittag, als Tuyet vom Kartoffellesen kam und gleich vom Tor aus sah, wie die Frau des alten Ngoi, üppig und stattlich, sich mit ihrem Sohn und ein paar »Verwandten des Hauses« auf einem Bett breitmachte. Da wurde Tuyet wütend! Bisher hatte sie noch stillgehalten, jetzt aber machte sie ihrer Empörung Luft, daß es bis in die Nachbarschaft zu hören war ...

Tuyet lachte auf (diese Kleine, eben hatte sie noch geschluchzt, jetzt lachte sie schon wieder!): »Herrje, der Vater behauptet zwar immer, das Gesetz kümmere ihn nicht, aber in Wirklichkeit hat er eine Heidenangst! Seine größte Furcht ist, daß er zur Selbstkritik vor den Kreis zitiert werden könnte. Und die Mutter, die sprang auf und rannte auf dem Hof umher, dann suchte sie ein Messer, fand aber keins, da nahm sie die Sichel, hielt sie mir hin und heulte los: ›Hier nimm doch gleich das Messer und bring mich um, damit es vorbei ist‹...«

May war betroffen. Sie hörte nicht mehr, was ihre Schwester sagte, sie dachte an die Schläge von damals, demütigende und beschämende Schläge, die sich vor langer Zeit, vor fünfzehn, sechzehn Jahren in ihren Körper eingebrannt hatten ... Sie dachte an die furchtbar dunkle, nach feuchtem Schimmel riechende Kammer, erinnerte sich des schleifenden Geräuschs eines Schlüssels im rostigen Schloß ... und vor allem erinnerte sie sich an den alten, an einem Ende bereits ausgefransten, pflaumenfarbenen Seidengürtel, zur Schlinge gewunden und um eine Astgabel im Wipfel des Maulbeerbaumes am Ufer des

Teiches unweit vom Haus geschlungen... Jahrzehnte waren vergangen, und die Alten hatten sich überhaupt nicht geändert?

May fragte traurig ihre Schwester: »Und dann?«

Tuyet schüttelte den Kopf: »Ich habe alles gesagt und bin fortgerannt, zu ein paar Genossen von Frau Giaps Parteigruppe, ich habe sie gebeten, mit den Eltern zu reden, und bin dann gleich hierhergekommen. Ich weiß auch nicht weiter.«

»Wissen die Eltern, daß du hier bist?«

»Sollen sies doch wissen, ich habe...«

Sie ließ den Satz halb ausgesprochen in der Luft hängen, denn Hiet, Mays Mann, kam vom Brennofen nach Hause. Er blieb vor dem Vorhang stehen, zog sich umständlich die alten, durchlöcherten Stoffschuhe aus, stellte sie ordentlich vor der Schwelle ab, dann schob er den Vorhang beiseite, trat ein und begrüßte seine Schwägerin: »Ah, du besuchst uns mal wieder!«

Tuyet stand auf: »Hiet! Warum kommst du so spät?«

May blickte zu ihrem Mann auf, als dieser zu ihr kam, die Arme ausstreckte und den Kleinen hochnahm: »Wir haben lange gewartet, dann dachten wir, du kommst nicht mehr, da haben wir ohne dich gegessen. Dao! Bring das Essen für Papa! Die Schüssel Klebreis habe ich in den Küchenschrank gestellt, findest du sie?« Sie betrachtete die auf den Boden geworfene leere Binsentasche. »Was denn, vor kurzem hat Dao dir doch erst einen halben Korb Reis gebracht, ist der etwa schon wieder alle?«

»Schon lange! Was die kleine Dao vor ein paar Tagen gebracht hat, das waren doch nur achtzehn kleine Maß, ich habs gezählt, soll das vielleicht ein halber Korb sein...«

Und damit war das Gespräch zwischen den beiden Eheleuten auch schon zu Ende. Der Mann aß auf, forderte seine Tochter auf, die Binsentasche mit Reis zu füllen, trank ein paar Schluck Tee, rauchte schnell zwei Züge aus der Wasserpfeife, dann warf er sich die Tasche über die

Schulter, zog sich die Schuhe an und ging. Fragte noch nicht einmal, wann seine Schwägerin gekommen war. Oder wie es den Schwiegereltern ginge.

May blickte ihm gleichgültig nach, lachte gezwungen und sagte zu ihrer Schwester: »So ist er. Kriegt den ganzen Tag den Mund nicht auf. Das ärgert mich manchmal fürchterlich. Dann rege ich mich auf: Habe ich einen Mann oder einen Klumpen Erde geheiratet? Bist du vielleicht ein Strohhaufen, der nicht reden kann? Darauf sagt er auch nichts. Bestenfalls nimmt er die Zähne ein wenig auseinander und lacht. Aber auch beim Lachen gibt er keinen Ton von sich.«

Tuyet sah ihre Schwester mitleidig an. May fühlte sich beschämt. Obwohl Tuyet schwieg, schien sie doch zu sagen: »Du hast dich damals dazu zwingen lassen, da kannst du dich jetzt nicht beklagen.«

Als May den Kleinen endlich in den Schlaf gewiegt hatte, wollte sie sich wieder zu Tuyet setzen, um das Ende der Geschichte zu hören. Tuyet aber hatte zusammen mit den beiden Mädchen auf dem Hof eine Matte ausgebreitet, und alle drei saßen draußen. Dort brachten sie sich gegenseitig Lieder bei.

May setzte sich auf die Küchenschwelle und betrachtete lange ihre kleine Schwester. Dieses Mädchen, eben hatten ihr noch die Zornestränen in den Augen gestanden, sie hatte die Schale Klebreis unberührt wieder hingestellt, unfähig, etwas zu essen. Und jetzt scherzte sie ausgelassen mit den Kindern wie ein kleines Mädchen, ihre Stimme war hell und rein, keiner käme auf die Idee, daß sie Kummer hatte. Gegen Mitternacht hatten die drei genug vom Singen, doch erst als Dao und Ly schon fest schliefen, kam Tuyet ins Bett. May kletterte aus ihrer Hängematte und legte sich neben ihre Schwester: »Also, erzähle zu Ende!«

»Das war alles, mehr ist nicht gewesen.«

»Und was willst du jetzt tun?«

Tuyet drehte ihr Gesicht ihrer Schwester zu: »Was soll ich schon tun? Lieber sterben, als diesen Mann heiraten!«

»Und wenn die Eltern dich mit aller Gewalt zwingen wollen, ihn zu heiraten?«

Tuyet richtete sich zornig auf: »Wie können sie mich zwingen? Können sie vielleicht einfach die Gesetze für nichts achten? Meinst du, Staat und Partei lassen die Alten einfach so machen, was sie wollen?«

May zog sie lachend nach unten: »Leise! Wenn du so losschreist, dann weckst du noch die Kinder auf. Ich habe von ein paar jungen Leuten hier im Dorf gehört, du und der Duong, ihr versteht euch gut, stimmt das?«

Tuyet barg ihr Gesicht an Mays Schulter und protestierte schwach: »Unsinn! Wer hat dir das erzählt? Das ist gar nicht wahr.«

Sie lag einen Moment still und fragte dann verlegen: »Wie findest du ihn? Gefällt er dir?«

»Sehr!« May zögerte kurz. »Ähm, seine Familie wohnt doch jetzt in der Nähe des Hauses, das Tans alter Mutter gehört, oder?«

Diese Frage stellte sie, weil sie gerade voller Sehnsucht an Tan dachte, der jetzt Funktionär im Kreis war. Früher waren May und Tan sehr ineinander verliebt gewesen. Er hatte in der Jugendtheatergruppe der Kreisvereinigung mitgespielt, und sie hatte keine Vorstellung ausgelassen. Egal, wie weit sie gehen mußte. Egal, ob es kalt war oder regnete. Zugegeben, ihr hatte wenig an den Theaterstücken gelegen, es war ihr nur darum gegangen, Tan auftreten zu sehen. Und nach dem Stück hatte er immer einen Weg gefunden, heimlich mit ihr allein nach Hause zu gehen. Das war die einzige Möglichkeit gewesen, zusammenzusein. Damals waren die Alten noch hundertmal strenger als heute, und wenn sie davon erfahren hätten, hätten sie ihr »den Hals umgedreht«!

Ein Jahr später hatten Mays Eltern für sie einen Ehemann bestimmt. Am Anfang hatte auch sie sich mit allen Kräften zur Wehr gesetzt, schließlich hatte sie aber aufgegeben. Am Ende war sie verheiratet worden, auf Leben oder Tod an den jetzigen Vater ihrer Kinder gekettet worden. Bis sie nach langen sechs Jahren Kinder miteinander hatten – auch diese waren wie eine auferlegte Verpflichtung, fehlt die Liebe, bleibt immer noch die Pflicht –, war in ihr immer, wenn sie ihren Mann sah, Haß und Wut aufgestiegen. Sie hatte ihren Mann gehaßt, von der Art, wie er plump die Eßstäbchen hielt bis zu seinem Schatten an der Wand. Und auch heute noch war sie jedesmal traurig, wenn sie am Samstagnachmittag Tan auf seinem Fahrrad aus dem Kreis nach Hause kommen sah. Besonders schlimm war es gewesen, als auf dem Gepäckträger dieses Fahrrads zum ersten Mal ein Kinderkorbsitz befestigt gewesen war. Sie hatte sich sehr elend gefühlt, in ihrer Brust war ein Schmerz aufgestiegen, als würde sie zerrissen. Ginge es gerecht zu, müßte er ihr Ehemann sein und in dem Korbsitz müßte ihr Kind sitzen. Dieser Gedanke kam ihr jedesmal, und jedesmal schob sie ihn beiseite und tröstete sich: »Hör auf! Gäbe es hundert Wege, man kann dem Schicksal nicht entfliehen!« Aber was war das für ein Schicksal? Es lag doch nur in ihr selbst und sonst nirgends!

»Sag mir doch, was sollen wir jetzt tun?«

Das mußte Tuyet ausgerechnet May fragen. Sie fand ja noch nicht einmal für ihr eigenes Leben einen Ausweg. Aber da Tuyet fragte, konnte May sie schlecht im Stich lassen. Und sie stand außerhalb, da mußte sie doch eigentlich die Situation klarer einschätzen können. Sie dachte nach und sagte dann zögernd: »Hm, wenn ihr es nun so macht, wie damals Binh und seine Frau? Die beiden haben sich abgesprochen, eine Zeitlang auf die gleiche Baustelle zu gehen, haben dort geheiratet und sind dann zusammen zurückgekommen. Da konnten die Alten nichts mehr machen. Was meinst du?«

Tuyet war zunächst unschlüssig, doch dann erklärte sie, und sie sprach klar und entschieden wie eine reife Frau: »Wir haben diese Möglichkeit auch schon durchgesprochen, aber es ist unmöglich! Gehen könnten wir schon, aber was wird dann aus unserer Arbeit hier? Dabei geht es nicht nur um ein, zwei kleine Aufgaben! Daß ich heute abend einfach hierher gekommen bin und alles liegengelassen habe, ist schon ziemlich leichtfertig. Allein schon das Alltägliche, wer aus der Genossenschaft geht Schlamm aufs Feld tragen, wer schafft den Dung rüber, wer geht eggen ... und damit ist noch lange nicht alles aufgezählt. Was ist, wenn der Fluß Hochwasser hat, wenn Alarm ausgelöst werden muß, dann muß man alle Kräfte auf den Damm konzentrieren, und noch eine Menge anderer Aufgaben. Siehst du, wie könnte ich fortgehen?«

May seufzte. So viel also hatte Tuyet zu tun, und Duong, der leitete eine Produktionsbrigade, also konnte er auch nicht so einfach verschwinden; mit ihrem kleinen Trick war es offenbar nichts.

May erkannte immer deutlicher, wie sehr sich Tuyet von ihr unterschied. Als sie selbst in Tuyets Alter gewesen war, hatte sie sich um den Haushalt, die Schweine, die Reismühle Gedanken gemacht, wenn sie sich überhaupt Gedanken gemacht hatte. Tuyet dagegen kümmerte sich um die Angelegenheiten der Gemeinschaft, Angelegenheiten, die mit dem Wohl aller zu tun hatten, und, wenn man sich so ständig mit den Angelegenheiten der Gemeinschaft beschäftigte, schienen die privaten Dinge, wie verwickelt sie auch waren, ganz klein zu werden. Da war es kein Wunder, daß ihr selbst früher der Kummer auf der Seele gelegen hatte, während Tuyet heute lachen, singen und unbeschwert sein konnte.

»... Oder ... wir heiraten in der Kreisstadt?«

May freute sich: »Ja, vielleicht ist das die Lösung.«

Tuyet drückte fest ihre Hand: »Das klingt gut, aber es geht nicht.«

May fuhr überrascht hoch: »Wieso geht das nicht? Ist das nicht nach dem Gesetz, oder wie?«

Tuyet lachte auf: »Warum sollte das nicht nach dem Gesetz sein? Es ist nur ... ich bin gerade erst neunzehn, warum soll ich mich so beeilen? Wenn ich erst mal geheiratet habe, dann kommt vielleicht gleich ein Kind, das hängt mir dann wie ein Klotz am Bein. Ich müßte die Arbeit in der Genossenschaft aufgeben, und das wäre mein Tod!«

May erwiderte aus ihrer einfachen Denkweise heraus: »Eine Frau kann ja doch nur eine Zeitlang arbeiten gehen, nur solange sie noch unverheiratet ist. Wenn ein Kind kommt, muß sie damit aufhören, welche Frau könnte schon das ganze Leben arbeiten gehen und noch dazu den ganzen Haushalt besorgen?«

Tuyet stupste ihre Schwester kräftig in die Schulter und lachte: »Wie du redest. Man kann es dir nicht einmal übelnehmen...«

Auch May lachte, verlegen. Ach, da hatte sie also die ganze Zeit nur unnützes Zeug geredet, das ihrer Schwester auch nicht weiterhalf. Trotzdem stellte sie die bangste und schwierigste Frage: Was würde geschehen, wenn alles so blieb? Würde Tuyet dann diesen unangenehmen Schneider heiraten müssen?

Tuyet verzog das Gesicht: »Was sagst du da? Keiner kann mich zwingen! Heiraten, ohne daß ich unterschreibe, wie soll das gehen? Und wenn Staat und Partei erst eingreifen, was meinst du, was dann...«

May brauchte gar nicht weiter zuzuhören, sie wußte auch so schon, daß ihre Sorge und ihre Frage überflüssig gewesen waren. Das Mädchen war so stark und klug, wer hätte sie zwingen können. Und sie selbst... Beide waren von einer Mutter geboren, und doch waren sie beide sehr verschieden. Alles, worauf May damals gekommen war, was sie sich als letzten Ausweg hatte vorstellen können, das war, sich aufzuhängen. Und wenn sie es nun damals wirklich versucht hätte und vielleicht wirklich gestorben wäre – unwillkürlich griff sie sich an den Hals und lachte leise und schmerzlich –, dann wäre es auch nur schade um sie gewesen und hätte keinerlei Sinn gehabt. Warum hatte sie damals nicht ein klein wenig von der

Klugheit und Stärke ihrer kleinen Schwester haben können? Ihr Leben war so unglücklich!

Erst als ihr Schmerz und ihre Selbstvorwürfe abgeebbt waren, bemerkte sie, daß Tuyet schon wer weiß wie lange schlief! Sie lag mit ausgestreckten Armen und Beinen da wie ein Kind, wirklich erstaunlich.

Sehr früh am nächsten Morgen, das Radio begann gerade erst, undeutliche Töne von sich zu geben, sprang Tuyet erschrocken auf: »Oh! Du hast mich nicht geweckt, es ist ja schon ganz hell!«

May lachte: »Es ist noch viel zu früh, schlaf ruhig weiter, wozu sollte ich dich wecken?«

Tuyet suchte aufgeregt tastend etwas auf der Tischplatte: »Wo hast du deinen Kamm?«

»Träumst du? Wo willst du so früh hin, daß du Kamm und Spiegel brauchst?«

»Ich gehe nach Hause.«

May legte den Kleinen auf das Bett und setzte sich auf: »Bleib doch ein paar Tage hier! Wenn du jetzt nach Hause gehst, wird der Vater dich lebendig begraben, Tuyet!«

»Soll er doch, trotzdem gehe ich nach Hause.«

May fuhr hoch: »Was kannst du denn zu Hause schon machen?«

Tuyet sagte kläglich, als würde sie gleich losheulen: »Ich muß nachsehen, wie es mit dem jungen Reis von der Technikergruppe steht. Und zu Hause ist ein Beet Süßkartoffeln noch nicht abgeerntet, ich kann doch jetzt, bei dieser Hitze, Mutter nicht allein die ganzen Kartoffeln ernten und die schweren Körbe schleppen lassen!«

Und wie May auch auf sie einredete, Tuyet blieb fest entschlossen, nach Hause zu gehen. Als Tuyet auch nach vielem Hin und Her nicht umzustimmen war, brachte May sie bis zum Kanal. Sie ergriff Tuyets Hand: »Also gut, jetzt hör zu, übermorgen ist hier Erntedankfest. Du mußt unbedingt kommen, ich rechne fest mit dir, ja«, sie überlegte kurz, »und ... sag dem Jungen, daß er mitkommen soll, einverstanden? Bring ihn einfach mit! Wenn die Alten schimpfen, keine Angst, das nehme ich auf meine Kappe!«

Tuyet errötete heftig. Vielleicht hatte sie nicht erwartet, daß auch ihre Schwester mutig sein könnte. Sie schüttelte den Kopf. Dann, als könnte sie nicht mehr an sich halten, umarmte sie heftig schluchzend fest ihre Schwester.

May hatte sie mit einem so kummervollen Blick angeschaut, wie sollte sie da nicht weinen! Sie hat früher sehr viel gelitten, nicht wahr? Und sie wollte aus ganzem Herzen, daß ihre Schwester jetzt das erreichte, wozu sie damals zu schwach gewesen war.

May war verwirrt, sie klopfte ihrer Schwester beruhigend auf den Rücken: »Tuyet! So hör doch auf, warum weinst du denn?«

Tuyet schluchzte mit erstickter Stimme: »Es ist nichts! Ach May!... Ich habe dich so lieb!«

(Thanh Ne, 17.7.1964)

NGUYEN HUY THIEP
Die Lektionen des Landlebens

Meine Mutter ist eine Bäuerin,
und ich komme vom Lande...
Der Erzähler

In meinem siebzehnten Lebensjahr, als ich die Oberschule abgeschlossen hatte, verbrachte ich die Sommerfe-
rien bei Lam, einem Klassenkameraden, im Dorf Nhai,
Kreis Thach Dao, Provinz N.

Das Dorf Nhai liegt am Fluß Canh, einem kleinen
Fluß. In der Trockenzeit kann man ihn durchwaten, an
der tiefsten Stelle reicht einem das Wasser gerade bis zur
Brust. Das Haus stand am Ende des Dorfes, tief in einer
engen, von einer Rosenhecke gesäumten Gasse. Das
Dach war mit Reisstroh gedeckt, die Wände waren aus
Lehm. Das Haus bestand aus einem dreigeteilten Raum
mit links und rechts je einer Kammer, wie auf dem
Lande üblich. Möbel gab es darin kaum: Mitten im
Haus stand eine große Kiste für Paddy[1], zu beiden Seiten je zwei Bambusbetten, die Kleider hingen auf einer
an der Wand festgebundenen Stange. Einziger Wand-
schmuck war ein altes Seidenbild mit dem Gott des
Glücks, dem Gott des Wohlstandes und dem Gott der
Langlebigkeit, sowie ein paar Kindern, die ihnen Pfirsiche darbrachten. Das Bild hing hinter einer Glasscheibe
in einem spinnwebenüberzogenen Rahmen. Das Glas
hatte sich in den Jahren getrübt, es war mit Fliegen-
dreck übersät.

Lams Familie war nicht groß. Die Großmutter war alt.
Die Eltern waren Bauern, der ältere Bruder war bei der
Armee, jungverheiratet, seine Frau Hien gehörte erst seit

[1] Ungeschälter Rohreis

einem halben Jahr zur Familie. Dann gab es noch zwei jüngere Geschwister: die kleine Khanh, dreizehn Jahre alt, und den vierjährigen Tien.

Mein Zuhause war in der Stadt. Ich hatte selten Gelegenheit, aufs Land zu fahren, deshalb freute ich mich sehr darauf, die Ferien diesmal bei Lams Familie zu verbringen. Mein Vater war Lehrer, meine Mutter (sie stammt aus einer alten feudalen Mandarinfamilie) war Hausfrau, »Gehilfin« meines Vaters. Meine Eltern wollten, daß ich studiere. »Bildung schützt vor Elend, mein Sohn«, sagte meine Mutter.

Es war das erste Mal, daß ich weit weg fuhr. Meine Mutter bat Lam: »Er ist noch sehr jung, paß ein bißchen auf ihn auf, ja!« Ich grinste Lam an. Lam war noch jünger als ich, vier Monate, aber er wirkte größer.

Lams Familie empfing mich herzlich. Hien stellte zwei Eßtabletts zusammen. Eins davon trug sie auf die Veranda, für Lam, seinen Vater und mich. Das andere wurde auf den Hof gestellt, für die Großmutter, die Mutter, Hien, die kleine Khanh und den kleinen Tien. Krabbensuppe mit Wasserwinden, eingelegte Auberginen, gebratene Garnelen... Auf unserem Tablett dazu ein paar Erdnüsse und zwei grüne Guaven für Lams Vater, zum Schnaps.

Hien wünschte: »Guten Appetit, die Herren!« Der kleine Tien forderte: »Laß mich auch die Herren sein!« Lams Mutter wies ihn zurecht: »Sei nicht so frech! Ein Piephahn wie eine Chili-Schote, aber zu den Herren gehören wollen!« Die kleine Khanh schlug die Hand vor den Mund und kicherte. Ich errötete. Die Großmutter seufzte: »Die Herren haben alle einen großen Piephahn...« Alle hielten sich den Bauch vor Lachen, nur Lams Vater blieb ernst. Sein Gesicht war sonnenverbrannt und zerfurcht, aber kein bißchen verdrossen, sondern ruhig und gelassen. Der kleine Tien heulte. Hien tröstete ihn: »Sei still! Hier hast du eine Krabbenschere.« Der kleine Tien schüttelte den Kopf: »Huh, huh,... die ist ja so klein!« Hien sagte: »Morgen gehe ich auf den Markt und kaufe dir ein Kartenspiel, ja?« Lams Mutter: »Das Glücksspiel ist der Vater der Armut. Kauf ihm kein Kartenspiel! Wenn er groß ist, verfällt er dem Spiel, und dann? Kauf ihm eine Rute!« Der kleine Tien heulte wieder los: »Ein Kartenspiel!« Hien zwinkerte Lams Mutter zu: »Ja, ein Kartenspiel.« Die Großmutter: »Früher gab es hier einen Fährmann, den Hai Chep, der war dem Geldspiel verfallen. Zuerst verspielte er sein ganzes Geld, dann sein Land, dann sein Haus, seine Frau lief ihm auch davon. Da setzte er sich mitten in der Nacht auf seine Fähre und weinte. Einerseits hatte er eine Wut auf alles, auf der anderen Seite wollte er alles wiedergutmachen; so schnitt er sich seine beiden Eier ab und warf sie in den Fluß. Seine Frau kam trotzdem nicht wieder.« Lams Mutter sagte: »So eine undankbare Frau.« Die Großmutter: »Pah, undankbar! Die Eier sind ein Schatz, sind sie verloren, dann hat sichs.« Hien lachte: »Großmutter, deine Geschichten sind haarsträubend.«

Das Essen verging wie im Fluge. Die kleine Khanh kratzte den Topf aus. Hien fragte mich: »Bist du satt geworden?« Ich nickte. »Ich habe vier Schalen Reis geschafft. In Hanoi esse ich nur drei.« Lams Mutter: »Vier Schalen, für einen jungen Burschen ist das schwach. Mein Mann braucht neun gestopft volle Schalen. Und ich bin auch erst nach sechs Schalen so richtig satt.« Hien: »Da kann ich nicht mithalten. Ich schaffe nur drei.« Die Großmutter: »Iß, Kind, die Männer nehmen auf uns keine Rücksicht. Beim Schnaps sitzen sie oben auf der Veranda. Im Bett liegen sie oben auf uns.« Lams Vater fuhr hoch: »Die Alte ist lustig, he!« Die Großmutter brummte: »Selber lustig, du Bastard! Ich bin über achtzig, willst du behaupten, daß ich lüge?«

Nachmittag. Lams Vater fragte mich: »Du und Lam, habt ihr beide Lust, Drachensteigen zu gehen?« Lams Mutter: »Ich bitte dich! Du mußt mir ein paar Kilo Reis stampfen.« Hien: »Laß nur. Ich werde den Reis stampfen.

Wir haben nicht oft Gäste.« Lams Vater ging in die Küche und holte vom Zwischenboden einen Drachen, groß wie ein Korbboot und mit einer Papyrusschicht beklebt, als Schnur diente eine Rattan-Faser, dick wie mein Zeigefinger. Lam polierte die kupferne Flöte des Drachen mit Sand, bis sie glänzte. Lams Vater ging die Rattan-Faser im Teich wässern. Wir warteten bis zum Sonnenuntergang, dann liefen wir hinaus auf die Felder. Die Felder waren bereits abgeerntet, es gab nur noch verlassene Stoppeln. Am Horizont wogten feuerfarbene Wolken. Der Ackerboden war rissig. Die ganze Landschaft atmete den Duft der glühenden Erde. Die Dorfkinder kamen herbeigerannt. Ein paar alte Männer, die am Teichufer Reisstroh trockneten, unterbrachen ebenfalls ihre Arbeit und blickten auf. Einer sagte: »Den alten Ba Dinh hat wieder mal der Übermut gepackt.« Ein anderer: »Der Wind steht gut, da muß der Drachen klingen.«

Lams Vater zog sich aus, bis auf die Unterhose, ein muskulöser Körper. Er warf sich die riesige Rolle Rattan-Faser über die Schulter. Lam und ich, wir trugen zu zweit mit Mühe den schweren Drachen. Lams Vater sagte: »Rauf auf den Dam-Tien-Hügel und dann ab mit ihm in die Lüfte!« Lam sagte: »Schau zu.« Er stand oben auf dem Hügel, prüfte die Windrichtung und stieß den Drachen hoch in die Luft, er sah aus wie ein Tänzer.

Ich rannte hinter Lams Vater her, dessen Körper von der heftig an ihm reißenden Leine nach hinten gebogen wurde. Der Drachen segelte schlenkernd abwärts. Lams Vater rannte nach rechts, setzte springend über die Feldraine hinweg. Der Drachen zeichnete eine schräge Linie in die Luft. Lams Vater rannte nach links. Der Drachen zeichnete noch eine schräge Linie. Er wackelte ein paarmal, dann stieg er sich wiegend senkrecht in die Höhe. Lams Vater ließ ihm Leine. Auf seinem nackten Rücken trat der Schweiß in großen Tropfen hervor. Er atmete schwer. Rannte. Stürzte. Rannte weiter. Stürzte erneut.

Ich lief hinter ihm her, mir blieb fast die Luft weg. Er

überquerte die Stoppelfelder, durchwatete die Bewässerungsgräben, stumm, verbissen, angespannt, unermüdlich, wie jemand, der weiß, er verrichtet gerade eine äußerst schwierige Arbeit, die volle Konzentration erfordert. Die Rolle spulte sich allmählich ab, der Drachen gelangte in höchste Höhen, wo es keine tückischen, niederträchtigen Winde voller Unwägbarkeiten mehr gab; dort oben wehte ein anderer Wind, liebenswürdig, edel, großmütig, tolerant und friedvoll. Der Drachen neigte sich einmal, als wollte er der Erde seine Verachtung zeigen, oder sie grüßen, dann stand er still und blies allein Flöte.

> Höre die Flötentöne, die Flötentöne
> Weiß jemand, was singen heißt?
> An die Erde gefesselt nur durch einen dünnen Faden
> Der jeden Augenblick reißen kann
> Wagt er es dennoch, frei zu schweben
> Weil nur Du Drachen, oh Drachen
> Fühlen kannst die Leichtigkeit des Seins
> Ohne einem anderen Leid zuzufügen
> In der haltlosen Bläue
> Eine winzige Flöte
> Zieht unsere Blicke zum Himmel.
> Die Leiden, sogar der Ruhm
> Lassen Dich nur empfindsamer werden
> Sing nur
> Zu Deiner Erleichterung
> Denn das Schicksal hat schon entschieden:
> Welches Drachen Leine würde nicht irgendwann reißen?

Der Drachen hatte seinen stabilen Spielraum gewonnen. Die Rattan-Faser krümmte sich wie ein Bogen. Lams Vater bestieg den Damm, um den Drachen stromabwärts heimzuführen. In einer Hand das Ende der Rattan-Faser ging er schweigend, wie jemand, der einen Büffel nach

Hause treibt. Er blickte nicht ein Mal zurück. Der ganze Himmel war von Flötentönen erfüllt. Ich betrachtete die durchnäßte, schmutzbedeckte Gestalt mit Bewunderung, nach meiner Schätzung war er sicher neun, zehn Kilometer gelaufen.

Am Eingang des Dorfes band er das Ende der Rattan-Faser an einen bereitstehenden Bambuspfahl. Jetzt erst richtete er seinen Blick wieder zum Himmel und genoß das Bild des hoch oben schwebenden Drachen. Er schien zufrieden zu sein. Nach ein paar Minuten lief er hinunter zum Fluß. Er zog sich nackt aus, band sich die Hose um den Hals, umfaßte mit einer Hand seine Genitalien, watete ins Wasser und tauchte in einem Zug bis zur Flußmitte. Erst dort kam sein Kopf wieder zum Vorschein, er verharrte einen Moment, ich bin sicher, er schaute hinauf zum Drachen, dann rief er irgend etwas, tauchte wieder unter und verschwand. Die Dunkelheit, die alles zu umhüllen begann, verwischte alle Spuren.

Ich ging allein auf dem fremden Weg ins Dorf. Es dämmerte. Die Luft war mit einer weichen und geheimnisvollen Zärtlichkeit angefüllt. Die Bäume am Wegrand zausten ihre Zweige. Ich verlor das Gefühl für die Gegenwart. In mir existierte keinerlei Vorstellung von der Stadt, in der ich wohnte, sogar die vertrauten Gesichter meiner Eltern waren mir entfallen. Selbst die Zugfahrt mit Lam aus der Stadt hierher am Morgen war vollkommen aus meinem Gedächtnis gestrichen. Ich war also zum erstenmal weit weg von zu Hause... Auch den Drachen hatte ich völlig vergessen...

Vergiß, vergiß nur
Die Nacht senkt sich nieder – das große Wegwischen der Zeit
Wischt weg zuallererst den Zufall meiner Geburt
Wischt weg jede Bande zwischen mir und den Dingen

Wischt weg alle Nutzlosigkeit und Beschämungen
  des dreisten Tages

Wische ... wische nur
Zieh fester die Fäden im Herz
Denn durchstreifen muß man die Nacht
Die Seele muß wandern allein im Schlaf
Ohne Gepäck
Selbst ohne Leib
Welche Inkarnationen warten auf Dich?
Und welche Räume schließen Dich ein?

Bei Lam zu Hause siebte die Mutter auf dem Hof Reis, die
Großmutter lag in der Hängematte und wiegte den kleinen Tien, die kleine Khanh schlief auf einem Bambusbett,
und der Vater saß da und spaltete Bambus. Lams Mutter
sagte: »Lam wollte mit dir Garnelenfischen gehen. Er hat
die ganze Zeit gewartet. Jetzt ist er allein losgegangen.« Im
Schuppen stampfte Hien Reis. Sie rief: »Hieu, wenn du
nichts zu tun hast, komm her und hilf mir!«
    Ich trat in den Schuppen. Halbdunkel. Das einzige
Licht kam von einer winzigen Petroleumlampe. Zum
Reisstampfen diente ein zweieinhalb Meter langer, schwerer Holzbalken, der wie eine Wippe auf einem Stift befestigt war, sein eines Ende trug eine Eisenkappe, das
andere Ende mußte mit dem Fuß mit ganzer Kraft immer
wieder heruntergedrückt werden. Hien fragte: »Hast du
schon mal Reis gestampft?« »Nein.« »Stell dich hierher
und halt dich hier am Seil fest.« Ich sagte: »Reisstampfen
ist aber leicht!« Hien lachte: »Wie alt bist du?« »Siebzehn,
genauso alt wie Lam«, antwortete ich. Hien seufzte: »Ich
bin drei Jahre älter als du. Schon alt. Eine Frau blüht nur
einmal. Ich habe große Angst ... Hieu, tausche den Platz
mit mir. Der Mann steht doch nie vor der Frau, beim
Reisstampfen.« Sie lachte. Ihr plötzlich sehr naher
Schweißgeruch und der weiche Druck ihrer Brüste in
meinem Rücken ließen mich erstarren.

Hien flüsterte: »Hier auf dem Lande ist es sehr öde. In Hanoi war ich erst einmal, damals war ich noch nicht verheiratet. Es war ganz schön, aber auch zum Fürchten. Die Hanoier blickten alle böse. Auf dem Busbahnhof sprach mich ein Mann an, einer mit Brille und einem dünnen Oberlippenbart, so alt wie mein Vater: ›Kleine, willst du nicht mit mir gehen?‹ Ich war entsetzt und antwortete: ›Was fällt Ihnen ein!‹ Er lachte: ›Oh, Entschuldigung, ich habe dich für eine streunende Katze gehalten.‹ Ich habe keine Ahnung, was er damit gemeint hat. Dann kam Tan, mein Mann, zurück, und der Kerl verzog sich. Ich erzählte alles Tan. Der machte ein finsteres Gesicht und sagte: ›Die Städter sind alle Flegel.‹ Ich weiß nicht, ob er recht hat, aber schön reden tun die Städter. Bei jeder Kleinigkeit bitten sie um Entschuldigung.«

Hien flüsterte weiter: »Das Schlimmste auf dem Lande ist die Langeweile. Die Arbeit ist nicht weiter schlimm. Aber oft ist es so langweilig, daß man ganz zermürbt davon wird. Als dann Tan auch noch zur Armee gegangen war, wollte ich mich umbringen, weil es zu langweilig war. Ich ging allein in ein Maisfeld und legte mich in einen Ameisenhaufen. Ich dachte, die Ameisen würden mich beißen, davon würde ich bestimmt sterben. Ich starb aber nicht. Die Ameisen hatten vielleicht zu großes Mitleid mit mir, oder? Wahrscheinlich meinten sie, es wäre schade um ein so junges Mädchen.« Sie lachte. Ein Schmerz schnürte mir die Seele zu. Ich dachte an meinen Vater, auch er trug einen dünnen Oberlippenbart und eine Brille. Und meine Mutter, wenn sie sich in einen Ameisenhaufen legen würde, sie würde ganz bestimmt sterben. Meine Mutter konnte nicht eine Sekunde ruhig auf einem Fleck bleiben, Ameisen können Menschen, die immer in Bewegung sind, nicht leiden... Hien sprach weiter: »Manchmal gibt es auch ein Vergnügen auf dem Lande. Wenn eine Cheo- oder Tuong-Truppe[2] kommt,

2 Populäre Formen des Theaters, voll Spott und Satire.

das ist toll. Ich weiß noch, wie ich einmal mit einer Tüte voll gerösteter Heuschrecken zu einer Vorstellung von ›Das Urteil des Tan Huong Lien‹ gegangen bin. Geröstete Heuschrecken, das schmeckt! Ich, die Luoc und die Thu, wir haben zusammengestanden, uns das Stück angesehen und Heuschrecken gegessen. Dieser treulose alte Tran Si My, kaum war er Mandarin geworden, hat er seine Frau nicht mehr angeguckt. Ein Glück, daß es noch den Bao Cong gab. Wenn der nicht wäre, hätten die Mißstände niemals ein Ende.« Sie hielt einen Moment inne und brach dann in Lachen aus: »Hinter uns standen ein paar Kerle aus Due Dong. Einer von denen preßte seinen Piephahn an Luocs Arschbacken. Luoc schimpfte los: ›He, was machst du!‹ Der Kerl kannte auch keine Scham, der sagte ganz trocken: ›Den Genossenschaftsvorsitzenden.‹ Luoc darauf: ›Hör auf damit!‹ Er: ›Solange ich das Vertrauen des Volkes habe, mache ich weiter.‹ Alles grölte. Luoc stürzte davon, mit nassem Hosenboden. Sie hatte fürchterliche Angst, daß sie nun schwanger werden könnte. Als sie nach Hause kam, warf sie die Hose gleich in den Teich. Tan Huong Lien und Tran Si My!«

Hien sagte: »Hieu, hör auf, so zu atmen. Atme tief ein... und dann ganz langsam aus. Du mußt atmen wie der Herr Oberst aus unserem Dorf, der immer Schattenboxen trainiert. Er heißt Ba, ist schon pensioniert und sehr dick. Jeden Morgen rennt er in Unterhosen durch das Dorf und ruft dabei: ›Eins, zwei, drei, vier... Rüstig!‹ Einmal ging ich mit der Thu Reissetzlinge umpflanzen, morgens um vier, da sahen wir Herrn Ba angerannt kommen. Bei seiner Hose war der Strick gerissen, er hielt die Hose fest und rannte. Thu rief: ›Väterchen, Sie sind schon sechzig, wofür halten Sie sich denn noch in Form?‹ Er antwortete: ›Fit fürs Familienleben. Wißt ihr denn nicht, daß meine Frau erst vierzig ist?‹ Der ist in Ordnung. Immer bereit zu helfen... Man erzählt sich, er sei in Pension geschickt worden nicht wegen seines Alters, sondern wegen seiner Beschränktheit. Wie es heißt, stellt der Staat jetzt nur noch junge Leute mit Bildung ein.«

Hien sagte: »Warum muß eine Frau unbedingt heiraten? Sieh mich an, mein Mann ist weit weg, mit Ehemann ist es wie ohne. Hieu, sag mal, einen Mann heiraten und ihn dann wieder verlassen, ist das in Ordnung?« »Nein.« »Stimmt. Wird ein Bambuszweig, der auf dem Fluß schwimmt, nicht zerdrückt, wird er zerbrochen. Hat eine Frau, die über ihren Mann herzieht, nicht den einen Fehler, hat sie ein anderes Laster.« Ich fragte: »Was soll das bedeuten?« Sie antwortete: »Das heißt, daß die Frau nichts wert ist. Aber bei den Männern gibt es auch viele, die nichts wert sind. Einen armen, nichtsnutzigen und noch dazu edel gesinnten Mann zu kriegen, das ist zum Fürchten. Das zerstört das Leben einer Frau wie nichts.« Ich fragte: »Was bringt dich auf solche Gedanken?« Sie sagte: »Das kommt nicht von mir. Das sagt unser Lehrer, Herr Trieu. Er lehrt an der Abendschule. Er sagt, eine Frau braucht keine edle Gesinnung. Eine Frau braucht Verständnis, Zärtlichkeit und Hilfe durch Bargeld. Das ist Liebe. Edle Gesinnung ist nur etwas für Politiker. Politik ohne edle Gesinnung, das ist zum Fürchten. Politik ist das, worauf die Leute blicken, um ruhig zu leben.«

Ich war zum Umfallen müde. Ich habe keine Ahnung, wann ich schlafen ging. Als ich erwachte, verstörte mich die wundervolle Stille des leeren Hauses. Keiner war da. Ich ging mir das Gesicht waschen, dann schaute ich mich überall um. Im Schuppen standen mehrere Körbe voll geschältem Reis übereinandergestapelt. Der Drachen lag in einer Ecke, mit völlig zerfetzten Flügeln, von der Flöte und der Rolle Rattan-Faser keine Spur. In der Küche stand ein Teller gekochte Süßkartoffeln mit einigen Aubergine-Stücken, sicherlich für mich. Ich aß beides auf und setzte mich dann ins Haus. Das Bild mit dem Gott des Glücks, dem Gott des Wohlstandes und dem Gott der Langlebigkeit sowie den Pfirsiche darbringenden Kindern war eine Tuschzeichnung, eine billige Reproduktion mit Erläuterungstext in chinesischen Schriftzeichen. Der Glücksgott gefiel mir am besten, mit seinem schwarzen Bart, Pausbacken, einem kräftigen Körper und Augen, die aussahen, als könnten sie reden. Spräche er, dann würde der Glücksgott sagen: »Genug, ich bin schon über alles im Bilde. Die Herrschaften müssen Ruhe bewahren, wir werden die Sache aushandeln, versuchen Sie nicht, mich zu betrügen.«

Auf dem Hof pickten ein paar Hühner nach Reiskörnern. Stille. Kein Geräusch.

> Haltet an, haltet alles an
> Dämpft jedes Geräusch des chaotischen Lebens
> Haltet an eine Weile
> Hört schweigend die völlige Stille
> Ihr werdet euch unendlich winzig finden
> Ich bin nur ein winziges Körnchen Güte
> Mit einem Gran Güte, wie kann ich da etwas gewinnen?
> Mit einem Gran Güte, wie kann ich mich da wehren?
> Das magere Kapital, von der Mutter hinterlassen
> Ist gut verborgen in einem dunklen Winkel
> Dieser dunkle Winkel des Gewissens
> Weint still Tag und Nacht mit brüchiger Stimme.

Gegen zehn kam die Großmutter mit der kleinen Khanh und dem kleinen Tien nach Hause. Die Großmutter sagte: »Wir waren in der Pagode. Der Vorsteher hat uns Opferreis mitgegeben. Khanh, laß Hieu davon kosten.« Ich erwiderte: »Essen Sie nur, Großmutter, ich habe gerade die Bataten aufgegessen.« Darauf die Großmutter: »Ich esse nichts. Ich habe schon ein Leben lang gegessen. Ist man mit Achtzig noch gefräßig, dann stirbt es sich schwer. Seit vier Jahren rühre ich nichts Nahrhaftes mehr an, trotzdem kann ich nicht sterben.« Sie seufzte: »Zu alte Leute werden zu einer Plage, mein Junge. Wie ich das

Alter hasse! Jeden Morgen gehe ich in die Pagode und flehe Buddha an, mich sterben zu lassen. Aber Buddha schüttelt nur den Kopf, er will mich noch nicht haben. Das kommt nur davon, daß ich mein Leben lang nichts als Arbeiten gekannt habe. Ich hätte mich in meiner Jugend ordentlich austoben sollen, dann wäre es nicht so weit gekommen. Von den Mädchen meiner Generation im Dorf hat Buddha alle, die in ihrer Jugend ein lockeres Leben geführt haben, zeitig zu sich genommen. Keine von denen brauchte zu warten, bis sie siebzig war. Das nenne ich glücklich leben und glücklich sterben. Ich dagegen, mein ganzes Leben lang habe ich nur einen einzigen Schwanz gekannt, ich galt als treu und tugendhaft, weiß der Himmel, wem das etwas eingebracht hat. Ich weiß nur, ein langes Leben ist eine Last für die Kinder und Enkel, mein Junge.« Ich lächelte betroffen: »Aber Großmutter, Sie dürfen nicht so reden.« Sie schüttelte den Kopf: »Du bist noch sehr jung, werde du mal achtzig, dann wirst du schon sehen. Buddha gibt jedem ein wenig Vermögen, jedem gleich viel, dem einen 17 Unzen, dem anderen ein Pfund. Gesundheit und Tugend sind auch Vermögen. Hat man Vermögen, muß man auch verstehen, es auszugeben. Wer viel hortet, dem wendet es sich zum Unheil. In Due Dong gab es einen reichen Mann, der hielt in seinem Haus ein paar Dutzend Kilo Gold versteckt; seine Frau wurde verrückt, seine Tochter geistesschwach, von den Enkeln und Urenkeln wurde keines älter als dreißig.«

Lam kam mit seinem Vater vom Pflügen zurück. Lams Vater fragte: »Es ist Mittag, habt ihr noch gar nichts gekocht?« Aus der Küche antwortete die kleine Khanh: »Ich bin gerade dabei!« Lams Vater ging ins Haus, goß Tee in Eßschalen und bot mir welchen an. »Bist du gar nicht aus dem Haus gegangen?« fragte er mich. »Wenn du dir ständig das Gerede unserer Großmutter anhörst, dann wirst du eines Tages den Verstand verlieren.« Die Großmutter versetzte: »Freilich. Ich bin blöde.« Lams Vater:

»Nicht blöd, aber schlimm.« Die Großmutter: »Vor einer schlimmen Seele muß man sich in acht nehmen, aber was hat man von einer schlimmen Zunge schon zu befürchten?« Lams Vater: »Die Jugend ist ein Brunnen voll klarem Wasser, und du läßt lauter Schlangen und Kröten darauf los, schauderhaft.« Die Großmutter erwiderte trotzig: »Schon gut, Junge, ich bin ein dürrer Bambusstock, bei dem von zehn Knoten acht Teufel sind, einer und ein halber sind Geister, und nur ein halber ist ein Mensch. Wenn du hören kannst, dann höre, wenn nicht, dann laß es am Ohr vorbeirauschen.«

Nach dem Mittagessen kam Herr Trieu, der Lehrer, zu Besuch. Er war noch jung, gerade mal um die Dreißig, mager, und wirkte wie ein Mensch, der vom Leben nichts mehr erwartet. Ich nahm flüchtig wahr, wie Hien unter seinem gleichmütigen Blick schüchtern wurde. Er fragte mich: »Gefällt es dir hier bei uns auf dem Lande?«

»Ja.« Er lachte: »Das war eine ziemlich dumme Frage. Du bist ja Gast hier, und wenn du nein gesagt hättest, würde dir Herr Ba Dinh wahrscheinlich empfehlen zu verschwinden.« Lams Vater meinte: »Das würde ich nicht wagen.« Weiter Herr Trieu: »Herr Ba Dinh, Ihr Gast ist ja schamhaft wie ein Mädchen. Ich lese in seinem Gesicht Intelligenz, aber auch viel Unglück. Höre auf mich: Wenn du erwachsen bist, dann hüte dich vor der literarischen Laufbahn. Dabei kannst du nur Prügel beziehen. Verfluchen wird man dich. Gegen die Dummheit der Gebildeten kommst du nicht an. Ich sage dir, ich weiß genau, wie verderblich die Dummheit der Gebildeten ist, reaktionär, gefährlich und gemein. Die Dummheit der Gebildeten ist tausendmal ärger als die der normalen Menschen.« Ich fragte: »Warum?« »Weil sie sich verstellen. Sie geben vor, im Namen des Gewissens, im Namen der Moral, im Namen der Ästhetik, im Namen der gesellschaftlichen Ordnung, sogar im Namen des Volkes aufzutreten. Eine Politik, die nicht klug ist, läßt sich davon täuschen.« Ich fragte: »Braucht das Volk denn kein Wissen?« »Die Kinder brauchen Wissen, viel Wissen, aber wenn sie dann erwachsen sind, ich rede vom Volk, dann brauchen sie viel mehr als Wissen: Frieden, um harmonisch und natürlich zu leben. Auch das Alter braucht Wissen, aber Wissen in einer anderen Form, als Religion. Wenn ich vom Volk rede, dann zähle ich die Alten und die Kinder nicht dazu. Im Schaffensalter ist das Leben des Volkes selbst Wissen.«

Herr Trieu sagte zu Hien: »Der Abendkurs ist schon zu Ende. Du bist in die achte Klasse versetzt. In Mathematik hast du eine Acht und in Literatur eine Drei, ich hab draus eine Fünf gemacht.« Hien errötete: »Ich bin sehr schwach in Literatur.« Herr Trieu: »Das macht nichts. Es reicht, wenn unser Volk gut kämpfen kann. Ich finde es traurig, daß unsere Literatur überhaupt wenig wert ist. Es fehlt ihr an Glauben und einer wahren Ästhetik.«

Herr Trieu ging. Ich sagte: »Der ist gut, was?« Lams Vater darauf: »Ja, sehr. Alle Kinder im Dorf gehen bei ihm zur Schule, und wir sind bei seinem Großvater, dem alten Herrn Dat, zur Schule gegangen.«

Schlagartig verfinsterte sich der Himmel. Kurz darauf begann es zu regnen. Es goß in Strömen, der ganze Hof stand sofort unter Wasser. Die kleine Khanh jauchzte: »Da! Fliegende Fische! Fliegende Fische!« Sie rannte auf den Hof, um einen zu fangen. Ich folgte ihr in den Regen. Sie rief: »Hien! Hol mir den Kescher!« Hien stand auf der Terrasse, blickte zum Himmel und sagte dann zu Lams Vater: »Das Wetter ist umgeschlagen. Hol das Netz, gehen wir zum Fluß.« Die kleine Khanh jubelte: »Zum Fluß! Zum Fluß!«

Lams Vater warf sich das Netz über die Schulter. Ich griff mir den Kescher. Hien griff sich einen Korb. Die kleine Khanh griff sich einen kleinen Korb für die Krabben. Wir marschierten zum Fluß. Es goß weiter in Strömen. Auf der Wasseroberfläche tummelten sich die Fische. Hien sagte: »Sieh nur, Vater, wie viele Fische!« Lams Vater watete in den Fluß, als er bis über die Hüften im Wasser stand, warf er das Netz aus. Massenhaft Garnelen. Manche Fische waren so groß wie eine Hand. Hien, ich und die kleine Khanh holten das Netz ein. Die Fische purzelten auf den Ufersand. Lams Vater warf das Netz immer wieder aus, an die zehn Mal, jedesmal war es voller Fische, darunter sogar Welse, so groß wie eine menschliche Wade. Welse sind Fische, die keine Schuppen haben und deshalb glatt und glitschig sind.

Es regnete noch immer in Strömen. Ich begann zu frieren. Auch Hien und die kleine Khanh klapperten mit den Zähnen. Wir waren erschöpft und froren, trotzdem machte es uns allen dreien großen Spaß.

Lams Vater warf zweimal hintereinander das Netz aus, ohne etwas zu fangen. Er ließ das Netz herunterhängen und sagte zu uns: »Ich gehe schon vor, ich muß noch das Wasser vom Feld ableiten. Ihr kommt dann nach.«

Hien füllte den Korb mit Fischen, als der Korb voll war, sagte sie zu der kleinen Khanh: »Los, gehen wir baden.« Beide konnten gut schwimmen. Ich zauderte einen Moment, dann ging ich auch ins Wasser. Es war sehr warm. Weil ich gerade erst schwimmen gelernt hatte, wagte ich mich nicht weit hinaus. Hien rief: »Bist du aber schwach!«

Nach zehn Minuten gingen wir wieder aus dem Wasser. Hien und der kleinen Khanh klebten die nassen Sachen dicht am Leib. Dieser Anblick nahm mir den Atem. Beide hatten einen wunderschönen, außergewöhnlich verführerischen Körper. Mein Herz schlug bis zum Hals. Hien rief: »Hieu, komm her, hilf mir!« Unsere Blicke begegneten sich. Ganz flüchtig sah ich ein verschmitztes, freudiges Lächeln um ihre Mundwinkel aufblitzen. Ich ging zu ihr und beugte mich vor, um den Korb anzuheben, da drückte sie sich plötzlich wie aus Versehen an mich und preßte ihren Schenkel gegen meinen Leib. Ich war wie betäubt, meine Kiefermuskeln verhärteten sich schlagartig. Hien blickte mir einen Augenblick lang tief in die Augen, dann errötete sie. Ich bekam keine Luft

mehr, die Knie knickten mir ein, ich zitterte heftig. Hien
legte ihre Hand auf meinen Kopf, erbleichte, stammelte
irgend etwas Unverständliches und stürzte davon, der
kleinen Khanh hinterher, die mit dem Kescher vorange-
gangen war. Ich hörte sie beide schallend lachen.

Keuchend wälzte ich mich im feuchten Sand. Meine
beiden Hoden waren bleischwer und taten sehr weh. Die
Fische waren aus dem Korb geglitten. Bäuchlings lag ich
zwischen den Fischen und Krabben und ejakulierte, den
Mund voll Sand. Ob ich Sand geschluckt habe, weiß ich
nicht. Ein aus Angst und Wohlbehagen zusammengesetz-
tes Gefühl quoll in mir über. Ich wußte, von jetzt an war
ich erwachsen.

> Kindheit, ade
> Ich bin erwachsen
> Von jetzt an muß ich die Verantwortung tragen, für
>   mich, für jeden Menschen
> Ich beginne eine Kette von Irrtümern
> Oh Kindheit
> Als noch ein Klumpen reines Yang in mir war
> Geld, Ruhm, Recht und Gesetz fliegen an mir vor-
>   bei
> Die zarten Flügel meiner Mutter hüllen mich ein
> Oh Kindheit
> Das sorglose Lachen, wo ist es geblieben
> Die sonderbaren Märchen
> Der schmale Weg zur Schule
> Und die Angst, alleingelassen zu werden...
> Ich bin erwachsen
> Vor mir dehnt sich die Weite der Leidenschaft
> Meine Seele ist verschlammt
> Ich jage dem Ruhm hinterher
> Jage dem Geld hinterher
> Glück und Pflicht peinigen mich
> Und der Tod wartet grinsend am Ende des Weges
> Dort gibt es einen Abstieg zur Hölle

Oh Kindheit
Reine Kindheit
Arme, einsame, traurige Kindheit
Soll ich über Dich lachen oder weinen
Ade!

Ich kam nach Hause. Lams Mutter sagte: »Wenn wir Glück haben, komme ich noch rechtzeitig zum Nachmittagsmarkt, um die Fische zu verkaufen.« Sie sortierte die größten Fische aus, gab sie mit ein paar Anweisungen der kleinen Khanh und eilte auf den Markt. Die kleine Khanh griff sich ein Messer und ein Küchenbrett und lief hinunter zum Teich, um die Fische auszunehmen und zu säubern. Der Regen hatte aufgehört, doch der Himmel war noch immer grau. Ich war wie zerschlagen und legte mich schlafen.

Nachdem ich eine ganze Weile geschlafen hatte, erwachte ich plötzlich von einem verhaltenen Lachen auf dem Hof. Auf der Terrasse saßen die kleine Khanh und der kleine Tien und spielten. Die kleine Khanh hatte zehn Eßstäbchen vor sich auf dem Boden liegen, singend warf sie einen Kieselstein in die Luft und fing ihn wieder auf. Bei jedem Wurf nahm sie flink ein paar Eßstäbchen auf. Der kleine Tien saß zu ihren Füßen und versuchte ungeschickt, es ihr nachzumachen. Khanhs Stimme vibrierte hell:

Wechsle wechsle Eins
Erstes Paar
Wechsle wechsle eine Süßkartoffel
Zweites Paar
Wechsle wechsle eine Aubergine
Drittes Paar
Wechsle wechsle einen Flaschenkürbis
Viertes Paar
Wechsle wechsle eine Seidenraupe
Fünftes Paar
Stäbchen auf den Boden...

Die Großmutter saß auf dem Bett, über ihre faltigen Wangen rannen Tränen. Wieder vibrierte hell Khanhs Stimme:

Hinein ins Dorf
Ich möchte bitte Fleisch
Aus dem Dorf heraus
Ich möchte bitte Klebreis
Den Fluß hinauf
Den Fluß hinunter
Senfgras säen
Mit der Fähre übersetzen
Erste Fähre
Zweite Fähre...

Ich trat hinaus auf die Gasse. Unvermittelt leuchtete der Himmel in einem unsagbar schönen safrangelben Licht auf. Alles – Himmel, Erde, Pflanzen, Gegenstände – erschien plötzlich überdeutlich in einem geheimnisvoll strahlenden Schein. Alles war in Safrangelb getaucht, selbst die weinroten Stockrosen schimmerten in einer neuen Farbe, rosig wie menschliche Lippen. Mein Herz sprang vor Angst. Eine andere, fürchterlich gegenständliche Welt, jede Einzelheit bestürzend klar, öffnete sich vor meinen Augen.

Nach wenigen Minuten färbte der Himmel sich wieder grau. Alles erhielt sein altes Aussehen zurück. Ich fuhr zusammen, betroffen erkannte ich, wie blaß und armselig die Welt um mich herum war. Lange Zeit stand ich ohne eine Regung da, ehe ich mich wieder fassen konnte.

In großer Höhe flogen Störche vorüber, ihre heiseren Schreie klangen sehr schaurig. Von den Blättern rauschte ein Schauer von Regentropfen auf mich hernieder. Ich lief die schmale, von herabgefallenen Bambusblättern bedeckte Gasse entlang, irrte eine Weile durch das Dorf, weil ich den Weg verloren hatte. Ein paar Kinder rannten lärmend vorbei. In irgendeinem Haus vermißte jemand ein Huhn und beschimpfte lautstark die Nachbarn, unflätig und streitlustig. Ich lief hinaus auf den Damm. In weiter Ferne zog ein braunes Segel bedächtig und gelassen stromaufwärts.

Herr Trieu saß auf dem Damm und las. Ich ging auf ihn zu, um ihn herum standen viele violette Blumen, deren leicht geöffnete Blütenblätter aussahen wie menschliche Lippen. Ich pflückte eine davon und roch an ihr. Sie duftete intensiv. Herr Trieu lachte: »Kennst du diese Blumen?« Ich schüttelte den Kopf. Er sagte: »Das sind sehr seltsame Blumen. Sie sehen genau aus wie ein lächelnder Mund, fliegt irgendeine unbedachte Mücke hinein, schnappt die Blüte sofort zu. Das Seltsame an ihr ist, läßt du sie in Ruhe, passiert gar nichts, berührst du sie aber, fängt sie an zu duften. Sie wird Hurenblume genannt. Genau wie bei einer Frau: Läßt du sie in Ruhe, ist sie hochanständig, berührst du sie, ruiniert sie dich wie nichts, zuerst ist dein Geld dran, dann deine Seele, dann deine Familie und schließlich deine ganze Existenz.« Ich lachte: »Sind Sie verheiratet?« »Nein. Die Frauen der anderen sind immer schön. Die eigene Frau ist immer anständig. Das ist das Unglück.«

Herr Trieu lag ausgestreckt im Gras. Er sagte: »Setz dich. Du kommst aus der Stadt, verachtest du die Leute vom Lande?« Ich antwortete: »Nein.« »Ja, verachte sie nicht«, sagte er. »Wir Städter und Gebildeten stehen alle tief in der Schuld der Leute vom Lande. Wir zerstören sie mit unseren materiellen Genüssen, samt Pseudo-Bildung und -Wissenschaft, drangsalieren sie mit den Gesetzen, betrügen sie mit Gefühlen, beuten sie bis auf die Knochen aus, wir drücken das Land platt mit dem Überbau aus Papieren und Vorstellungen von Kultur... Verstehst du? Mir blutet das Herz. Ich sage immer: *Meine Mutter ist eine Bäuerin, und ich komme vom Lande...*« Er verstummte. Einen Augenblick später setzte er sich unvermittelt auf und sagte traurig: »Du kannst nicht verstehen, was ich meine.« Ich erwiderte: »Sie haben kein Vertrauen in mich, oder?« Er sagte: »Doch. Aber du bist noch zu jung. Die Schuld liegt bei der Natur, nicht bei dir.«

Ich spürte, wie ich von Ameisen gebissen wurde, deshalb mußte ich aufstehen. Zu meinen Füßen wimmelten schwarze Ameisen um eine tote Libelle. Ich sagte: »Wie viele Ameisen!« Darauf Herr Trieu: »Siehst du! Das Volk bei uns drängelt sich genauso. Die Leute leben ihr ganzes Leben lang wie Ameisen, geschäftig, umherflitzend, und können sich gerade so ernähren. Leg die Libelle an eine andere Stelle, wir werden sehen, was dann geschieht.« Ich folgte seiner Aufforderung. Er sagte: »Siehst du, wie sie alle dorthin strömen?« »Ja.« »Unsere Menschen sind genauso kurzsichtig und leichtgläubig. Politiker und Genies sind Leute, die in der Lage sind, das Volk in eine Richtung zu lenken. Das Volk strebt nach Vorteil. Wenn auch nur die Aussicht auf einen winzig kleinen Vorteil besteht, werden sie blindlings losrennen. Sie wissen nicht, daß darin die ganze Sinnlosigkeit ihres Daseins liegt. Sie werden geboren, leben, ernähren sich, werden in die eine Richtung gestoßen, dann in die andere Richtung, und entscheiden niemals selbst, wo es langgeht. Das Volk muß irgendwann begreifen, daß es nicht nach Vorteil streben darf, und wenn doch, dann wird der von niemandem gewährt. Was sie bekommen, das sind immer nur leere Versprechungen, mit denen man sie betrügt. Und bekommen sie doch einmal etwas, dann ist das immer nur ganz wenig, dann ist der Schaden größer als der Nutzen. Das Volk selbst muß sich einen Vorteil schaffen, durch die eigene Arbeit. Und sie müssen begreifen, daß sie nach etwas Höherem als dem Vorteil streben müssen, nach dem wahren Wert ihres Lebens: dem Recht, ihr Leben selbst zu entscheiden, mit einem Wort, der Freiheit.«

Herr Trieu seufzte, dachte einen Augenblick nach und sagte dann bedachtsam: »Und noch das eine, damit alles gesagt ist. Eine Zeit der Wirren braucht unbedingt eine Diktatur. Aber eine Zeit des Friedens, in einer solchen Zeit wird eine Diktatur das Volk in eine Katastrophe führen. Nur eine demokratische, moralisch integre, kultivierte und nach ihren eigenen Worten auch handelnde Politik kann das Land gedeihen lassen.«

Wir schwiegen. Herr Trieu sagte: »Hieu! Höre nicht auf mich! Ich bin oberflächlich und stecke voller Irrtümer. *Meine Mutter ist eine Bäuerin, und ich komme vom Lande.*« Ich betrachtete ihn bewegt, mit einmal kamen mir die Tränen. Ich drückte mein Gesicht ins Gras, damit er mich nicht weinen sah.

Er stand auf und ging die Dammböschung hinunter. Auf einmal erhob sich von den Feldern her ein Geschrei. Ein schlammverkrusteter Büffel stürmte rasend in unsere Richtung. Im selben Augenblick hörte ich, wie eine Stimme mich rief: »Hieu, komm essen!« Ich erkannte den kleinen Tien, der am Fuß der Böschung stand und nun entgeistert den Büffel, der direkt auf ihn zugerast kam, anstarrte. Ich erschrak, und noch ehe ich mich wieder fassen konnte, sah ich, wie sich Herr Trieu dem Büffel in den Weg warf. Dann ein markerschütternder Schrei. Der Büffel raste mit grauenhafter Gewalt direkt in Herrn Trieu hinein. Es sah aus, als würde Herr Trieu von den Hörnern des Büffels aufgespießt und hoch in die Luft gehoben.

Er starb auf der Stelle. Sein Kopf war abgeknickt, aus dem Mund brach Blut, die Eingeweide hingen heraus. Der rasende Bulle graste friedlich neben ihm. Der kleine Tien, den Herr Trieu beiseite gestoßen hatte, rappelte sich totenbleich auf.

Viele Leute kamen angerannt, einige sogar mit Gewehren bewaffnet. Einer von der Bürgerwehr stieß wie von Sinnen dem Büffel den Kolben seines Gewehres vor den Schädel.

Zahlreiche Dorfbewohner waren zusammengeströmt. Lams Großmutter hielt den kleinen Tien fest, weinend und über der Leiche von Herrn Trieu klagend. Lams Vater und Mutter weinten ebenfalls, sie sanken auf dem Feldrain in die Knie und rangen die Hände, als flehten sie zu den

Sternen. Einige Alte aus dem Dorf beratschlagten, schließlich verkündeten sie, Herrn Trieus Leiche sollte zu der uralten Eiche getragen werden. Diese Eiche war über neunhundert Jahre alt, mit einer gewaltigen Blätterkrone, vier Leute reichten gerade aus, um ihren Stamm zu umfassen.

Die Nacht brach herein. Der Himmel füllte sich mit zahllosen Sternen. Mich durchfuhr unvermittelt der gleiche Schreck wie am Nachmittag, als das safrangelbe Licht erschienen war. Ich erkannte, daß die Welt unermeßlich und endlos ist, ich selbst, Leben und Tod dagegen klein und bedeutungslos.

Der Sarg für Herrn Trieu wurde gleich unter der Eiche gezimmert. Lam und einige andere Jugendliche aus dem Dorf brachten Räucherstäbchen und errichteten den Altar. Auf dem Altar wurde ein Photo, eine Schale für Räucherstäbchen, fünf verschiedene Sorten Früchte und Betel angeordnet. Das ganze Dorf war unter der Eiche versammelt. Jemand brachte die traditionellen, rotgemusterten Reisstrohmatten und breitete sie auf der Erde aus, damit die Alten sich darauf niedersetzen und ihre Betelprieme bereiten konnten. Die Bürgerwehr stand Wache, mit Gewehr. Alles war in eine feierlich-schmerzliche, aber auch furchtsame Atmosphäre gehüllt.

Man legte Herrn Trieu genau um Mitternacht in den Sarg. In einem weiten Umkreis war alles von Fackeln und Lampen erhellt. Jeder band sich eine weiße Trauerbinde um die Stirn. Lams Mutter gab auch mir eine. Ich vermute, es war ein Streifen, der aus einem alten Vorhang im Haus gerissen worden war, es gab darauf eine Naht aus schwarzem Zwirn. Die Trauermusik setzte erregt ein, die alten Frauen, die jungen Frauen und die Kinder weinten lange. Auch ich weinte.

Als Herr Trieu im Sarg lag, ging Lams Vater mit einigen jungen Männern ins Dorf, um ein Schwein zu holen. Direkt unter der Eiche wurde das Schwein geschlachtet, zerlegt und zubereitet, dazu wurde Klebreis gekocht. Als der Tag anbrach, war alles fertig.

Die Totenfeier für Herrn Trieu begann um acht Uhr morgens. Die Sonne stand bereits hoch und tauchte die Felder in helles Morgenlicht. Die alten Männer und Frauen, gefolgt von den übrigen Dorfbewohnern, umstanden dichtgedrängt den Sarg. Ihnen gegenüber hatten sich die Schüler aufgestellt. Herr Mieu, der Schuldirektor, hielt die Grabrede, am ganzen Körper bebend. Ich hörte still zu und war sehr überrascht, als ich erfuhr, daß Herr Trieu nicht aus dem Dorf stammte. Seine Eltern lebten in Hanoi, sein Vater war Minister, seine Mutter kam aus einer angesehenen Gelehrtenfamilie. Er hatte seit neun Jahren allein im Dorf gelebt, hatte seine Familie in der Stadt niemals besucht. Man erzählte sich, seine Eltern hätten sich von ihm »losgesagt«, er war nur ein einfacher Unterstufenlehrer gewesen.

Er wurde auf dem Dorffriedhof begraben. Das Grab wurde mit einem einzigen weißen Kranz geschmückt. Ich habe seither an vielen Beerdigungen teilgenommen, doch ich weiß genau, nur diese hinterließ in mir einen unauslöschlichen Eindruck.

Die Menschen haben Dir zu danken, Dorfschulleh-
rer
Du bist der große Aufklärer meines Volkes
Das ist das reine Wissen
Sei es auch primitiv, voller Irrtümer, naiv
Es ist das Abc
Oh Dorfschullehrer
Du mußt die rotznasigen, wilden Dorfkinder
unterrichten
Die nicht wissen, wo die rechte und wo die linke
Hand ist
Du wirst es sie lehren, nicht wahr, Du wirst es sie
lehren:
Die Rechte streckt man nach oben
Und die Linke legt man aufs Herz...

Du wirst es sie lehren, nicht wahr, Du wirst es sie
    lehren:
Das ist die Zahl Null und das die Zahl Eins.
Und die Mutter darf man niemals vergessen
Voraus ist die Wahrheit
Sehr leicht kann eine Sintflut kommen
Doch über der Erde ist die Milchstraße
Das ist das A . . .

An diesem Nachmittag spannte Lam allein den Büffel ein
und ging mit ihm hinaus auf das Feld, alle anderen blieben zu Hause. Lams Mutter bereitete den Opferreis für
Herrn Trieu zu. Mit der weißen Trauerbinde um die
Stirn rupfte Hien weinend ein Huhn. Lams Mutter sagte:
»Hien, leg die Trauerbinde ab. Als aufrichtige Menschen
tragen wir Trauer um ihn in unseren Herzen. Aber wenn
die Leute dich so sehen, wo dein Mann weit weg ist, dann
macht die Binde mir Angst.« Hien streifte sich weinend
die Binde von der Stirn: »Oh, verehrter Lehrer, weise hast
du gelebt und bist heilig gestorben, ich flehe zu dir, halte
weiter deine Hand schützend über dieses Haus.« Die
Großmutter erklärte: »Herr Trieu hat für den kleinen
Tien sein Leben hergegeben. Obwohl er ein Fremder ist,
hat er sich in einen guten Geist dieses Hauses verwandelt.
Was für ein wertvoller Mensch!« Herr Mieu und Lams
Vater saßen beim Tee. Herr Mieu sagte: »Der Enkel vom
alten Herrn Dat, der vor hundert Jahren drüben in Ninh
Xa zu der Gelehrten-Gruppe gehörte, die sich gegen die
Franzosen zusammengeschlossen hatte. Eine Familie, die
viele Persönlichkeiten hervorgebracht hat.« Die Großmutter stellte fest: »Wie erbärmlich die Mädchen in diesem Dorf sind! Keine hatte ein bißchen Liebe für ihn
übrig. So ein Mensch stirbt und hinterläßt keinen Nach-
kommen, das ist doch schade!« Hien sagte: »Ich habe
gehört, früher hat er sich für Thu interessiert, aber sie hat
ihn abgewiesen, sie fand ihn zu kühl, zu philosophisch
und gefühllos.« Die Großmutter: »Diese Schlampe!

Wenn sie das nächste Mal herkommt, werde ich ihr aber Bescheid stoßen. Ihr Mädchen von heute seid alle nur auf Äußerlichkeiten versessen, dann fallt ihr irgendeinem *So Khanh* in die Hände, und der bringt euch bei, wo es langgeht.« Herr Mieu: »Das Heldenblut in unserem Land trocknet allmählich aus, weil alle schönen Frauen in die Hände solcher So Khanhs und Khuyen Ungs[3] fallen. Das ist jammerschade!« Lams Vater: »Ich bin auch kein Freund der Philosophie.« Herr Mieu: »Wenn einer sich zu Tode philosophiert, dann müssen wir Verständnis haben. In unserem Land stirbt es sich schnell und zufällig. Sehr fürchterlich. Wir müssen uns alle sehr beeilen und leben, als könnte es zu spät sein... Herrn Trieus Schicksal ist, das nicht befolgt zu haben.«

Am späten Nachmittag, das Totenessen war gerade beendet, kam die alte Frau Hop, eine Nachbarin, angelaufen. Mit ihr kamen ein paar Frauen aus der Brigade, die zum Umpflanzen der Reissetzlinge eingeteilt worden war. Die alte Frau Hop schrie von der Gasse herein: »Herr Ba Dinh, kommen Sie raus und sehen Sie sich an, was Ihr Sohn draußen auf dem Feld angerichtet hat! Gepflügt hat er schief und krumm, und geeggt hat er nur ganz flüchtig. Hier haben wir die verdorbenen Setzlinge mitgebracht. Sie müssen uns den Schaden ersetzen!« Lam kam aus dem Haus gerannt und wurde rot. Sein Vater fragte: »Kann man die Setzlinge nicht mehr einpflanzen?« Die alte Frau Hop: »Wenn wir das könnten, wären wir nicht hier!« Lam sagte: »Ich bitte um Entschuldigung, aber ich wollte schnell nach Hause zum Totenessen.« Sein Vater fuhr ihn an: »Auf die Knie! Jetzt setzt es drei Schläge, damit dus dir merkst! Frau Hop, überlassen Sie das mir, er wird Ihnen das Feld noch mal eggen.« Er zog unter

---

3 Figuren aus dem Versroman ›Truyen Kieu‹ (Das Mädchen Kieu) von Nguyen Du (1765–1820), dem bekanntesten Werk der klassischen vietnamesischen Literatur. Die beiden Figuren sind Frauenverführer und Betrüger.

dem Dach eine Rattan-Gerte hervor. Lam hatte sich auf dem Hof zu Boden geworfen. Alle stürzten herbei und versuchten, Lams Vater aufzuhalten. Der sagte: »Gehen Sie, gehen Sie mir aus dem Weg! Ich werde ihm eine Lektion erteilen! Schlampig arbeiten, das muß man ihm austreiben! Später muß er sich draußen selber ernähren, wenn er sich erst mal angewöhnt, sich zu drücken, wo soll das enden?!« Lams Mutter fiel ihm in den Arm: »Ich flehe dich an, schlag ihn nur leicht!« Lams Vater hob die Gerte und sagte zu seinem Sohn: »Du bekommst drei Schläge, damit dus dir merkst. Zwei Schläge, damit du dir einprägst, daß man sorgfältig arbeiten muß. Und einen Schlag, damit du weißt, du bist der Sohn des alten Ba Dinh, die Leute sollen deinem Vater nicht ins Gesicht Schmähreden führen können.« Die Gerte sauste durch die Luft. Lam zuckte dreimal auf. Lams Mutter riß ihrem Mann die Gerte aus der Hand und beschimpfte ihn: »Grobian!« Lam rappelte sich mühsam hoch und hob flehentlich die Hände: »Vater, verzeih mir!« Lams Vater ging stumm zur Küche, band den Büffel los, schulterte die Egge und ging hinaus auf die Gasse.

Als es dunkel wurde, kam die kleine Khanh angerannt: »Lam, Post für Hieu!« Ich wunderte mich, es war ein Brief von meinem Vater. Mein Vater schrieb:

Mein liebes Kind,
Ich bin sehr verärgert darüber, daß Deine Mutter während meiner Abwesenheit Dich eigenmächtig aufs Land fahren ließ. Damit Du klarsiehst, mein Kleiner, Dein Zuhause ist in der Stadt, Deine Zukunft liegt in der Stadt...
Höre mir zu, mein Junge, ich verlange, daß Du sofort zurückkommst. Deine Eltern werden Dich mit offenen Armen empfangen. Du bist ein leichtgläubiges Kind, ein zu leichtgläubiges Kind...
Dein Vater

Ich erstarrte. Ich gab Lam den Brief zu lesen. Er sagte: »Hieu, fahr morgen nach Hause. Dein Vater verpaßt dir nicht nur drei Schläge wie meiner mir, wie der sich anhört, schlägt er dich tot. Morgen früh um fünf geht ein Zug.«

Zeitig am nächsten Morgen stand Hien auf und kochte Klebreis für mich. Sie wickelte ihn in Bananenblätter und steckte ihn in meine Tasche. Alle im Haus schienen beschäftigt zu sein, keiner schien auf mich zu achten. Was hatte ich auch schon für ein Recht darauf, daß sie ein klein wenig an mir hingen: die Großmutter, Lams Vater, Lams Mutter, Hien, die kleine Khanh, der kleine Tien...

Ich verließ das Dorf. Es war noch sehr dunkel. Die Felder lagen in leichtem Nebel. Ich fragte mich, warum mich mein Vater einen leichtgläubigen Menschen genannt hatte?

> Die Leichtgläubigkeit der Menschenseele
> Ich bin leichtgläubig, er ist leichtgläubig, sie ist leichtgläubig
> Und auch Du, meine Liebe
> Du bist über alle Maßen leichtgläubig
> Dein Herz ist so keusch
> Deine Lippen sind so rein
> Und Deine Augen sind lähmend
> Jenes Vertrauen...
> Vertrauen ohne Voraussetzung, bedingungslos
> Wenn ich nun ein böser Teufel wäre?
> Er ein Teufel ist? Sie eine Hexe ist?
> Meine beiden Eltern Teufel sind?
> Die Leichtgläubigkeit der Menschenseele
> Beflügelt sie uns und läßt uns schweben zum Paradies?

Ich ging und ging. Ich überquerte die Felder, die Flüsse. Die Sonne war immer voraus.

Ich werde mich daran erinnern... In jenem Jahr war ich siebzehn. Das Dorf Nhai, Gemeinde Thach Dao, Provinz N.

Nachwort

I

Eines Nachmittags beschließe ich, das Frauenmuseum in Saigon zu besuchen, ein mehrstöckiges Gebäude nahe dem Zentrum. Auf dem Weg dorthin frage ich mich, ob es eigentlich in Europa ein derartiges Museum gibt, mir fällt keines ein. Im Foyer werde ich von einer Gruppe neugieriger junger Frauen umringt, keine weiß so recht, wie sie das Gespräch beginnen soll, bis eine Mutige mir die überflüssige Frage stellt, ob ich das Museum besichtigen möchte. »Ja, natürlich.« Das Eis ist gebrochen, andere Fragen ergeben sich. Es ist so selten, daß Fremde hierher kommen, man ist einfach neugierig. Dao, die Mutige, bietet sich an, mich beim Rundgang zu begleiten. Auch wenn ihr Englisch kaum besser als mein Vietnamesisch ist, freue ich mich über ihr spontanes Angebot. Die beständige Freundlichkeit und Hilfsbereitschaft Fremden gegenüber, die uns schon lange abhanden gekommen ist, verblüfft immer wieder.

Wir steigen ins oberste Stockwerk und beginnen bei *Hai Ba Trung*. Klar, wo sonst? Die beiden Schwestern Trung Trac und Trung Nhi sind die ersten Frauen, von denen die vietnamesische Geschichtsschreibung berichtet. Sie werden als Heldinnen des Befreiungskampfes verehrt, und jedes Kind kennt sie. Vor fast 2000 Jahren setzten sie sich kurzentschlossen an die Spitze des Adels und leisteten den feindlichen Truppen der Chinesen erbitterten Widerstand; dasselbe tat zweihundert Jahre später Trieu Au, auch sie eine Nationalheldin. Was wohl den größeren Schock bei den Chinesen auslöste? Die Frauen auf den Kampfelefanten oder der überraschende Angriff ihrer Abteilung? Für das streng patriarchalisch ausgerichtete Denksystem der Chinesen waren die matriarchalischen Strukturen des Nachbarlandes »barbarisch«, die Amazonen brachten sie völlig durcheinander. Sieg durch psychologische Kriegsführung. Der Gegenschlag der Chinesen wurde entsetzlich, die Trung-Schwestern stürzten sich lieber in den Roten Fluß und ertranken, als ihren Feinden in die Hände zu fallen.

Ihre Geschichte ist fast 2000 Jahre alt, aber sie hätte auch vor 20 Jahren passieren können. Toc dai, die langhaarigen Soldaten, versetzten auch die Amerikaner in einen Zustand ständiger Verunsicherung. Nie konnte man wissen, trug die »Schwangere« ein Kind oder eine Bombe, war im Korb der Marktfrau Reis oder ein Gewehr, teilte man das Bett mit einer Geliebten oder Spionin. Später werde ich mit Dao vor den Photos der Frauen stehen, die im Vietnam-Krieg mit der Auszeichnung »Heldin« dekoriert wurden. Ein blutjunges unschuldiges Gesicht: vier Feinde aus dem Hinterhalt getötet. Die einfachen Züge einer Bäuerin: die feindlichen Panzer mit der Schutzlosigkeit des eigenen Körpers abgewehrt. Eine Mutter: mit ihren vier kleinen Kindern im Schützengraben ihr Dorf verteidigt. Dao spricht mit aufrichtiger Bewunderung von diesen Frauen. Sie erzählt von ihrer Schwester, die damals gerade alt genug war, um auch am Befreiungskampf teilzunehmen, sie selbst sei ein Kind gewesen und habe die Schwester beneidet, immer mit einer Gruppe fröhlicher Gleichaltriger zusammen zu sein, kostenlose Film- und Theatervorführungen zu sehen, aus der Enge des Dorflebens herauszukommen. Die Not und die Aufbauarbeiten nach dem Krieg habe sie miterlebt und die Angst der Frauen, Kinder zur Welt zu bringen, die man sich andererseits so sehnlich wünschte. Tonnen von Entlaubungsmitteln wurden in der Umgebung ihres Dorfes versprüht, die Zahl der Tot- und Mißgeburten stieg sprunghaft an. Ich weiß, ich habe die bis zur Unkenntlichkeit entstellten Föten im Tu Du-Krankenhaus gesehen und kann die Angst der Mütter, solche Monster zu gebären, verstehen. In den engen Krankenzimmern der Frauenklinik liegen noch heute mehr Patientinnen, die an derartigen Spätfolgen der chemischen Kriegsführung leiden, als Normalkranke.

Wir betreten einen anderen Raum mit Ho Chi Minh überlebensgroß und wandern wieder von Photo zu Photo. Onkel Ho mit lustigen Schulmädchen, mit Technokratinnen, mit verschämt lächelnden Vertreterinnen der Minderheiten und selbstbewußten Kadern der Frauen-Union, einer Unterorganisation der Kommunistischen Partei, die sich bereits seit 1930 für die Sache der Frauen einsetzt. Tatsächlich war es Ho Chi Minh, der den vietnamesischen Frauen, die von den Franzosen entweder als Arbeitstier oder als Lustobjekt benutzt wurden, Rechte gab. In der Verfassung der Demokratischen Republik Vietnam garantierte er ihnen 1946 Gleichberechtigung in politischer, ökonomischer, sozialer und familiärer Hinsicht. Den Französinnen wurde nur zwei Jahre früher das Wahlrecht von Charles de Gaulle zugestanden.

Ho Chi Minh machte den Frauen nichts vor, er räsonierte: »Etwa die Hälfte der Gesellschaft besteht aus Frauen. Mithin lebt die Hälfte der Gesellschaft, solange sie nicht befreit wird, in Unfreiheit, und auch der Sozialismus kann nur zur Hälfte aufgebaut werden.« Sein Fazit: Die Emanzipation der Frau müsse forciert werden. »Nur so können wir ihre Arbeitskraft gewinnen, die wir dringend benötigen.« Arbeitskraft für Emanzipation, Chancengleichheit und »Recht auf Arbeit«; hieß das faktisch nur Arbeitszwang oder zielte es doch auf die Emanzipation der Frau?

Zupacken mußten Frauen, wie in jeder Agrargesellschaft, schon seit jeher, der gemeinsame Kampf ums Überleben und gegen fremde Eindringlinge hat sie häufig gezwungen, Männerarbeit zu übernehmen oder ihre Habseligkeiten zu verteidigen. Jetzt wurden Frauen entlohnt, man zollte ihnen Anerkennung für besondere Leistungen, ihre Bildungschancen und ihr Selbstbewußtsein stiegen enorm, in ihren Familienpflichten wurden sie durch Kindergärten entlastet, heute wird ihnen selbst ein sechsmonatiger Schwangerschaftsurlaub bezahlt.

Eine willfährige Dienerin, wie es die konfuzianische Lehre mit ihren »Drei Unterordnungen« (als Mädchen dem Vater, als Frau dem Gatten, als Witwe dem Sohn untertan) vorschrieb, war die vietnamesische Durchschnittsfrau im Vergleich zu ihren japanischen oder chinesischen Schwestern nie. Es waren eher die Damen der Oberschicht, die unter allmächtigen Patriarchen zu leiden hatten und sich mit Nebenfrauen arrangieren mußten. Gegen dieses feudalistische Denken war auch Ho Chi Minhs Ehe- und Familiengesetz gerichtet, das 1960 in seiner endgültigen Form festgelegt wurde und auf vier fundamentalen Grundlagen basiert: Freiheit der Partnerwahl, Einehe, Gleichberechtigung von Mann und Frau, Verteidigung der Rechte und Interessen von Frauen und Kindern.

Ich frage Dao, wie es denn in der Praxis mit der Übernahme gleicher Pflichten zum Beispiel im Haushalt aussähe. Lachend erwidert sie: »Wohl wie überall. Männer spülen nun mal nicht gern Geschirr ab. Aber«, setzt sie ernsthaft hinzu, »ich kenne hier in der Stadt, wo die meisten Frauen berufstätig sind, viele junge Familien, die sich die Hausarbeit teilen.«

Wir kommen zur letzten Abteilung des Museums. Sie ist der Gegenwart gewidmet und vergleichsweise nüchtern. Zahlen und Statistiken: 69 Millionen Einwohner, mehr als die Hälfte davon Frauen, deren Arbeitskraft in nahezu allen Bereichen die der männlichen Bevölkerung prozentual übertrifft. 65 % sind in der Landwirtschaft, 63 % in Leichtindustrie und Erziehung, 53 % in der Medizin, 54 % im Baugewerbe, 67 % im Handel und 46 % in der Forstwirtschaft tätig. 35 % der Hochschulabsolventen sind Frauen. Was die Zahlen verschweigen ist, daß nur wenige Frauen Führungspositionen einnehmen und die höheren Ämter des Politbüros ausschließlich mit Männern besetzt sind.

Eine Vitrine mit einer kuriosen Sammlung von Verhütungsmitteln und »Frauenmedizin« will wohl beweisen, daß man auch medizinisch *up to date* ist. Tatsächlich bereitet das Bevölkerungswachstum von derzeit jährlich 2 %, das zum Teil auf das Ignorieren von Kontrazeptiva zurückzuführen ist, momentan der Regierung richtiggehend Kopfzerbrechen. Im Bereich der Familienplanung läßt sich nicht gegen traditionelles Denken ankämpfen. Selbst für modern denkende Stadtfrauen sind Kinder der Grundstock der Familie, auf dem Land die Vorbedingung für ein glückliches, erfülltes Leben, eine Frau ohne Kinder wird bemitleidet oder schief angesehen. Wenn dem Komitee für Familienplanung keine praktikable Lösung einfällt, wird sich in den nächsten 25 Jahren die Bevölkerung verdoppeln, was Engpässe in der Versorgung und Senkung des ohnehin niedrigen Lebensstandards bedeuten würde.

Ein anderes Problem verschweigt uns das Museum gänzlich: Prostitution und Aids. Nach dem Vietnam-Krieg, wo zahlenmäßig für jeden GI ein »Taxi-girl« zur Verfügung stand, glaubte man das Übel ausgerottet zu haben, indem man alle Girls in Besserungsanstalten steckte und zu »wertvollen Mitgliedern der sozialistischen Gesellschaft« umerzog. Heute, vor allem in Saigon, wo Konsum statt Kommunismus angesagt ist und die Touristenzahlen steigen, wird eine offizielle Zahl von 300 000 Prostituierten genannt. Aids wurde, wie vor Jahren auch in Thailand, vorerst totgeschwiegen. Weil man vor der steigenden Zahl der Infizierten nicht mehr die Augen verschließen kann, hat die Regierung einige Fälle (79, davon 8 Vietnamesen!) zugegeben und eine Aufklärungskampagne gestartet. Informierte Quellen schätzen, daß 10 % der Prostituierten infiziert sind.

Als ich glaube, alles gesehen zu haben, macht mich Dao noch auf eine Ecke des Raumes mit Kultur aufmerksam. Ein Dutzend vergilbter Broschüren der Frauen-Union und längstvergessene Bücher liegen unter Glas, keineswegs eine repräsentative Auswahl des schriftstellerischen Schaffens. Ich vermisse zumindest einen Hinweis auf die Dichterin Ho Xuan Huong (ca. 1772–1822), die leidenschaftlich und ohne sprachliche Tabus die verlogene Gesellschaftsmoral ihres Jahrhunderts attackierte und für die Emanzipation der Frauen schrieb. Schreibende Frauen sind auch im täglichen Leben außerhalb des Museums unterrepräsentiert, es sollen nur zehn Prozent aller Autoren sein. Mir fällt die Warnung ein, mit der man versuchte, zu Beginn unseres Jahrhunderts eine Frau am Schreiben zu hindern: »Wenn du mit Tinte arbeitest, wird sie dir das Herz zerfressen.« Und gleichzeitig die Äußerung einer zeitgenössischen Autorin: »Wenn man wirklich verzweifelt ist, hat man nicht die Kraft zu schreiben. Schreibt man aber, glaubt man auch die Kraft zu haben, an unserer Gesellschaft etwas zu verändern.«

Wir sind am Ende unseres Rundgangs, und weil man sich in Vietnam nicht einfach so trennt, trinken wir noch ein wenig Tee, reden von Alltäglichem und tauschen Adressen aus.

Wieder auf der Straße, noch ganz benommen von den vielen Bildern, kommen mir die flotten Saigonerinnen, die auf ihren Mopeds — mit weißen Handschuhen bis zum Ellenbogen und kessen Hütchen — die Straßen rauf und runter brausen, sehr modern und unkompliziert vor. Sie haben sich ihr Selbstbewußtsein im wahrsten Sinne des Wortes erkämpft, jetzt sind sie weit von allen Klischees entfernt, weder Flintenweib noch anschmiegsame Exotin, sondern einfach junge Frauen.

2

Literarisches Schaffen war mit der geistigen und politischen Entwicklung Vietnams von jeher eng verknüpft. Wer beispielsweise im 11. Jahrhundert eine höhere Position im Staat bekleiden wollte, mußte sich in den alle drei

Jahre im Tempel der Literatur stattfindenden Prüfungen qualifizieren und dabei nicht nur ethische und politische Traktate, sondern und vor allem kunstvolle Verse verfassen können. Diese konfuzianische Tradition der dichtenden Generäle und Politiker hielt sich bis in unser Jahrhundert. Und bis zur Jahrhundertwende war Literatur identisch mit Versdichtung, und Verse wurden — Ausnahmen bestätigen immer die Regel — ausschließlich von Männern produziert. Das Konzept des patriarchalischen Gesellschaftssystems verweigerte Frauen Bildung und somit auch die Möglichkeit, sich zu artikulieren.

Die seit Ende des 19. Jahrhunderts massiv einsetzende Kolonisation des Landes durch die Franzosen brachte für die literarische Entwicklung große Fortschritte. Ein wesentlicher Faktor war die Durchsetzung des lateinischen Alphabets, denn man hatte bis um 1910 beharrlich an der, zum Teil simplifizierten, Schreibweise mit chinesischen Schriftzeichen festgehalten. Der allgemeinen Verbreitung der neuen Schrift folgte der Aufstieg der Presse, die geistige Auseinandersetzung mit europäischen Ideen, die Entstehung eines Lesepublikums.

Die in den Kinderschuhen steckende Prosaliteratur Vietnams orientierte sich zunächst an französischen Vorbildern, war gern im belehrenden Ton der Konfuzianer gehalten und voller Romantizismen. Erst als der Widerstand gegen das Kolonialregime und dessen ideologische Einflußnahme wuchs, wurde die Literatur selbstbewußter. Als es nach dem Sieg der Volksfront in Paris (1936) auch im Zensurwesen zu einer spürbaren Liberalisierung kam, stand einem kritischen Realismus nichts mehr im Wege. Die gnadenlose Ausbeutung des Landes und seiner Menschen durch die Kolonialherren, die doppelte Moral der neuen Bourgeoisie, die Korruptheit des Beamtenapparates waren unerschöpfliche Themen, mit denen sich die Autoren teils humorvoll teils mit Schärfe auseinandersetzten. Mit dem Ausbruch des Zweiten Weltkriegs jedoch war diese kurze Phase schon wieder beendet. Die

Zensur unterdrückte selbst unverfängliche literarische Produkte, Haussuchungen und Verhaftungen von Schriftstellern waren an der Tagesordnung. Trotzdem oder gerade deshalb erstarkte die Widerstandsbewegung. Unter der Devise »Mit Feder und Gewehr kämpfen« entstanden eindringliche Texte voller Patriotismus und Selbstbewußtsein.

Die Literatur aus dem Untergrund sprach von nationaler und sozialer Befreiung mit marxistischem Unterton, der freilich nach der August-Revolution 1945, in deren Folge Ho Chi Minh die Unabhängigkeit der Demokratischen Republik Vietnam (DRV) proklamierte, sofort tonangebend für eine neue Literaturgattung wurde. Beim sozialistischen Realismus, der auf Bewußtseinsbildung und Mobilisierung der Volksmassen zielte, spielten literarische Kleinformen bei der Vermittlung der revolutionären Wirklichkeit in mehrfacher Hinsicht eine bedeutende Rolle. In den kurzen Texten konnten aktuelle Ereignisse, die Fortschritte beim Kampf gegen die französischen Okkupanten und beim Aufbau des Sozialismus, unmittelbar in literarischer Verarbeitung einer neuen Leserschaft dargestellt werden. Denn die Volksregierung hatte im Gegensatz zu den Kolonialherren, die Bildung eher unterdrückten als förderten, dem Analphabetismus den Kampf angesagt und tatsächlich innerhalb eines Jahrzehnts sich ein Publikum für einfache und schnell zugängliche Texte geschaffen.

In der Zeit zwischen den Kriegen wurde der Kunst Gelegenheit gegeben, sich von der Propaganda abzusetzen, bis der »amerikanische Aggressionskrieg« und der damit verbundene »Befreiungskampf« des vietnamesischen Volkes zum ausschließlichen Thema einer plansollerfüllenden Aufbauliteratur wurden. Mehr denn je wurde jede Art von Kunstschaffen zum ausschließlichen Instrument der Revolution und der Heroisierung ihrer Helden. Nach 1975 hatten es vor allem südvietnamesische Autoren schwer, im Geist der Revolution und des Sozialismus zu schreiben. Manuskripte von Reformern wurden lieber verstecktgehalten als veröffentlicht. Nur zu leicht konnte Unliebsames als konterrevolutionär oder dekadent interpretiert und »als Gefahr für die nationale Sicherheit« mit Gefängnis oder Umerziehungslager quittiert werden.

Erst mit der nach 1986 einsetzenden Erneuerungsbewegung (doi moi) – dem vietnamesischen Pendant zur Perestroika – bahnte sich ein Wendepunkt nicht nur in Politik und Wirtschaft, sondern auch im kulturellen Bereich an. Theoretisch waren der schöpferischen Freiheit des Künstlers keine Grenzen gesetzt, für Schriftsteller und Journalisten wurde vorübergehend vieles leichter. Der Generalsekretär der Partei forderte geradezu Medien und Autoren auf, Mißstände, Unfähigkeit und Korruption innerhalb des Parteiapparats zu kritisieren. So konnte man jetzt auch über wirtschaftliche Probleme und gesellschaftliche Spannungen des Landes schreiben und sie reflektieren, ein paar Jahre vorher hätten solche Nonkonformismen beträchtliche Schwierigkeiten gebracht. Nur eine Einschränkung gab und gibt es: Krieg, Rassismus oder Gewalt dürfen in den Texten nicht propagiert werden.

Selbst wenn die Partei wenig später vor ihrer eigenen Offenheit erschrak und wieder einen strikteren Kurs ansteuerte (das Erscheinen der progressiven Literaturzeitschrift ›Song Huong‹ wurde zeitweise eingestellt, die Veröffentlichung von Autoren wie Nguyen Huy Thiep oder Duong Thu Huong untersagt, letztere mehr als sechs Monate inhaftiert), die Entwicklung aufzuhalten, gelang ihr nicht mehr. Das Bemühen vieler Autoren, sich von dogmatischen Begriffen freizumachen und einen persönlichen und individuellen Stil zu finden, wurde vom Publikum begeistert aufgenommen, die Literaturkritik der »alten Schule« freilich schimpft über kranke Phantasie, Revisionismus und Verfall der (sozialistischen) Werte. Die staatliche Zensurbehörde, der die Kontrolle jeder

Veröffentlichung obliegt, ist immer noch eine Institution, deren Richtspruch gefürchtet wird. »In den Zeitungen wird geschrieben, daß alles erlaubt wäre«, sagt ein junger Autor im Gespräch, »in Wirklichkeit stimmt das natürlich nicht. Trotzdem gibt es Veränderungen; über vieles, was früher tabu war, darf man heute schreiben.«

Jedoch man arrangiert sich: Die Autoren – mit der Schere im Kopf – wissen, wie weit sie gehen dürfen, ohne großen Ärger mit der Zensur zu bekommen. Die Parteikader – zähneknirschend – wissen auch, daß sie manches durchgehen lassen und umdenken müssen, um den Realitäten und ihren Prinzipien der Reformpolitik gerecht zu werden. Und das Publikum, oft gewitzter als die Betonköpfe der Zensur, delektiert sich an gelungenen Umschreibungen und Anspielungen. Die wachsende Zahl der Verlage, die circa 500 belletristische Titel pro Jahr mit für vietnamesische Verhältnisse hohen Auflagen bis zu 20 000 Exemplaren auf den Markt bringen, wird als positive Tendenz gewertet. Die neue Subjektivität der Autoren, ihr zum Teil zynischer Blick auf den Wertewechsel und ihre Rückbesinnung auf die große literarische Tradition ihres Landes, beschäftigen neuerdings selbst die ausländische Literaturkritik. Man spricht von einer Renaissance der vietnamesischen Literatur.

3

Die vorliegende Sammlung mit Erzählungen von und über Frauen in Vietnam versucht, einen Einblick in Tradition und soziales Umfeld von Frauen zu geben, die sich oft mehrmals in einer Generation mit neuen Denkweisen auseinandersetzen und zurechtfinden mußten. Mit den Texten aus den letzten fünfzig Jahren – von der Periode der französischen Kolonisation bis in die jüngste Gegenwart – sollen Repräsentanten wechselvoller Zeiten und verschiedenster literarischer Richtungen vorgestellt werden. Die Auswahl orientiert sich an der literarischen, aber auch historisch-politischen Bedeutung der Autoren, die meisten Beiträge dieser Anthologie werden erstmals einem deutschsprachigen Publikum vorgelegt.

Das Vietnamesische ist eine Tonsprache, d. h. je nach Betonung bekommt ein Wort eine andere Bedeutung. Die Intonation wird durch diakritische Zeichen — es gibt davon sechs — angezeigt. Zusätzlich gibt es Zeichen zur Unterscheidung und differenzierten Sprechweise einzelner Vokale (z. B. o, o', ô). Aus drucktechnischen Gründen wurden bei Namen und sonstigen vietnamesischen Begriffen diese Tonzeichen weggelassen.

Hella Kothmann

Zeittafel

um 700–300 v. u. Z.	Bronzezeit. Dong Son Kultur und Reich Van Lang der legendären Hung Könige.
257–207 v. u. Z.	Eisenzeit. Königreich Au Lac mit der Hauptstadt Co Loa.
207 v. u. Z.	Eroberung durch Trieu Da, souveränes Reich Nam Yüeh (Nam Viet).
III v. u. Z.	Eroberung von Nam Viet durch die Han-Chinesen.
III v. u. Z.– 939 n. u. Z.	Vietnam ist chinesische Kolonie bzw. Provinz.
39–43 n. u. Z.	Aufstand, Herrschaft und Freitod der Trung-Schwestern.
939	Ngo Quyen besiegt die Chinesen am Bach-Dang-Fluß und wird erster Kaiser des unabhängigen Dai Viet.
1010–1225	Ly-Dynastie. Blütezeit des Buddhismus und Beginn der Expansion nach Süden.
1010–1028	Kaiser Ly Thai To gründet die Hauptstadt Thang Long (Hanoi).
1054–1072	Ly Thanh Tong annektiert Champa bis Quang Tri und läßt 1070 den Literaturtempel in Hanoi errichten.
1225–1400	Tran-Dynastie. Mongolen-Einfälle, Kriege gegen Champa.
1288	Tran Hung Dao besiegt die Mongolen am Bach-Dang-Fluß.
1408–1428	Dai Viet wird wieder chinesische Kolonie.

1428	Le Loi besiegt die Chinesen und reformiert als Kaiser Le Thai To (1428–1433) die konfuzianische Monarchie.
1460–1497	Höhepunkt der vietnamesischen Monarchie unter Kaiser Le Thanh Tong; die Eroberung von Vijaya (1471) bedeutet das Ende Champas.
1535	Die Portugiesen landen in Danang und errichten eine Niederlassung in Faifo.
1672–1786	Teilung Dai Viets in die Fürstentümer der Trinh (Hanoi) und der Nguyen (Hue).
1679	Gründung Cholons durch chinesische Emigranten.
1771–1802	Tay-Son-Revolte; Kaiser Quang Trung schlägt 1789 die Chinesen.
1802–1820	Gia Long gründet die letzte Kaiser-Dynastie mit Sitz in Hue; das Reich heißt erstmals Viet Nam.
1820–1841	Minh Mang stabilisiert die konfuzianische Ordnung der Vorfahren; Kriege mit Siam um die Vorherrschaft über Kambodscha.
1847–1883	Kaiser Tu Duc verliert Vietnam an Frankreich.
1847/1858	Bombardierung von Tourane (Danang) durch die Franzosen.
1859	Besetzung Saigons.
1862	Abtretung von Cochinchina als französische Kolonie.
1883	Die Franzosen erklären Annam und Tonkin zu Protektoraten und etablieren 1887 die Indochinesische Union.
1890	Geburt Ho Chi Minhs.
1897–1902	Gouverneur Paul Doumer baut den frz. Kolonialapparat auf.
1904	Erste Widerstandsbewegung Phan Boi Chaus.

1930	Gründung der KPV in Hongkong unter dem Vorsitz Ho Chi Minhs.
1940–1945	Okkupation durch Japan.
1941	Gründung des Viet Minh (Liga für die Unabhängigkeit Vietnams).
1945	2. Sept.: Ho Chi Minh ruft in Hanoi die Demokratische Republik Vietnam aus.
1946–1954	Der französische Krieg (Indochinakrieg).
1948	Marionetten-Regime unter Ex-Kaiser Bao Dai wird etabliert.
1950	Anerkennung der DRV durch Peking und Moskau und Beginn der amerikanischen Militärhilfe für Frankreich.
1954	Kapitulation von Dien Bien Phu; die Genfer Konferenz trennt Vietnam in zwei Militärzonen und schreibt landesweite Wahlen vor; Ngo Dinh Diem bildet mit Unterstützung der USA eine Regierung in Südvietnam und verweigert die Wahlen.
1960	Gründung der FNL (»Viet Cong«); Hanoi beschließt die aktive Unterstützung des Befreiungskampfes im Süden.
1963	Buddhistische Opposition in Saigon und Hue; Sturz und Ermordung Diems; die FNL kontrolliert über 50 % des Südens.
1964	Aug.: Tonkin-Zwischenfall, erste Bombardierung der DRV.
1965	März: erste reguläre US-Truppen (25 000 Marines) landen in Danang; Juni: General Nguyen Van Thieu wird Staatschef in Saigon; Aug.: erste Einheiten der DRV greifen in Südvietnam ein; Nov.: 150 000 US-Soldaten in Vietnam.

1968	Jan.: Tet-Offensive; März: Präsident Johnson kündigt Pariser Friedensgespräche an (Mai); Aug.: 550 000 US-Soldaten in Vietnam.
1969	Amtsantritt Nixons, Ausweitung des Krieges auf Kambodscha und Laos; Beginn des amerikanischen Truppenabbaus in Vietnam; Sept.: Tod Ho Chi Minhs.
1973	Jan.: Pariser Friedensabkommen zwischen Le Duc Tho und Henry Kissinger; April: Abzug der US-Truppen.
1975	März: Frühjahrs-Offensive der DRV; 30. April: Einnahme Saigons; Mai: erste Kriegshandlungen der Khmer Rouge gegen Vietnam.
1976	April: Wahlen zur ersten Nationalversammlung; Juli: Offizielle Wiedervereinigung und Ausrufung der Sozialistischen Republik Vietnam (SRV).
1977	Eskalierende Grenzzwischenfälle mit Kambodscha; Sept.: Aufnahme Vietnams in die UNO.
1978	März: Verstaatlichung des privaten Handels in Südvietnam, Fluchtwelle von Auslands-Chinesen (Boat-People); Juni: Einstellung der chinesischen Wirtschaftshilfe; Nov.: Freundschaftsvertrag mit Moskau.
1979	Jan.: Invasion Kambodschas und Sturz des Pol-Pot-Regimes; 17.2.–19.3.: chinesischer Straffeldzug gegen Hanoi.
1986	Dez.: der 6. Parteitag führt umfassende Wirtschaftsreformen ein (Doi Moi).
1989	Rückzug Vietnams aus Kambodscha.

1990	Moskau stellt den Handel auf harte Währung um; erste Gespräche zwischen Washington und Hanoi seit 11 Jahren.
1991	Juli: der 7. Parteitag nimmt das Recht auf Privatbesitz in die Verfassung auf und beschließt eine stärkere Trennung von Partei und Regierung; formelle Versöhnung zwischen Peking und Hanoi; Bonn beschließt die Wiederaufnahme der Entwicklungshilfe.
1992	Präsident Bush gestattet US-Firmen Verträge mit Vietnam zu schließen.
1994	Präsident Clinton hebt das Handelsembargo auf.

aus: Hella Kothmann/Wolf-Eckart Bühler, Vietnam-Handbuch. Bielefeld 1992.

Vietnamesische Namen setzen sich in der Regel aus drei Teilen zusammen, wobei erst der Familienname, dann der oft symbolische oder das Geschlecht bezeichnende Mittelname und zuletzt der Rufname steht.

DOAN LE, eigentlich Doan Thi Le, wurde 1943 in der Hafenstadt Hai Phong als neuntes Kind eines konfuzianischen Gelehrten geboren. Mit 16 Jahren schrieb sie sich an der gerade eröffneten vietnamesischen Filmhochschule in Hanoi ein, arbeitete nach ihrem Abschluß als Schauspielerin, gab aber bereits nach ihrer ersten Rolle auf und wandte sich dem Schreiben von Stücken und Drehbüchern zu. Fast ein Dutzend ihrer Stücke wurde erfolgreich verfilmt, z. T. unter der Regie ihres Mannes Tu Huy. Sie lebt mit ihrer Familie in einem Dorf in der Nähe Hanois.

Ihr erster Roman ›Cuon gia pha de lai‹ (Die hinterlassene Familienchronik, 1988) brachte ihr auf Anhieb den Nationalen Literaturpreis ein. Es folgte 1990 ein Band mit Kurzgeschichten ›Thanh hoang lang xo so‹ (Der Schutzgeist des Lotterie-Dorfes), dessen Titelgeschichte ebenfalls verfilmt wurde.

Die Erzählung ›Dem ngau vao‹ (Die Nacht des Tränenregens), die diesem Band entnommen ist, hat das angesehene Literaturmagazin ›Song Huong‹ (Parfümfluß) mit einem Preis ausgezeichnet. Sie erscheint hier mit freundlicher Genehmigung der Autorin erstmals auf deutsch und wurde übersetzt von Dietmar Erdmann und Pham Thi Hoai.

DUONG THU HUONG, 1947 in Nordvietnam geboren, ist eine der wichtigsten und – zumindest in ihrem Land – umstrittensten Autorinnen Vietnams. Sie lebt in Hanoi.

Nach 1967 hatte sie mehrere Jahre an der Front bei Binh Tri Thieu, einem der meistbombardierten Gebiete, aktiv am Befreiungskampf ihres Landes teilgenommen. Noch während des Krieges heiratete sie, brachte zwei Kinder zur Welt und schrieb erste Gedichte über Hoffnung und Freiheit.

Nach 1975 gehörte sie zu den Reformern. In ihren mehr als 40 Kurzgeschichten, die nach Kriegsende erschienen, kommt ihre

Suche nach Identität und ihr Wunsch nach Authentizität zum Ausdruck. 1987 trat sie öffentlich gegen die Einschüchterung durch die Machthaber auf, 1990 Ausschluß aus der Partei, Publikationsverbot. Am 17. April 1991 wurde sie mit ihrem Mann im Vorfeld des 7. Parteitages verhaftet und wegen antisozialistischer Propaganda und illegalem Transfer von Dokumenten ins Ausland beschuldigt. Aufgrund zahlreicher internationaler Proteste wurde sie im November 1991 wieder auf freien Fuß gesetzt. Ihr Kommentar: »Ich habe kein anderes Verbrechen begangen, außer glaubwürdig zu sein.«

Ihre zweite Novelle ›Chuyen tinh ke truoc luc rang dong‹ (Liebesgeschichte, vor der Morgendämmerung erzählt, 1986) sowie der Roman ›Nhung thien duong mu‹ (Die blinden Paradiese, 1988) liegen in französischen und deutschen Übersetzungen vor, der Roman wurde 1993 unter dem Titel ›Bitterer Reis‹ publiziert.

Die hier abgedruckte Erzählung ›Co gai o ben kia hang rao‹ (Die junge Frau hinter der Hecke) ist der 1981 veröffentlichten Sammlung ›Nhung bong Ban ly‹ (Die Ban-Ly-Blumen) entnommen. Sie erscheint hier mit freundlicher Genehmigung der Autorin erstmals auf deutsch und wurde übersetzt von Dietmar Erdmann und Pham Thi Hoai.

Le Minh Khue wurde 1949 in Thanh Hoa, einer Provinz südlich von Hanoi geboren. Nach ihrer Ausbildung wurde sie Literaturredakteurin beim Fernsehen in Hanoi, wo sie heute noch arbeitet. Ihre erste Buchveröffentlichung, die Anthologie ›Nhung ngoi sao xa xoi‹ (Ferne Sterne) erschien im Kriegsjahr 1973 und fand viel Beachtung. Mit dem Preis des vietnamesischen Schriftstellerverbandes für ›Mot chieu xa thanh pho‹ (Ein Nachmittag fern von der Stadt) wurde sie 1986 geehrt, seither zahlreiche Veröffentlichungen in Zeitungen und Zeitschriften. 1992 erschien ihr erster Roman ›Em da khong quen‹ (Ich habe nicht vergessen).

›Ferne Sterne‹, die Titelgeschichte ihres ersten Buches, ist entnommen aus ›Der Uhrmacher von Dien Bien Phu. Vietnamesische Erzähler‹, dt. v. Renate Brandes, hrsg. v. Aljonnna und Klaus Möckel, Verlag Volk und Welt, Berlin 1977, und erscheint hier mit freundlicher Genehmigung des Verlages.

Ma Van Khang, eigentlich Dinh Trong Doan, wurde 1936 in der Provinz Son Tay geboren. Er studierte Pädagogik in Hanoi, arbeitete als Lehrer und veröffentlichte Reportagen über nationale Minderheiten in Nordvietnam.

Die erste Buchveröffentlichung dieses sehr vielseitigen Schriftstellers waren 1965 Erzählungen für Kinder ›Mot chuyen di xa‹ (Eine weite Reise). Danach erschien fast jährlich ein Band mit Kurzgeschichten, deren zeitgemäße Thematik ihre Popularität erklärt. ›Gio rung‹ (Dschungelwind, 1977) und im Jahr darauf ›Dong bac trang hoa xoe‹ (Die Silbermünze) waren seine ersten beiden Romane, noch fünf weitere folgten bis 1991, in gleicher Weise Kurzgeschichten und Kinderbücher.

›Die junge Meo-Frau‹, erschien 1973 unter dem Titel ›Sung My‹ in der Kurzgeschichtensammlung ›Mua man hau‹ (Zeit der Pflaumen). Ein Ausschnitt ist hier entnommen aus ›Die Xanu-Wälder. Geschichten aus Vietnam‹, hrsg. u. übs. v. Tran Duong, Verlag Neues Leben, Berlin 1976, und erscheint mit freundlicher Genehmigung des Verlages.

NGUYEN CONG HOAN (1903–1977) wuchs in einer konfuzianischen Beamtenfamilie während einer Zeit tiefgreifender politischer und geistiger Veränderungen auf. Nach seinem Pädagogikstudium wurde er 1926 Dorfschullehrer in verschiedenen Nord-Provinzen. Seine kritische und antikoloniale Haltung wurde mit Strafversetzungen quittiert, aber in je abgelegenere Gegenden man ihn zwang, um so eifriger schrieb er: über das Leben der einfachen Leute, die Arroganz der neuen Bourgeoisie, die Bestechlichkeit der Beamten. Internierung im Zweiten Weltkrieg, 1948 Mitglied der KP, 1954 Vorsitzender des Schriftstellerverbandes. Sein Werk umfaßt mehr als 200 Kurzgeschichten, Romane und literaturkritische Arbeiten. Allgemeine Anerkennung als einer der großen realistischen Autoren seiner Zeit brachte ihm 1935 der Erzählband ›Kep tu Ben‹ (Der Schauspieler Ben vier), 1938 folgte sein erster Roman ›Buoc duong cung‹ (Ohne Ausweg), die Geschichte eines Bauern, der einem Gutsherrn aktiven Widerstand leistet. Seine 1969 erschienenen Memoiren ›Doi viet van cua toi‹ (Mein Schriftstellerleben) machen deutlich, wie riskant und revolutionär dieses Thema war.

›Dan ba la giong yeu‹ (Das schwache Geschlecht) und ›Ai khon‹ (Wer schlauer ist) sind entnommen aus ›Die verhexte Münze. Erzählungen‹, hrsg. v. Andreas Pham, übs. Pham Nhu Anh u. Andreas Pham, Verlag Volk und Welt, Berlin 1984, und erscheinen hier mit freundlicher Genehmigung des Verlages.

Nguyen Huy Thiep, 1950 in Hanoi geboren, verbrachte seine Jugend mit seiner Mutter in einfachen Verhältnissen im Umland von Hanoi. Um Geschichte zu studieren, kehrte er in die Stadt zurück und lebte nach seinem Abschluß 1970 als Lehrer zehn Jahre in der abgelegenen Provinz Son La. Aus dieser Zeit datieren seine ersten schriftstellerischen Arbeiten, auch als Maler und Zeichner versuchte er sich. Wieder in Hanoi arbeitete er in verschiedenen Berufen, u. a. als Illustrator, bis 1986 die Partei die Politik der Öffnung propagierte. Unmittelbar danach begann im Januar 1987 die wöchentliche Zeitschrift des Schriftstellerverbandes ›Van Nghe‹ (Literatur und Kunst), seine Erzählungen ›Nhung ngon gio Hua Tat‹ (Die Winde von Hua Tat) zu veröffentlichen. Von da an war sein Name in aller Munde.

Über keinen anderen Autor wurde in jüngster Zeit in vietnamesischen intellektuellen Kreisen so kontrovers diskutiert, unzählige Zeitschriftenartikel beschäftigten sich mit dem Inhalt seiner Geschichten. 1988 erschienen acht weitere Erzählungen unter dem Titel ›Tuong ve huu‹ (Der pensionierte General). Die vieldeutige Titelgeschichte über den General, dem nach einem Leben für die Ideale der Revolution die Eingliederung in das zivile Leben nicht mehr gelingen will, entfachte wiederum heftige Debatten. Heute gilt Nguyen Huy Thiep über die Grenzen Vietnams hinaus als talentierter, aber eigenwilliger Schriftsteller. ›Tuong ve huu‹ wurde 1990 ins Französische, 1992 ins Englische übersetzt – in den USA die erste Übersetzung eines vietnamesischen Autors nach dem Vietnam-Krieg.

1992 erschien ein neuer Erzählband ›Con gai Thuy Than‹ (Die Tochter des Wassergottes). Daraus entnommen ist die Erzählung ›Nhung bai hoc nong thon‹ (Die Lektionen des Landlebens), die in einer gekürzten (zensierten) Fassung 1988 erstmals in der Zeitschrift ›Thanh nien‹ (Jugend) veröffentlicht worden war. Sie erscheint hier mit freundlicher Genehmigung des Autors erstmals auf deutsch und wurde übersetzt von Dietmar Erdmann und Pham Thi Hoai.

Nguyen Khai wurde 1930 in der Provinz Hai Hung östlich von Hanoi geboren, wuchs aber im Süden, der Heimat seiner Vorfahren auf. Im Krieg gegen die französische Kolonialmacht kämpfte er auf seiten der Viet Minh im Mekong-Delta, nach der Teilung Vietnams zog er es 1955 vor, im kommunistischen Norden zu leben. Erst 1979, nach der »Befreiung«, kehrte er mit seiner Familie nach Saigon zurück.

Er debütierte 1959 mit der Novelle ›Xung dot‹ (Konflikte) und konnte bereits im Folgejahr seinen Ruf als begabter Autor mit einem Band Erzählungen ›Mua lac‹ (Erdnußernte) festigen. Seitdem sind nahezu 20 Bücher von ihm erschienen, Kurzgeschichten, journalistische Arbeiten, Romane und 1978 das Drama ›Cach mang‹ (Revolution). Sehr populär war sein 1982 erschienener Roman ›Gap go cuoi nam‹ (Das Treffen am Jahresende), der seine Rückkehr in den Süden literarisch verarbeitet.

Während des Vietnam-Krieges war Nguyen Khai als Schriftsteller der Volksarmee dem sozialistischen Realismus verpflichtet. Nichtsdestotrotz ist er einer der ersten, der aus der stagnierenden literarischen Welt der Nachkriegszeit ausbrach und sich neuen Themen zuwandte. Heute, fern von sozialistischem Romantizismus, gehört er zum Kreis der Autoren, die seit der politischen und kulturellen Öffnung Vietnams, sich kritisch mit den sozialen und wirtschaftlichen Problemen des Landes auseinandersetzen.

Aus seiner letzten, 1990 erschienenen, Kurzgeschichtensammlung ›Mot nguoi Ha Noi‹ (Eine Hanoierin) ist hier die Titelgeschichte wiedergegeben. Sie erscheint mit freundlicher Genehmigung des Autors erstmals auf deutsch und wurde übersetzt von Dietmar Erdmann und Pham Thi Hoai.

NGUYEN MINH CHAU wurde 1930 in der Provinz Nghe Tinh geboren und debütierte 1958 als Schriftsteller. Als Angehöriger der Volksarmee hatte er den Rang eines Oberst, als Autor gilt er als einer der berühmtesten seiner Generation. Zu seinen bekanntesten Werken gehören die Kurzgeschichtensammlung ›Cua Song‹ (An der Flußmündung, 1963) und der Kriegsroman ›Dau chan nguoi linh‹ (Die Spuren des Kämpfers, 1970).

Seit Beginn der achtziger Jahre trat er besonders mit Geschichten, in deren Zentrum die Problematik des sozialistischen Alltags steht, an die Öffentlichkeit und machte sich einen Namen als einer der führenden kritischen Autoren des Landes. Die beiden Erzählbände ›Ben que‹ (Bootsanlegeplatz, 1985) und ›Chiec thuyen ngoai xa‹ (Das Wort aus der Ferne, 1987) sind Ausdrucksmittel seiner nonkonformistischen Einstellung. Aufsehen erregte sein letzter Zeitungsartikel, der diejenige Literatur angreift, die nur Parteidirektiven illustriert, mit dem bezeichnenden Titel ›Hay doc loi ai dieu cho mot nen van hoc minh hoa‹ (Man halte der Illustrations-Literatur die Grabrede). 1989 starb Nguyen Minh Chau an Krebs.

›Dua an cap‹ (Die Diebin) ist dem 1987 erschienenen Erzählband ›Das Wort aus der Ferne‹ entnommen und erscheint hier mit freundlicher Genehmigung von Nguyen Thi Doan erstmals auf deutsch in der Übersetzung von Dietmar Erdmann und Pham Thi Hoai.

PHAM THI HOAI, 1960 in Hai Hung nahe Hanoi geboren, ist eine der vielversprechendsten Autorinnen der Nachkriegsgeneration. Sie entstammt einer Lehrerfamilie, verbrachte ihre Kindheit auf dem Land. Nach dem Abitur 1977 wählte man sie aus einem kleinen Kreis Begabter für ein Studium in einem ausländischen »Bruderstaat« aus. Sie kam an die Humboldt-Universität Berlin, studierte Archivwissenschaft und kehrte 1983 nach Vietnam zurück. Danach Tätigkeit am Institut für Geschichtswissenschaft in Hanoi, seit 1991 am Institut für Gesellschaftswissenschaft, wo sie sich mit Konfuzianismus beschäftigte. Sie lebt momentan in Berlin und arbeitet an einem neuen Buch.

Schon vor ihrem ersten Roman ›Thien Su‹ (Die Kristallbotin), 1988 als Zeitschriftenveröffentlichung, 1989 als Buch erschienen, hatte sie sich einen Namen als Übersetzerin von Autoren wie Kafka, Grass, Amado, Brecht etc. gemacht.

Ihr individueller Stil, mit dem sie scharfsinnig über ihr gesellschaftliches Umfeld reflektiert, ist zweifelsohne von der Beschäftigung mit europäischer Literatur geprägt. ›Thien Su‹ wurde 1991 ins Französische übersetzt und kam 1992 in Deutschland unter dem Titel ›Die Kristallbotin. Roman Nr. 1‹ heraus. 1993 wurde ihr in Frankfurt für dieses Buch der ›LiBeraturpreis‹ zugesprochen, eine jährlich verliehene Auszeichnung für Autorinnen der sog. Dritten Welt.

1989 erschien von Pham Thi Hoai eine Sammlung mit 20 Kurzgeschichten unter dem Titel ›Me Lo‹ (Irrwege). Da die Autorin in keinem der Schriftstellerverbände Vietnams organisiert ist, wird ihr die Veröffentlichung neuer Arbeiten zum Teil erschwert. Wegen der Aussichtslosigkeit, für ihr neues Buch ›Tu Man Nuong den A.K. va nhung tieu luan‹ (Von Man Nuong zu Meister A.K. und einige Essays) in Vietnam einen Verleger zu finden, wurde es 1993 in der vietnamesischen Originalfassung in den USA veröffentlicht.

Aus ›Me lo‹ sind ›Chin bo lam muoi‹ (Neun ist rund zehn) und ›Nguoi doan mong gioi nhat the gian‹ (Die beste Traumdeuterin der Welt) entnommen. Sie erscheinen hier mit freundlicher Genehmigung der Autorin erstmals auf deutsch in der Übersetzung von ihr selbst und Dietmar Erdmann.

To Hoai, dessen tatsächlicher Name Nguyen Sen ist, wurde 1920 in einem Dorf bei Hanoi als Sohn eines Bauern geboren. Er arbeitete in verschiedenen Berufen, bis er in den 40er Jahren hauptsächlich journalistische Arbeiten veröffentlichte. Mit seinen Kurzgeschichten machte er sich schnell einen Namen durch realistische Beschreibung des bäuerlichen Lebens. Während des Widerstandskampfes Schwierigkeiten wegen illegaler revolutionärer Tätigkeit, Arbeit als Korrespondent der Zeitung ›Cuu Quoc‹ (Rettung der Nation) und mit Minderheiten der abgelegenen nordwestlichen Provinzen. 1954 erhielt er für ›Truyen Tay Bac‹ (Erzählungen aus dem Nordwesten) den Preis für Kunst und Literatur; ›Mien tay‹ (Der Westen, 1967), eine Novelle, handelt ebenfalls vom Leben im Hochland. Kinderbücher, Filmskripte und eine Reihe von Romanen zählen zum umfangreichen Werk dieses vielseitigen Schriftstellers.

›Vo chong A Phou‹ (Das Ehepaar A Phou) wurde erstmals 1952 in den ›Erzählungen aus dem Nordwesten‹ veröffentlicht, hier ist es entnommen aus: ›Die Xanu-Wälder. Geschichten aus Vietnam‹, hrsg. u. übs. v. Tran Duong, Verlag Neues Leben, Berlin 1976, und erscheint mit freundlicher Genehmigung des Verlages.

Tran Thuy Mai wurde 1954 in Hue in Zentralvietnam geboren. Nach der Oberschule war sie bis zu ihrem Abschluß 1976 an der Hochschule für Pädagogik eingeschrieben. Danach Anstellung beim Literaturverlag Thuan Hoa in Hue. Die enge Bindung zu Hue, der ehemaligen »Kaiserstadt«, die noch heute romantische Stimmungen erweckt, und das Nebeneinander von Tradition und Moderne sind in den Erzählungen von Thuy Mai allgegenwärtig. Es sind kleine Skizzen des Alltags, hingetuscht mit poetischer Sprache. Ihre ersten Veröffentlichungen in den angesehenen Literaturzeitschriften ›Song Huong‹ und ›Van Nghe‹ wurden vom Publikum günstig aufgenommen; sie ist Mitglied des Kulturvereins von Hue und des vietnamesischen Schriftstellerverbandes. 1983 kam ihr erster Sammelband mit Kurzgeschichten unter dem Titel ›Bai tho ve bien khoi‹ (Lied vom Meer) heraus, bereits im Folgejahr ein weiterer mit dem Titel ›Co hat‹ (Singendes Gras). ›Huyen thoai ve chim phuong‹ (Die Legende vom Phönix) stammt aus ihrem ersten Buch. Sie erscheint hier mit freundlicher Genehmigung der Autorin erstmals auf deutsch in der Übersetzung von Dietmar Erdmann und Pham Thi Hoai.

Vu Thi Thuong, eigentlich Le Kim Nga, wurde 1931 in einem Dorf in der Provinz Ha Dong geboren. Bereits 1945 war sie aktiv in der Gewerkschaftsbewegung tätig, bis 1954 engagierte sie sich für Frauenfragen, u. a. als Reporterin für eine Provinzzeitung. Seit 1957 veröffentlicht sie Kurzgeschichten; bereits 1959 erhielt sie den ersten Preis beim Kurzgeschichtenwettbewerb der Zeitschrift ›Van Nghe‹ (Literatur und Kunst) des vietnamesischen Schriftstellerverbandes. Viele ihrer Erzählungen beschreiben oft recht humorvoll Frauenschicksale auf dem Land in Verbindung mit den vielfältigen Konflikten und Veränderungen beim Aufbau des Sozialismus.

Seit 1962 arbeitet sie als Journalistin und Schriftstellerin; sie ist mit dem bekannten Dichter Che Lan Vien verheiratet. Zu ihren erfolgreichsten Kurzgeschichtensammlungen gehören die Bände ›Ganh vac‹ (Die Bürde, 1963), ›Hai chi em‹ (Zwei Schwestern, 1965) und ›Ong lao chan vit‹ (Der alte Entenhirt, 1973). ›Zwei Schwestern‹ ist dem gleichnamigen Band entnommen und erscheint hier mit freundlicher Genehmigung der Autorin erstmals auf deutsch, in der Übersetzung von Dietmar Erdmann und Pham Thi Hoai.